共通テスト
スマート対策 ［3訂版］

英 語
リーディング

特別付録 音声配信のご案内

本書「実戦問題」の英文を読み上げた音声を，音声専用サイトにて配信しております。問題を解いた後に，英文の音声を聞き，学習に役立てましょう。音読・シャドウイング・ディクテーション・リスニングの訓練として使うなど，自由にご活用ください。

サイトへは下記アドレスまたは QR コードからアクセスしてください。なお，配信は予告なく終了する場合がございます。

4段階でスピード調整ができる！

http://akahon.net/smart-start/

推奨 OS・ブラウザ

PC：Internet Explorer 11／Microsoft Edge[※]／Google Chrome[※]／Mozilla Firefox[※]／Apple Safari[※]　　※最新版

スマートフォン・タブレット：Android 4.4 以上／ iOS 9 以上

＊音声はダウンロードすることも可能です。音声データは MP3 形式です。ダウンロードした音声の再生には MP3 を再生できる機器をご使用ください。また，ご使用の機器や音声再生ソフト，インターネット環境などに関するご質問につきましては，当社では対応いたしかねます。各製品のメーカーまでお尋ねください。

＊専用サイトのご利用やダウンロードにかかるパケット通信料は，お客様のご負担となります。

QR コードは株式会社デンソーウェーブの登録商標です。

はじめに

Smart Start シリーズ
「共通テスト　スマート対策」刊行に寄せて

　2021 年 1 月から，「大学入学共通テスト」（以下，共通テスト）が始まりました。どんな問題が出題されるのだろう，どういった勉強をすればよいのだろう…と，不安に思っている人も少なくないかもしれません。まずは，共通テストのことを知りましょう。どんなテストなのかがわかれば，対策もグンとしやすくなるはずです。

　共通テストでは，今まで以上に「思考力」が問われると言われています。しかしながら，実はこれまでも大学入試センター試験（以下，センター試験）や各大学の個別試験において，思考力を問う問題は出題されてきました。センター試験から共通テストに変わったとはいえ，各科目で習得すべき内容や大学入学までにつけておくべき学力が，大きく変わったわけではありません。本シリーズは，テストの変化にたじろぐことなく共通テストに対応できる力を養います。

　このシリーズでは，2021 年 1 月に実施された，2 回の共通テスト本試験（第 1・2 日程）の出題を徹底的に分析すると同時に，共通テストに即した演習をするための良問を集めました。丁寧な分析によって共通テストのことがわかるだけでなく，科目ごとの特性を活かしつつ，本書オリジナル問題や，2017 年・2018 年に実施された試行調査（プレテスト），センター試験や各大学の過去問にアレンジを加えた問題，思考力の問われた過去問などから，共通テスト対策として最適な問題を精選し，効率的かつ無駄なく演習ができるような問題集となっています。

　受験生の皆さんにとって，このシリーズが，共通テストへ向けたスマートな対策の第一歩となることを願っています。本書とともに，賢くスタートを切りましょう。

教学社 編集部

英語（リーディング）

監修・執筆	山添 玉基（河合塾 英語科講師）
作題・英文校閲	Ross Tulloch（清秀中学校・高等部 英語科教諭）
執筆協力	武知 千津子，山中 英樹，秋田 真澄
音声作成	一般財団法人 英語教育協議会（ELEC）
イラスト※	山本 篤　※本書オリジナル問題用

CONTENTS

はじめに …………………………………………………………………… 3

本書の特長と活用法 ……………………………………………………… 5

共通テストとは …………………………………………………………… 6

分析と対策 ……………………………………………………………… 10

	アプローチ	演習問題	解答解説
第1章 情報を選び出す ………	22	31	44
第2章 つながりを理解する ………	60	73	97
第3章 推測する／事実と意見を区別する ………	132	143	156
第4章 総合問題 ………	174	175	201

	問題	解答解説
実戦問題 2021年度共通テスト本試験（第1日程）………	236	268

※ 2021年度の共通テストは，新型コロナウイルス感染症の影響に伴う学業の遅れに対応する選択肢を確保するため，本試験が以下の2日程で実施されました。
　第1日程：2021年1月16日(土)および17日(日)
　第2日程：2021年1月30日(土)および31日(日)
※ 第2回プレテストは2018年度に，第1回プレテストは2017年度に実施されたものです。
※ 2020年度以前の問題は，大学入試センター試験の問題です。

※ 本書に収載している，共通テストやプレテストに関する〔正解・配点・平均点〕は，大学入試センターから公表されたものです。
※ 共通テストに即した対策ができるよう，一部の演習問題は，大学入試センターの許可を得て，センター試験の過去問をもとに，アレンジしています。
※ リスニングの第1回プレテストには，放送回数がすべて2回のバージョンAと放送回数が1回と2回が混在しているバージョンBがあります。本書では，より問題数が多く放送回数にもバリエーションがあるバージョンBのみを取り上げます。

●本書で用いている主な記号・略号

・S　主語　　　・V　動詞　　　・O　目的語　　　・C　補語
・*A, B, C*　任意の語句が含まれていて，そのすべてが名詞のときに使用
・〜, …　任意の語句が含まれていて，上記の定義に該当しないときに使用
・…　中略　　　・(　)　省略可能　　　・〔　〕　言い換え可能
・to *do*　to不定詞　　　・*doing*　動名詞や現在分詞　　　・*do*　原形動詞
・*done*　動詞の過去分詞　　　・*be*　be動詞
・*one's*　人称代名詞の所有格（his, their など）の代表形
・*oneself*　再帰代名詞（himself, herself など）の代表形

本書の特長と活用法

　本書は，「共通テスト」を受験する人のための対策問題集です。本書には，「英語」のうち，リーディングについて，分析・問題・解答解説を収載しています。リスニングについては，本シリーズ内の姉妹本である『英語（リスニング）』に収載しています。

● まず，共通テストのことを知る

　本書では，まず「共通テスト」とは何なのかを簡単に説明し（→共通テストとは），「英語」の問題全体について，「大学入学共通テスト」の本試験およびプレテストと「大学入試センター試験」とを，徹底的に比較・分析し，共通テストの対策において必要と思われることを詳しく説明しています（→分析と対策）。〈リーディング〉と〈リスニング〉は，切り離しては考えられないものなので，**分析と対策**では両方を取り上げています。

● 演習＆実戦問題でステップアップ

　第1章から第3章にかけては，共通テストで求められる力ごとに，演習問題を解き，基礎的な力をつけます。第4章は，第1章から第3章で学んだことの総仕上げです。そこまで仕上げた上で，巻末の「実戦問題」に取り組みましょう。「実戦問題」では2021年度本試験（第1日程）の問題・解答をそのまま収載していますので，本番形式でのチャレンジに最適です。

　なお，本書で使用したセンター試験の過去問は，共通テスト対策に役立つ問題を厳選し，必要に応じてアレンジを加えたものです。
　①語句や構文のレベルが共通テストとほぼ同じである
　②見た目は異なっていても，設問の狙いに共通点がある
　③英語力を伸ばすのに適した，非常によく練られた良問である
といった理由から，本書ではセンター試験の過去問も活用しています。

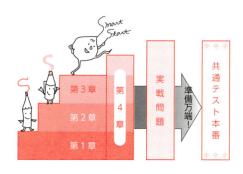

共通テストとは？

　大学入学共通テスト（以下，共通テスト）は，大学への入学志願者を対象に，高校における基礎的な学習の達成度を判定し，大学教育を受けるために必要な能力について把握することを目的とする試験です。一般選抜で国公立大学を目指す場合は原則的に，一次試験として共通テストを受験し，二次試験として各大学の個別試験を受験することになります。また，私立大学も9割近くが共通テストを利用します。そのことから，共通テストは50万人近くが受験する，大学入試最大の試験になっています。以前は大学入試センター試験がこの役割を果たしており，共通テストはそれを受け継ぐものです。

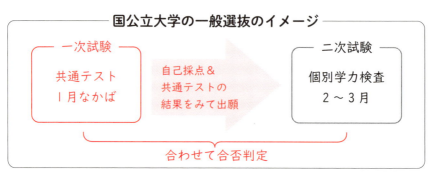

共通テストの特徴

　共通テストの問題作成方針には「思考力，判断力，表現力等を発揮して解くことが求められる問題を重視する」とあり，これまで以上に**「思考力」を問う出題**が見られます。実際の問題を見ると，**日常的な題材**を扱う問題や**複数の資料**を読み取る問題が多く出題されています。そのため，共通テストの問題は難しく感じられるかもしれません。

　しかし，過度に不安になる必要はありません。これまでも，思考力を問うような問題は出題されてきましたし，共通テストの問題作成方針にも「これまで問題の評価・改善を重ねてきた大学入試センター試験における良問の蓄積を受け継ぎつつ」と明記されています。共通テストの対策をする際は，センター試験の過去問も上手に活用しましょう。

📖「英語」の変更点

共通テストの英語では，センター試験の「筆記」が「リーディング」に改称され，「読むこと」に特化した内容になっています。また，センター試験では「筆記200点・リスニング50点」の「4：1」だった配点が，英語4技能※をバランスよく育成するという観点から，「リーディング100点・リスニング100点」の「1：1」の配点になっています。ただし，実際の入試で配点の比重をどのように置くかは各大学の判断になります。リーディングとリスニングの点数を「4：1」や「3：1」に換算して入試に用いる大学もあります。各大学の募集要項で必ず確認しましょう。

※英語4技能：読む（リーディング），聞く（リスニング），話す（スピーキング），書く（ライティング）

● リスニングでは「1回読み」の問題も出題

センター試験のリスニングでは問題音声はすべて2回ずつ読み上げられていました。共通テストでは実際のコミュニケーションを想定して「1回読み」の問題も出題されます。聞き逃しが許されないことになりますから，リスニング対策がより重要になったと言えるでしょう。

\\ 読む＋考える習慣をつけよう //

共通テストは，これまで以上に知識の活用に重点が置かれ，「思考力」が問われるとされていますが，具体的にはどういうことでしょうか。実際の問題を見ると，たとえば「複数の情報を組み合わせて考える問題」や，「正答となる組み合わせが複数ある問題」などの出題が増えています。全体的に読む分量が増えているので，情報や文章を速く正確に読み取る読解力がより大切になってくると言えるでしょう。

> 各科目で学習する内容を実生活と結び付けてとらえ，実生活における正解のない問いに立ち向かう力をつけてほしいという考え方から，高校での学習など身近な場面設定がなされている問題も見られます。

共通テストへの対策は，各教科で学ぶべき内容をきちんと理解していることが土台になります。その上で，本シリーズを使って，共通テストの設問や解答形式に慣れておくとよいでしょう。普段から読むことをおろそかにせず，何に対しても「なぜなのか」を考える習慣をつけておきましょう。

共通テストの出題教科・科目

解答方法は全教科マーク式。

教科	出題科目	選択方法・出題方法	試験時間 (配点)
国語	『国語』	「国語総合」の内容を出題範囲とし, 近代以降の文章 (2問 100点), 古典 (古文 (1問 50点), 漢文 (1問 50点)) を出題する。	80分 (200点)
地理歴史	「世界史A」 「世界史B」 「日本史A」 「日本史B」 「地理A」 「地理B」	10科目から最大2科目を選択解答(同一名称を含む科目の組合せで2科目選択はできない。受験科目数は出願時に申請。『倫理, 政治・経済』は, 「倫理」と「政治・経済」を総合した出題範囲とする。	1科目選択 60分 (100点) 2科目選択 解答時間 120分 (200点)
公民	「現代社会」 「倫理」 「政治・経済」 『倫理, 政治・経済』		
数学 ①	「数学Ⅰ」 『数学Ⅰ・数学A』	2科目から1科目を選択解答。『数学Ⅰ・数学A』は, 「数学Ⅰ」と「数学A」を総合した出題範囲とする。「数学A」は3項目 (場合の数と確率, 整数の性質, 図形の性質) の内容のうち, 2項目以上を学習した者に対応した出題とし, 問題を選択解答させる。	70分 (100点)
数学 ②	「数学Ⅱ」 『数学Ⅱ・数学B』 『簿記・会計』 『情報関係基礎』	4科目から1科目を選択解答。『数学Ⅱ・数学B』は, 「数学Ⅱ」と「数学B」を総合した出題範囲とする。「数学B」は3項目 (数列, ベクトル, 確率分布と統計的な推測) の内容のうち, 2項目以上を学習した者に対応した出題とし, 問題を選択解答させる。	60分 (100点)
理科 ①	「物理基礎」 「化学基礎」 「生物基礎」 「地学基礎」	8科目から下記のいずれかの選択方法により科目を選択解答 (受験科目の選択方法は出願時に申請)。 A 理科①から2科目 B 理科②から1科目 C 理科①から2科目および理科②から1科目 D 理科②から2科目	【理科①】 2科目選択 60分 (100点) 【理科②】 1科目選択 60分 (100点) 2科目選択 解答時間 120分 (200点)
理科 ②	「物理」 「化学」 「生物」 「地学」		
外国語	『英語』 『ドイツ語』 『フランス語』 『中国語』 『韓国語』	5科目から1科目を選択解答。『英語』は, 「コミュニケーション英語Ⅰ」に加えて「コミュニケーション英語Ⅱ」および「英語表現Ⅰ」を出題範囲とし, 「リーディング」と「リスニング」を出題する。「リスニング」には, 聞き取る英語の音声を2回流す問題と, 1回流す問題がある。	『英語』【リーディング】 80分 (100点) 【リスニング】 解答時間 30分 (100点) 『英語』以外 【筆記】 80分 (200点)

Point 志望校での利用方法に注意！

共通テストでは，6教科30科目の中から**最大で6教科9科目を選択して受験**します。どの科目を課すかは大学・学部・日程などによって異なります。受験生は志望大学の入試に必要な科目を選択して受験することになります。とりわけ，理科の選択方法や地歴公民の科目指定などは注意が必要です。受験科目が足りないと出願できなくなりますので，**第一志望に限らず，出願する可能性のある大学の入試に必要な教科・科目は早めに調べておきましょう。**

共通テストのキーワード

 WEBもチェック！

共通テストのことがわかる！

http://akahon.net/k-test/

　本書の内容は，2021年5月までに文部科学省や大学入試センターから公表された資料や内容に基づいて作成していますが，実際の試験の際には，変更等も考えられますので，「受験案内」や大学入試センターのウェブサイトで，最新の情報を必ず確認してください。

大学入試センター ウェブサイト：https://www.dnc.ac.jp/

◆ 全体像を把握する

　共通テストの英語の出題は，どのような特徴があるのでしょうか。概略を押さえて，共通テストの方向性をつかみましょう。

● 共通テストは，センター試験の発展形

〈リーディング〉

　センター試験では，単語の知識（意味・発音）から始まり，熟語・文法，文と文のつながり…というように，英文を構成する最も小さな要素から文章全体の趣旨に至るまで，いわば「ミクロ（単語）からマクロ（文全体）まで」まんべんなく問われてきました。これに対して共通テストでは読解問題のみの出題で，単語・熟語・文法が独立した設問として問われることがなくなりました。

　しかしこれは，「文法・語法・語彙の知識は必要ない」という意味ではありません。空所補充や語句整序の形式で問われなくなるというだけで，長文読解の中で，知識を適切に使いこなせるかどうかが問われるということです。共通テストにおいては，単語や文法といったミクロの知識が，マクロの問題の中で問われる形になったと言えるのです。ミクロの基礎知識は，問題を解くために必要な大前提となります。

〈リスニング〉

　〈リーディング〉同様，〈リスニング〉でも，「文法・語彙の知識を，音声と結びつけることができるかどうか」が試される問題が出題されています。基礎知識を着実に身につけることを心がけましょう。

　センター試験は，短めの対話と長文（モノローグ・ダイアローグ）の聞き取りから成り立っていましたが，共通テストではそうした問題に加えて，ある状況を描写した短文の聞き取りや，複数の資料を参照して内容を整理する問題なども出題され，思考力・判断力がいっそう問われる形に発展しています。

　また，試験時間が 30 分とセンター試験の時と変わらないのに，解答数は 25 から 37 へと増加しています。これは，①センター試験ではすべての英文を 2 回読んでいたのに対して，共通テストでは 2 回読む問題と 1 回だけ読む問題とに分かれ，② 1 つの設問で複数の空所を埋めることが求められるためです。

分析と対策　11

共通テストの出題形式 （2021 年度本試験）

〈リーディング〉
✔ すべて読解問題
✔ 文法が読解問題の中で問われる
✔ 設問文がすべて英語

〈リスニング〉
✔ 1 回読みの問題と 2 回読みの問題がある
✔ 文法の理解を直接問う問題がある
✔ 図や資料が多い

リーディング				リスニング			
全問マーク式	解答数	配点		全問マーク式	解答数	配点	放送回数
試験時間：80 分	47	100		解答時間：30 分	37	100	
短文の読解	5	10	第 1 問	短い発話	7	25	2
資料・短文の読解	10	20	第 2 問	短い対話	4	16	2
随筆的な文章の読解	8	15	第 3 問	短い対話	6	18	1
説明的な文章・資料の読解	6	16	第 4 問	モノローグ	9	12	1
伝記的な文章の読解	9	15	第 5 問	長めのモノローグ	7	15	1
説明的な文章・資料の読解	9	24	第 6 問	長めの対話・議論	4	14	1

共通テストの出題内容〈リーディング〉

		2021 年度本試験（第 1 日程）		2021 年度本試験（第 2 日程）	
		英文の内容	文章の種類	英文の内容	文章の種類
第 1 問	A	忘れもの	携帯電話メッセージ	キャンプ旅行の持ち物	携帯電話メッセージ
	B	ファンクラブの入会案内	ウェブサイト	英語のスピーチコンテストの案内	チラシ
第 2 問	A	学園祭バンドコンクールの審査	コメントと総合評価	再利用可能ボトルについての調査結果	調査結果
	B	放課後の活動時間短縮	オンラインの公開討論	サマープログラムの講座案内	授業内容の詳細と受講生のコメント
第 3 問	A	英国のホテルの検討	ウェブサイト	遊園地について	ブログ
	B	ボランティアの募集	学校のニュースレター	伝説のミュージシャン	音楽雑誌の記事
第 4 問		姉妹校からの生徒をもてなすスケジュール案	メールのやり取り	日本の観光産業について	メール
第 5 問		馬のようにふるまう雄牛アストンについての講演の準備	記事＋プレゼン用スライド	謎多き写真家についての発表の準備	記事＋プレゼンメモ
第 6 問	A	アイスホッケーの安全性の確保に関する発表の準備	記事＋プレゼン用ポスター	ある英国劇団の新たな試み	オンラインマガジンの記事
	B	さまざまな甘味料	教科書の文章	口腔衛生を保つことの大切さを訴える発表の準備	記事（説明的な文章）＋プレゼンメモ

12 分析と対策

参考：【プレテストの出題内容】

		第2回プレテスト		第1回プレテスト	
		英文の内容	文章の種類	英文の内容	文章の種類
第1問	A	英語部のお別れ会の計画	伝言メモ	香港のアミューズメントパーク	ウェブサイト
	B	姉妹都市交流会への参加募集	ウェブサイト	休日計画調査クラブ	告知ポスター
第2問	A	ミートポテトパイのレシピ	レシピとコメント	レストランのレビュー	ウェブサイト
	B	携帯電話禁止の記事 （討論のための準備）	記事とコメント	学生がアルバイトをすることの是非 （討論のための準備）	記事
第3問	A	高校の学園祭での経験	ブログ	トマトリー島についてのブログ	ブログ
	B	病院へのお見舞いに おける異文化体験	エッセイ	自動販売機と人間	新聞記事
第4問		読書の習慣	記事＋グラフ	ボランティア活動に対する 興味についてのレポート	レポート＋グラフ
第5問	A	アメリカのジャーナリズム に革命をもたらした人物 （ポスター発表のための準備）	記事＋ポスター	折り紙がもたらす好ましい影響	記事
	B	―	―	黒コショウと白コショウの比較 （プレゼンテーションの準備）	記事＋メモ
第6問	A	女性パイロットはアジアのパ イロット危機を救えるのか？ （ジェンダーとキャリア形成に 関するグループ発表の準備）	記事	「オスカーのキャン プ・キャニオンでの経 験」という物語の感想 （感想メモを埋める）	物語＋メモ
	B	自然のバランスに関連 する問題への取り組み	記事	―	―

分析と対策　13

共通テストの出題内容〈リスニング〉

		詳細	放送英文の内容 2021年度本試験（第1日程）	放送英文の内容 2021年度本試験（第2日程）
第1問	A	短い発話を聞いて同意文を選ぶ	—	—
	B	短い発話を聞いて内容に近いイラストを選ぶ	—	—
第2問		短い対話と問いを聞いてイラストを選ぶ	—	—
第3問		短い対話を聞いて問いに答える	—	—
第4問	A	モノローグを聞いて図表を完成させる	学生の学外での活動・DVDの割引率	4都市の夏と冬の気温変化・バスの運行予定変更のお知らせ
	B	複数の情報を聞いて条件に合うものを選ぶ	ミュージカルの評価	インターン先の選択
第5問		講義の内容と図表の情報を使って問いに答える	デンマークの幸せな暮らし方・仕事と生活のバランス	生態系保全におけるブルーカーボン生態系の潜在力・生態系別の有機炭素貯留量比較
第6問	A	対話を聞いて要点を把握する	留学での滞在先	手書きの手紙についての賛否
	B	複数の意見を聞いて問いに答える	レシートの電子化	選挙の投票に行くかどうか

参考：【プレテストの出題内容】

		詳細 （第1回・第2回プレテストともに）	放送英文の内容 （第2回プレテスト）	放送英文の内容 （第1回プレテスト）
第1問	A	短い発話を聞いて同意文を選ぶ	—	—
	B	短い発話を聞いて内容に近いイラストを選ぶ	—	—
第2問		短い対話と問いを聞いてイラストを選ぶ	—	—
第3問		短い対話を聞いて問いに答える	—	—
第4問	A	モノローグを聞いて図表を完成させる	我が家の猫の脱走・ツアー料金	大学生の好きな間食に関する調査・英語キャンプ参加者のチーム分け
	B	複数の情報を聞いて条件に合うものを選ぶ	4つの寮の特徴	ボランティアスタッフの選考
第5問		講義の内容と図表の情報を使って問いに答える	技術革命に伴い消える職業・職業の分布予測	服と環境危機の関係についての講義・服が作られてから捨てられるまでに使われるエネルギー量比較
第6問	A	対話を聞いて要点を把握する	ゲームの賛否	修学旅行の行き先
	B	複数の意見を聞いて問いに答える	ゲームに関する講演後の質疑応答	炭水化物の積極的摂取の賛否

14　分析と対策

● 情報のアウトプットを意識した問題構成

　英語の学習の目安としての，英語の4技能5領域という考え方があります。これは，「聞くこと・読むこと・話すこと（やり取り）・話すこと（発表）・書くこと」を指しますが，共通テストも，ほぼ同様の試験区分で，「読むこと・聞くこと」というインプットに基づく2技能のテストのように見えます。しかしながら，〈リーディング〉も〈リスニング〉も，「書くこと・話すこと」というアウトプットを念頭に置いて構成されていると考えられます。

〈リーディング〉

　共通テストでは，たとえば何らかのテーマについて発表やディベートの準備を行ったり，課題やイベントのための下調べを行ったりするなど，ほぼ全ての問題が高校生や大学生の日常や学生生活に関連した内容という設定になっています。これは，この共通テストが，大学入学後に英語の文献をまとめたり，英語で発表を行ったりする，つまり「情報をアウトプットする」ための入口になってほしい，という出題者からのメッセージだと解釈することができます。その意味において，共通テストでは「情報のインプットからアウトプットまで」が問われると言えそうです。

〈リスニング〉

　リーディングと同様に，高校生や大学生が講義を受けたり，自分の意見を発表したりするという場面設定が多く見られました。放送英文自体が，自分が英語で意見を発表するとしたらどう話すかを考えるきっかけになっていると言えます。発展学習として，自分ならどうアウトプットするかを考えてみるのもよいでしょう。

共通テスト	センター試験
インプットからアウトプットへ ▶語彙・文法・語法・構文の基礎知識があることを前提として，情報を正確に把握することが求められる。 ▶センター試験以上に，思考力を問う問題が多く，情報のアウトプットを意識した場面設定になっている。	**ミクロからマクロまで** ▶語彙・文法・語法・構文から文と文のつながり，段落の構成，段落同士のつながり，文章全体の趣旨まで幅広く問う。 ▶思考力を問う問題も見られた。

　共通テスト英語の出題は，センター試験と完全に異なったテストということではなく，むしろ，センター試験をベースに，思考力・判断力をよりいっそう問う形に発展させた試験と言えそうです。その意味では，センター試験の過去の読解問題を解くことも共通テストの練習になると言えます。

● 思考力を問う問題

　文部科学省によって発表されている現在の学習指導要領において,「学力の3要素」という表現が用いられています。これは, ①「知識・技能」, ②「思考力・判断力・表現力」, ③「主体性・多様性・協働性」を指し, 大学入試全体がこの3要素を軸に位置づけられています。

　各大学の個別試験は, 主に②・③の学力が身についているかを見るものです。センター試験では, 主に①と②が問われてきましたが, 共通テストでは, ①はもとより, ①を土台とする②が問われる比重が増えています。
　では, ②「思考力・判断力・表現力」とは具体的にはどのような力のことでしょうか。プレテストに際して大学入試センターから発表された資料や, プレテストおよび現行の入試問題を参考に分析すると, たとえば英語の場合, 大きく以下の8つの要素に分類することができます。

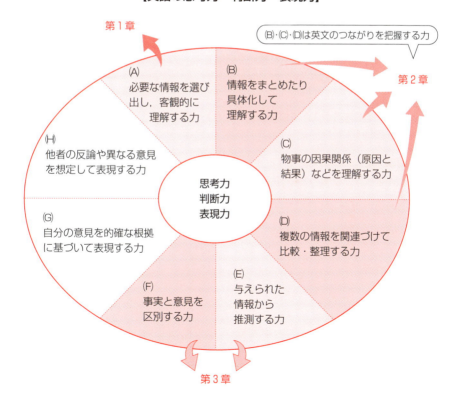

【英語の思考力・判断力・表現力】

16　分析と対策

　このうち，共通テストで主に問われるのは(A)〜(F)の力です。記述式ではなく選択式（マークシート）の試験であるため，表現力が直接問われるわけではないのですが，アウトプット（スピーキング，ライティング）を念頭に置いた場面設定での出題がありますから，共通テストの勉強は，国公立大学の二次試験や難関私立大学入試のライティングの問題の勉強にもつながるはずです。

　なお，繰り返しになりますが，共通テストは，知識の有無を単純に問う形式の出題が見られなくなるというだけで，知識を軽視しているわけではありません。当然ながら，知識がなければ思考も判断も表現もできません。その点をくれぐれも誤解しないようにしてください。

　本書は，共通テストの特徴的な問題や，それらを元にしてセンター試験の過去問をアレンジした問題，および本書オリジナル問題を使って，上記の共通テストで求められる力をつけられるよう，構成されています。

演習問題
　第1章：情報を選び出す…(A)の力をつける
　第2章：つながりを理解する…(B)・(C)・(D)の力をつける
　第3章：推測する／事実と意見を区別する…(E)・(F)の力をつける
　第4章：総合問題…第1章〜第3章の力，(A)〜(F)の力を，総合的に試す
実戦問題
　2021年度共通テスト本試験（第1日程）…試験形式で学力を試す

※実戦問題の解答解説編の末尾に，本書の監修者である山添玉基先生による「問われる力」の分析を一覧表の形で載せています。

◆ 共通テストの特色

　共通テストでは，センター試験にはなかった出題形式の問題がいくつか出されています。ただし，形式が変わっただけで，問われている英語の能力や知識そのものが変わったわけではありません。むしろ，新しい形式の問題を通じて，これまで受験生が「なんとなく」やりすごしてきた事柄をよりはっきりと問うようになったと言うことができるでしょう。以下，共通テストおよびプレテストの内容をもとに，代表的な問題について具体的に見ていきます。

● 1．事実と意見を区別する問題

〈リーディング〉

　2021年度共通テスト本番では，プレテストと同様に「事実」と「意見」を区別する問題が出されました。2021年度本試験（第1日程）では，第2問A問3・問4，第2問B問2および問4が「事実」や「意見」に関する設問でした。「事実」と「意見」を区別することは，英文の内容を正確に読み取るために必要であるだけでなく，ライティングで説得力のある英文を書くためにも必要です。その意味でも，インプットからアウトプットへという方向性を見て取ることができます。

例：2021年度共通テスト〈リーディング〉本試験（第1日程）第2問A問3

問3　One **fact** from the judges' individual comments is that ┃ 8 ┃ .

① all the judges praised Green Forest's song
② Green Forest need to practice more
③ Mountain Pear can sing very well
④ Silent Hill have a promising future

facts「事実」と personal opinions「個人的意見」の区別をつけさせる問題。本文の内容をもとに，どれが審査員の意見で，どれが審査員の発言に関する事実かの区別をつける問題です。

● 2．リスニング中の文法問題

　文法・語法に関する問題が〈リスニング〉で問われることは，共通テストの大きな特徴の一つです。第1問Bは短めの英文を聞き，その内容が表している適切なイラストを選ぶ問題でしたが，文法的に正しく英文の内容を理解できていなければ解答できず，文法・語法・語彙の知識を音声と結びつけて学習することが求められています。第1回プレテストでは，このうち1問は正答率が89.8％と高かったものの，残り3問は9.9％〜14.5％といずれも正答率が低く，受験生の弱点を浮き彫りにしました。

「聞こえてきた音をなんとなく頭の中でつなげる」のではなく，文法的に正しく解釈できるような訓練が必要です。

たとえば第1回プレテストの第1問B問6は，The man is going to have his house painted. という英文を聞いて，4つのイラストから内容に最も近い絵を選ぶ問題でした。この英文には，be going to *do*「～しようとしている」と have O *done*「O を～してもらう」という2つの重要な文法項目が含まれています。これらは高校1年生までに学習する内容で，使われている語彙も決して難しくはありませんが，正答率は14.5%と低く，文法的に正しく聞くことの大切さが浮き彫りになりました。

このように，一つの英文に複数のポイントを含む出題は，センター試験〈筆記〉の文法問題によく見られた特徴です。センター試験〈筆記〉で問われていたことが，共通テストでは〈リスニング〉の中で問われているのです。文法・語法・語彙の知識をないがしろにせず正確に習得し，それを音声と結びつけて学習することがいっそう求められるでしょう。

例：第1回プレテスト〈リスニング〉第1問B問6

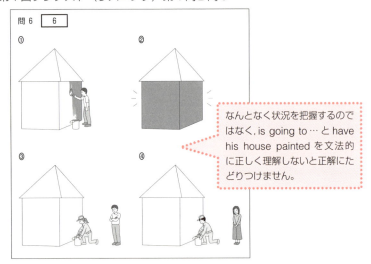

● 3．英語の多様性を意識した出題

〈リーディング〉

第1回プレテストでは，第2問Aのレストランのレビューで，きわめてインフォーマルでくだけた表現を用いた英文が出題されました。また，2021年度の共通テスト本番では，イギリス英語で書かれた英文も出題されました。これはセンター試験では見られなかったことで，「英語の多様性」を意識した出題だと考えることができます。

例：第1回プレテスト〈筆記（リーディング）〉第2問A

Annie's Kitchen　★★★☆☆　by Carrie (2 weeks ago)
Was in the mood for variety, and Annie's Kitchen did NOT disappoint. The menu is 13 wonderful pages long with food from around the world. Actually, I spent 25 minutes just reading the menu. Unfortunately, the service was very slow. The chef's meal-of-the-day was great, but prices are a little high for this casual style of restaurant.

> この Was in the mood for variety, and Annie's Kitchen did NOT disappoint. では，① Was の主語がない，② disappoint を自動詞として用いている，という点において，センター試験では出題されてこなかったような非常にインフォーマルな表現が使われていると言えます。

　英語の文章にはさまざまなスタイル〔文体〕があります。スタイルの分類にもさまざまな方法があり，一例を挙げると，大きく以下のように分類することができます。

①**説明文**：読者にある主題について説明するための文章。筆者の主観的な意見（主張）は含まれない。教科書，マニュアル，料理のレシピ，ニュース記事など。
②**描写文**：あることがらや出来事について，筆者の主観を交えながら詳細かつ印象的に説明した文章。紀行文，日記，随筆など。
③**論説文**：筆者が自らの主張を説明的に述べ，読者に自分の主張を示すための文章。論文，レポート，新聞の社説，広告，批評，クレームの手紙など。
④**物語文**：小説，物語などのように，登場人物が時系列で出来事を経験していく文章。
⑤**会話文**：2人以上の人物が，あるトピック（話題）をめぐって行うやりとり。
⑥**韻　文**：詩や俳句など，一定の書式に基づいて書かれた文。

　センター試験でも既にこの①〜⑤の英文が出題されてきましたが，共通テストではこうした分類に加え，さらに表記の仕方などでも，英語の多様な文章のあり方を反映した出題がなされていくと考えることができます。

〈リスニング〉
　センター試験では，アメリカ英語の発音で英文が読み上げられていましたが，共通テストではアメリカ人以外が話す英語という設定の問題も出題されました。これは〈リーディング〉同様に，スタイルや英語の多様性が出題に反映されたものと考えられます。なお，共通テストの問題作成方針で，「多様な話者による現代の標準的な英語を使用する」と発表されています。

● 4．得点の比重

　センター試験では，筆記200点満点・リスニング50点満点で，筆記：リスニング＝4：1という比重でしたが，共通テストでは，リーディング100点満点・リスニング100点満点で，リーディング：リスニング＝1：1となります※。場合によっては，共通テストではリスニング問題の比重がこれまでより高くなったと言えそうです。また，センター試験と比べてリスニング問題の難度がやや高くなっているため，これまで以上に音声面を重視した学習が求められていると言えるでしょう。

※ただし，均等配点への重み付け等は，各大学の判断による。

● 5．高校・大学生活に関連のある内容

　共通テストの〈リーディング〉〈リスニング〉に共通する特徴として，次のような，高校や大学での学生生活に関連する場面設定の出題が多く見られました。
- 英語で発表するための準備をする
- 英語で講義を聞いたり，講義の感想をまとめたりする
- 学生生活に関連したテーマの英文や図表を読み取ったり聞いたりする

　これは，前述のインプットからアウトプットへという方向性に関係しており，受験生にとってよりリアリティーのある場面設定や内容で出題することで，実際の場面を想像しながら，「どのような英語を学んでおくべきか」を考えてほしいというメッセージではないかと思われます。

◆ 共通テストに向けて

　以上，主な変更点を見てきましたが，英語においては，基礎をおろそかにせず，**英文を正確に読める・聞ける**ようになることが大事です。本書で，共通テストおよびセンター試験の過去問に取り組むことが，最も実戦的かつ効果的な対策となるでしょう。

山添先生から，受験生の皆さんへ——応援メッセージ——

　大学入学共通テストでは「全くの新しいこと」が問われるわけではありません。確かに形式的にはセンター試験から大きく変更されたように思える問題もありますが，「正しく読み・聞き，正しく考え，正しく解く」というごくあたりまえのことが求められていることに変わりはありません。そして，そのために必要な知識——単語・熟語・文法・構文——を着実に習得し，多様な英文を読み・聞くことで言葉の経験値を高めること，それこそが攻略のための王道であり，最短経路なのです。You can make it !!

FINDING INFORMATION YOU NEED

第1章 情報を選び出す

第 1 章　情報を選び出す

アプローチ

◆　必要な情報を探すためには…

　本章では，設問の指示に従って，本文から必要な情報を選び出し，選択肢の内容と照合する能力が求められる問題を解きます。これは基本的にどんな問題にも共通して必要な能力で，単語・熟語・文法・構文の正確な知識をもとに本文を読み，必要な情報を素早く読み取ることがカギになります。

　ただし，これは飛ばし読みをするということではなく，頭から普通に英文を読み，必要な情報を探すという意識をもって英文を読むことだと考えてください。試験時間が限られている以上，速く読まねばならないという気持ちになるのはわかりますが，正確に読める力があればこそ，速さがついてくるものですし，本文は一読だけで理解することを心がけて読めば，実際にはかなりゆっくりしたペースで読んでも，試験時間内に読み解くことは十分に可能なのです。

　まず，ためしに，次の英文を1秒1語のペースで読んでみてください。

> 　In 1877, Thomas Edison invented the phonograph, a new device that could record and play back sound. For the first time, people could enjoy the musical performance of a full orchestra in the convenience of their own homes.　　　　　　　　　　　　　　〔2014 年度本試験　第 6 問より抜粋〕
>
> 訳　1877 年，トーマス＝エジソンは，音を記録し再生できる新しい装置である蓄音機を発明した。初めて人々は自宅という都合のよい場所で，フルオーケストラの演奏を楽しめるようになった。

　どうですか。かなりゆっくりしたペースだと感じたはずです。そのペースで 600 語の英文を読んでも，10 分で読み終えます。実のところ，試験で時間が足りなくなる最大の理由は一読で正確に読める力がないために，何度も同じところを読み返したり，あれこれ迷って考え込んだりしているからなのです。

アプローチ **23**

　確かに，国公立大の二次試験や難関私大入試では，非常に難解な英文が出題されることもありますが，大学入学共通テストでは基本的に，内容面で難解なものは出題されていません。だとしたら，迷ってしまう理由は何でしょうか？

　たとえば，先ほどの英文で使われていた**単語や熟語の意味**は，すべて即座に思い出せたでしょうか。invented の意味は？　device は，record は，convenience は？

　そして，**文法的に正しく読めていた**でしょうか？　1 文目の a new device が直前の the phonograph と同格の関係になっていて，the phonograph を具体的に説明していることや，that 節の中の and によって record と play back が結ばれていて，record と play back の共通の目的語が sound であることは，把握できていましたか？

　もし，今の問いに 1 つでも答えられなければ，おそらく迷って考え込んでしまったはずです。そう，**迷う最大の原因は，基本的な知識の不足**にあるのです。先に述べたように，大学入学共通テストでは「知識・技能」があることを前提に，「思考力・判断力・表現力」を試すとされています。基礎的な知識がなければ思考することも判断することも表現することもできません。また仮にたまたま正解したとしても，その後に控えている国公立大の二次試験では，記述式の問題がメインになることが多いため，そこでつまずいてしまうでしょう。

　大学英語教育学会が出している「JACET 8000」という語彙リストでは，センター試験レベル，すなわち共通テストで出題される英文を読むのに，**最低でも 3,000 語は必要**とされています。中学英語が 1,000〜1,200 語ですから，それに加えて1,800〜2,000 語の単語を覚えなくてはなりません。また，本文を読むだけでなく，設問に解答するためにはそれ以上の単語が必要になりますし，国公立大二次試験や私大の入試では 4,000〜5,000 語は必要だとされています。リスニングのことも考慮すれば，意味や語法だけでなく発音も正確に覚えねばなりません。**単語・熟語・文法・構文の正確な理解**という基本をおろそかにせず，本書のような問題集でトレーニングするなど，毎日の地道な積み重ねを大切にしてください。

問題を解く際の基本的な手順

① まず設問文を先に見て「何が問われているか」を把握したうえで本文を読む。

✔設問文から「何が問われているか」がわからない場合，本文を読み始め，段落の区切りなどのまとまりのあるところまで読んだら選択肢を読むようにします。
✔最後までまとめて英文を読んでからまとめて解くこともできますが，そうすると，前半に書かれていることを忘れてしまう可能性があるため，
〈最初の段落を読む→解ける設問を解く→
　次の段落を読む→解ける設問を解く…〉
と本文と設問を往復し，本文を読む回数を1回だけに抑えられるようにするとよいでしょう。

② 設問で問われている内容の根拠になる部分を本文中から探す。

✔慌てず，丁寧に読みましょう。試験で時間が足りなくなる理由は，「迷ったりわからなかったりして，何度も読み直してしまうから」なので，一読だけで確実に理解できるように単語・熟語・文法・構文の基礎知識をしっかりと身につけておかねばなりません。

③ 選択肢と本文を照合する。本文の該当箇所が複数にまたがる場合もある。

✔「なんとなく」ではなく，それぞれの選択肢が「なぜ正しいのか」または「なぜ誤りなのか」を説明できるようにしましょう。選択肢と本文で全く同じ表現が使われているとは限らないので，言いかえにも注意しましょう。

以上のように，本文から必要な情報を選び出すためには，飛ばし読みなどせず，きちんと内容を理解しながら本文を読み，そのうえで設問に必要な情報を探すプロセスが必要です。遠回りのようですが，大学入学共通テストの英語（リーディング）で点数を取るうえでは，実は，何をおいても単語・熟語・文法・構文の正確な知識をもとに本文を読み，必要な情報を素早く読み取る能力が大切なのです。ここでは，例題を通して，文法的に正しく読んで設問を解く練習を行いましょう。1つの問題に正確に解答するためには，最低限，これだけのことを理解したうえで読み解かねばならないのだ，ということを肝に銘じてほしいと思います。

例題

次の文章を読み，下の問いの空欄に入れるのに最も適当なものを一つ選べ。

ア Several years ago, certain scientists developed a way of investigating the nature of the atmosphere of the past by studying air caught in the ice around the North or South Pole. イ According to their theory, when snow falls, air is trapped between the snowflakes. ウ The snow turns to ice with the air still inside. エ Over the years more snow falls on top, making new layers of ice. オ But the trapped air, these scientists believed, remains exactly as it was when the snow originally fell.

問　Certain scientists claimed that ☐ .
① atmospheric gases increase the yearly amount of snow
② falling snowflakes change the chemical balance of the air
③ the action of atmospheric gases causes snow to turn into ice
④ the air held between snowflakes keeps its original nature

〔1996年度本試験　第5問より〕

▶設問文は「ある科学者たちは，☐と主張した」という意味なので，**科学者がどのような主張をしたのかを探しながら本文を読み進めます。**
▶ここでは情報を探すことに加えて，文法的に英文を正しく読むための基礎知識についても確認しておきます。情報を探すためには，最低限ここまで正確に読む必要があるのだということを認識してください。
▶英文を理解するためには，**語句**（単語や熟語の知識）と，**構文**（文構造を文法的に正しく把握すること）と，**内容理解**の3点をまんべんなく鍛えねばなりません。そこで，ここでは，上の例題を，まず，この3点から解説していきます。

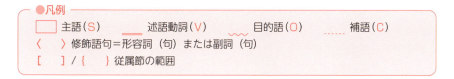

26　第1章　情報を選び出す

● ア

〈Several　years　ago〉,　certain scientists　developed　a　way　〈of
　　　　　　　　　　　　　　　S　　　　　　　V　　　　　O
investigating　the　nature　of　the　atmosphere　of　the　past〉〈by　studying
air〉〈caught　in　the　ice〉〈around　the　North　or　South　Pole〉.

訳　数年前，ある科学者たちが，北極や南極周辺の氷の中に閉じ込められた空気を
　　調べることによって過去の大気の性質を調査する方法を開発した。

▶　語句

□ certain「ある，特定の」　　　　□ scientist「科学者」
□ develop「〜を開発する」　　　　□ investigate「〜を調査する」
□ nature「性質」　　　　　　　　□ atmosphere「大気」
□ past「過去」
□ catch O in 〜「O を〜の中に閉じ込める〔捕える〕」
□ the North Pole「北極」　　　　□ the South Pole「南極」

▶　構文

● S は certain scientists，V は developed で，developed の O が a way です。of
　investigating … the past がまとまって a way を修飾している形容詞句になって
　いると把握しましょう。by studying … South Pole は investigating を修飾して
　いる副詞句で，その中で caught in the ice が直前の air を，around the North
　or South Pole が直前の the ice をそれぞれ修飾する形容詞句になっています。

● なお，〈前置詞＋名詞〉のかたまりは原則として，**名詞を修飾したり補語になった
　りする形容詞句**か，**名詞以外を修飾する副詞句**になります。どこからどこまでが
　〈前置詞＋名詞〉のかたまりで，それがどこにかかっているのかをその都度考える
　習慣を身につけてください。

▶　内容理解

このセンテンス ア は導入部で，①数年前，②ある科学者たちが，③過去の大気
の性質を調査する方法を開発した（手段：北極や南極周辺の氷の中に閉じ込めら
れた空気を調べる），という3点が述べられていますが，この科学者たちがどの
ような「主張」をしたのかは書かれていませんから，ここまで読んだだけでは，
まだ，設問には答えられません。

アプローチ **27**

● イ

〈According to their theory〉, [when $\boxed{\text{snow}}$ $\underline{\text{falls}}$], $\boxed{\text{air}}$ $\underline{\text{is trapped}}$
 S₁ V₁ S₂ V₂

〈between the snowflakes〉.

訳 彼らの理論によれば, 雪が降るときに空気が雪片と雪片の間に捕えられる。

▶ 語句

☐ according to ～「～によると」
☐ theory「理論」
☐ fall「降る」
☐ trap「～を捕える」
☐ snowflake「雪片」

▶ 構文

● their theory の their はセンテンス ア の scientists を指しています。
● when snow falls は副詞節で, snow が S, falls が V です。
● 主節の S は air, V は is trapped で, between the snowflakes は is trapped を修飾する副詞句です。

▶ 内容理解

このセンテンス イ は, センテンス ア の内容を具体的に説明する働きをしていますが, ここでも科学者の「主張」は書かれていません。

● ウ

$\boxed{\text{The snow}}$ $\underline{\text{turns}}$ 〈to ice〉〈with the air still inside〉.
 S V

訳 雪は空気を中に閉じ込めたまま氷に変わる。

▶ 語句

☐ turn to ～「～に変わる」
☐ with O C「O が C の状態で」
☐ still「まだ, 依然として」
☐ inside「内側に」

28 第1章　情報を選び出す

▶ **構文**

● The snow が S，turns が V で，あとは〈前置詞＋名詞〉の修飾語句が続きます。

● センテンス **ウ** では snow に the がついて The snow となっています。これは，センテンス **イ** で初めて登場した snow を受けて「（雪片と雪片の間に空気を含んだ，その）雪は」となります。細かいと思われるかもしれませんが，冠詞も英文のつながりを読み解くうえでは大きなヒントになるので注意しましょう。

● この with は**付帯状況の with** と呼ばれ，前の内容に具体的な説明を付け足す働きをしています。C の位置には形容詞，副詞，分詞，〈前置詞＋名詞〉などが入り，O と C の間には〈主語─述語〉の関係があります。ここでは C の位置に inside「内側に」という副詞が置かれています。

▶ **内容理解**

> このセンテンス **ウ** は，センテンス **イ** の内容をさらに発展させているだけで，ここでも科学者の「主張」は書かれていません。

● エ

> 〈Over the years〉 more snow falls〈on top〉,〈making new layers of ice〉.
> 　　　　　　　　　　　　　S　　　V
>
> 訳　年月が経つうちに，雪がさらに降り積もり，新たな氷の層を作る。

▶ **語句**

□ over the years「何年にもわたって，年月が経つうちに」

□ on top「さらに，その上に」

□ layer「層」

▶ **構文**

● more snow が S，falls が V です。

● この making は分詞構文で，主節の後にある分詞構文は，主節の内容に結果や具体的な補足説明を付け足す働きをします。ここでは「雪がさらに降り積もった**結果**，新たな氷の層を作る」と解釈することができます。

▶ **内容理解**

> このセンテンス **エ** も，センテンス **イ・ウ** から続く一連の流れの説明で，ここでも科学者の「主張」はありませんでした。

アプローチ **29**

● オ

But the trapped air S_1 , [these scientists S_2 believed V_2], remains V_1 〈exactly〉 [as
it S_3 was V_3 {when the snow S_4 〈originally〉 fell V_4 }].

訳　しかし，閉じ込められた空気は，これらの科学者が考えているところでは，雪がもともと降ったときの状態をそのまま保っているというのである。

▶　**語句**

□　remain「～のままである」

□　exactly「まさに」

□　originally「もともと」

▶　**構文**

● 主節のSは the trapped air，それに対するVは remains で，その間に these scientists believed という〈S V〉が割りこんだ形になっています。このように，〈S V〉が挿入されている場合，その〈S V〉を文頭に出して接続詞 that でつなげてみると文構造がわかりやすくなります。

ex) He is, I believe, an honest boy.　→　I believe that he is an honest boy.
　「私が思うに，彼は正直な少年だ」

● as it was の it は the trapped air を指しています。この as は接続詞で，ここでは「…ように」という**様態**の意味です。when the snow originally fell は was を修飾する副詞節で，as it was when the snow originally fell は「雪がもともと降ったときに，閉じ込められた空気があったように」という意味になります。

▶　**内容理解**

these scientists believed とあることから，ようやく「科学者の主張」に相当する表現が登場しました！

30　第1章　情報を選び出す

▶ここまでの情報をもとに，選択肢を読んでみましょう。

① atmospheric gases increase the yearly amount of snow
　「大気中の気体が年間の雪の量を増加させる」

② falling snowflakes change the chemical balance of the air
　「落下する雪片が空気の化学的な均衡を変化させる」

③ the action of atmospheric gases causes snow to turn into ice
　「大気中の気体の作用のために雪が氷になる」

④ the air held between snowflakes keeps its original nature
　「雪片と雪片の間にはさまれた空気が（空気の）元の性質を保っている」

▶①～③のような情報は，本文にはありませんでした。

　一方，④の情報は，

　・the air held between snowflakes：

　　センテンス **イ** の air is trapped between the snowflakes

　・keeps its original nature：

　　センテンス **オ** の

　　the trapped air … remains exactly as it was when the snow originally fell
　　という2つの情報を組み合わせて言いかえたものだと言えます。

▶よって，④が正解となります。

　例題を通して，読解のすべての土台となるのが**単語・熟語・文法・構文の基礎力**であることがよくわかったと思います。第1章には，必要な情報を選び出す練習を行うのにふさわしい良問を集めました。紙面の都合上，すべての演習問題にこの例題のように詳しい解説をすることはできませんが，必要な情報のありかを見つけ出せるようになるためにも，次頁からの分野別の演習問題を解く際には，焦らず，わからないところは辞書で調べるなどしながら，なぜそうなるのかを常に考え，正確に解くことを心がけてください。

```
読解のための土台は，単語・熟語・文法・構文の正確な知識＆理解である。
```

POINT

演習問題

 You are planning to go to an amusement park in Hong Kong. You are looking at its webpage.

This webpage will help you find the best dates to visit Blue Stone Amusement Park.

What's New

A new show titled "Pirates' Adventure" will start on November 13.

Crowd Calendar

On the following calendar, you can see the opening and closing times, and the crowd levels. The percentage in each box is an estimate of the number of people expected to be in the park. The maximum, 100%, is shown by the face icon. The percentage is calculated automatically based on advance ticket sales and past data.

On the days with the face icon, entrance to the park will be difficult. Visitors without an advance ticket may have to wait at the entrance gate for a long time. Advance tickets are only available online one week ahead.

By clicking each date on the calendar, you can see detailed information about the average waiting time for each attraction.

Crowd Calendar for November (information updated daily)

Monday	Tuesday	Wednesday	Thursday	Friday	Saturday	Sunday
5	**6**	**7**	**8**	**9**	**10**	**11**
55%	65%	70%	70%	85%	90%	☺
9:00-17:00	9:00-19:00	9:00-19:00	9:00-19:00	9:00-21:00	9:00-21:00	9:00-21:00
12	**13**	**14**	**15**	**16**	**17**	**18**
55%	☺	☺	90%	85%	☺	90%
9:00-16:00	9:00-21:00	9:00-21:00	9:00-21:00	9:00-21:00	9:00-21:00	9:00-21:00

32 第1章　情報を選び出す

問1　If you go to the park on November 13 without an advance ticket, at the entrance gate you will probably ☐.

① go straight in

② have to pay 55% more to enter

③ have to show your parking ticket

④ stand in a long line

問2　When you click the dates on the calendar, you will find information about ☐.

① how long visitors have to wait for the attractions

② the cost of the advance tickets for the attractions

③ the food and drinks at various park restaurants

④ where visitors can park their cars at Blue Stone

〔第1回プレテスト　第1問A〕

You are visiting a Japanese university during its open campus day. You have found a poster about an interesting event.

The Holiday Planning Research Club **HPRC**

Open Campus Event

HPRC Meeting for High School Students

What is the HPRC?
One of the greatest parts of university life is the lovely long holiday breaks. The Holiday Planning Research Club (HPRC) is run by Japanese and international students. Our club welcomes students from all years and from every department. Our purpose is to help each other make interesting holiday plans.

Date: Saturday, October 27 from 2:00 until 3:30 p.m.
Place: The Independent Learning Center
Event: Four students will tell you about their own recent experiences during their vacations. See the table below for outlines of the presentations.

Speaker	Description	Location
1. Mary MacDonald Department of Agriculture	*Did hard work in rice and vegetable fields *No cost to live with a host family	A farm in Ishikawa Prefecture
2. Fumihiro Shimazu Department of Japanese Language and Culture	*Prepared teaching materials for a Japanese language teacher *Paid his own airfare and insurance	A primary school in Cambodia
3. Risa Nishiura Department of Tourism	*Assisted foreign chefs with cooking and translation *Good pay	A Spanish restaurant in Tokyo
4. Hiroki Kobayashi Department of Education	*Taught judo *Free airfare and room	A junior Olympic training camp in Bulgaria

---

Message for University Students

Join Us as a Speaker at the December HPRC Meeting!

You have a total of 12 minutes. Your talk, in English, should be about 8 minutes. Please prepare slides with photos. After each talk, there is a 4-minute question period and the audience usually asks lots of questions. You can get more information on our website (http://www.hprc-student.net/).

34 第1章 情報を選び出す

問1　The HPRC is organized and led by ☐.

① NGO staff

② students

③ teachers

④ university staff

問2　You can learn from each of the four speakers about ☐.

① interesting courses in different departments of the university

② low-cost trips to other countries in the world

③ outside-of-class experiences during university breaks

④ volunteer work with children in developing countries

問3　At the December meeting, the HPRC speakers should ☐.

① be ready to answer questions

② put their speech scripts on the website

③ speak in English and Japanese

④ talk for about 20 minutes

〔第1回プレテスト　第1問B〕

3 次のビデオ制作コンテストに関するウェブサイトを読み，次の問い（問1〜
3）の□に入れるのに最も適当なものを，それぞれ下の①〜④のうちか
ら一つずつ選べ。

問1 The purpose of the IAYP Video Clip Competition is to provide □.

① a place to meet new friends of the same age
② an airplane ticket to Australia to create a video clip
③ instructions to create a video clip on a computer
④ opportunities for young people to exhibit their works

問2 Members of a high school baseball team will submit a four-minute video
clip about their bonds with players from a sister school abroad. Under
which category should the video clip be entered？ □

① Category A
② Category B
③ Category C
④ Category D

問3 Which of the following meets the submission requirements for this
competition？ □

① A nine-minute mystery drama featuring a young Japanese detective
② A six-minute video clip showing students practicing for a rugby game
③ A three-minute video clip that won third prize at a local film festival
④ A three-minute video clip uploaded to this website on October 30,
2017

Video Clip Competition: Call for Entries

The International Association of Young Producers (IAYP) is proud to open its annual Video Clip Competition again this year. This is a great way to share your creations with a wide audience. Anyone aged 25 and under can participate. The IAYP invites submissions in the following four categories:

	Theme	Maximum length
Category A	A topic related to a team sport	3 minutes
Category B	An idea connected to friendship	5 minutes
Category C	A social problem based on a true story	5 minutes
Category D	A mystery with a dramatic ending	7 minutes

The deadline is 11:59 pm, October 31, 2017 (Japan Standard Time). The three best clips in each category will be selected by a committee of famous video creators and posted on this website in December. One overall grand champion will be awarded a ticket to the next IAYP Conference in Sydney, Australia. So, don't miss this chance! Get out your video camera and start filming!

Follow these steps:
- Shoot a video and edit it on a computer to an appropriate length for the category you choose.
- Click here to enter your details and upload your video clip.

Rules and conditions:
- Each person or group can choose only one category.
- Only clips sent before the deadline will be accepted.
- Clips must be original and submitted to a competition for the first time.

〔2017 年度本試験　第 4 問 B〕

演習問題　**37**

4 次の広告に関する下の問い（問1〜3）を読み，□□□に入れるのに最も適当なものを，それぞれ下の①〜④のうちから一つずつ選べ。

問1　According to the advertisement, students are required to □□□ at the start of their course.

① have reserved a hotel room
② bring money for their tuition fees
③ take an English placement test
④ visit the office with their sponsors

問2　A student who pays the tuition for the two-week course and the accommodation fee for a single room at the beginning of June should send a total amount of □□□ dollars.

① 870
② 920
③ 1,120
④ 1,170

問3　Students who decide not to join the Summer Camp must tell the office by □□□, or they cannot have a refund.

① May 15
② June 15
③ June 30
④ July 28

English Summer Camps 2008

San Diego Seaside College is proud once again to sponsor one- and two-week English Summer Camps for high school students from all over the world who are interested in brushing up their English skills. Classes are offered at five levels, from basic to advanced. Students are tested on arrival and placed in the level appropriate to their language ability. Each class has a maximum of 14 students. In the classroom, lessons focus on student interaction while teachers provide feedback and support.

Tuition Fees

The basic tuition fee depends on how early you pay.
One-week Course (Monday, July 28—Friday, August 1):
- $310 if we receive the full amount by May 15
- $360 otherwise

Two-week Course (Monday, July 28—Friday, August 8):
- $620 if we receive the full amount by May 15
- $670 otherwise

The full payment must be received before the beginning of the courses.

Accommodations

We can provide housing in our student residence, Peter Olsen House. Breakfast & dinner, 7 days a week.
Single room: $250 per week
Twin room: $160 per person, per week

You should reserve your accommodations before May 15 and all accommodation fees must be paid in full before June 15.

Cancellation

If you have to withdraw from the camp after you have been accepted, but no later than June 30, then all the fees you have paid will be returned. If you have to withdraw after June 30, we regret that we cannot return any fees.

How to Apply

Fill out an application form and send it to us at <esc@sdsc.edu>.

Visit the Golden State this summer and make yourself shine at English!

5 次のフライト・スケジュールに関する下の問い（問1～3）を読み，その答えとして最も適当なものを，それぞれ下の①～④のうちから一つずつ選べ。

Flight Schedule

Flight	Departure/Arrival City		Dep./Arr. Date	Dep./Arr. Time	Seat Availability		Notes
					Business Class	Economy Class	
203	Dep.	Tokyo	25 Sept.	10:40	×	9	p, e
	Arr.	Chicago	25 Sept.	08:15			
205	Dep.	Tokyo	25 Sept.	16:35	×	2	p, e
	Arr.	Chicago	25 Sept.	14:04			
207	Dep.	Tokyo	25 Sept.	18:55	4	×	e
	Arr.	Chicago	25 Sept.	16:31			
204	Dep.	Chicago	29 Sept.	10:20	1	×	
	Arr.	Tokyo	30 Sept.	13:15			
206	Dep.	Chicago	29 Sept.	12:16	○	○	p, e
	Arr.	Tokyo	30 Sept.	15:10			
208	Dep.	Chicago	29 Sept.	14:50	3	5	e
	Arr.	Tokyo	30 Sept.	17:45			

Explanation of symbols:

○: 10 or more seats available   1-9: Number of available seats   ×: No seats
p: Pets carried on these flights (See policies below.)
e: An electrical outlet is available in each seat for laptop computers, etc.

Policies regarding pets:

1. Passengers traveling with pets must inform the airline in advance.
2. Only some birds, and domesticated cats and dogs are permitted.
3. Dogs and cats must be over the age of 8 weeks to travel.

問1　The Shima family—a father, a mother, and two children—will take a trip to Chicago starting from Tokyo. They plan to leave on September 25 and return on September 30, and they want to take their two-year-old poodle along. Which flights can they use? ☐

① Flight 203 and Flight 206
② Flight 205 and Flight 206
③ Flight 205 and Flight 208
④ Flight 207 and Flight 208

40　第1章　情報を選び出す

問2　Mr. Uno, a businessman, wants to travel from Tokyo to Chicago by economy class at the end of September. He can't leave Tokyo before noon on September 25. He may also need a power supply for his computer during the flight. Which flight should he choose?　☐

① Flight 203　　　　　② Flight 205
③ Flight 206　　　　　④ Flight 207

問3　According to this airline's policies, which of these animals is permitted on flights?　☐

① A cat which is three years old
② A dog born at the end of the previous month
③ A hamster which just passed its first birthday
④ A rabbit born three weeks before the flight

〔2010 年度本試験　第4問B〕

6)　次の文章を読み，下の問いに答えよ。

　Opera is an important part of the Western classical music tradition. It uses music, words, and actions to bring a dramatic story to life. Opera started in Italy at the end of the 16th century and later became popular throughout Europe. Over the years, it has responded to various musical and theatrical developments around the world and continues to do so. In recent decades, much wider audiences have been introduced to opera through modern recording technology. Some singers have become celebrities thanks to performing on radio, on television, and in the cinema.

問　Which of these statements is true according to this paragraph?

① Opera develops by adapting to new conditions.
② Opera fans thank celebrities for performing.
③ Opera singers avoid singing on TV and in films.
④ Opera singers' life stories are dramatic.

〔2016 年度本試験　第6問より抜粋〕

演習問題 **41**

7 次の文章を読み，下の問いの ☐ に入れるのに最も適当なものを，下の ①
～④のうちから一つ選べ。

   As the historian Philippe Ariès has pointed out, modern attitudes towards
childhood and youth stand in contrast to views of the young in earlier
periods. Ariès has noted that many Europeans in the Middle Ages did not
know when they were born or how old they actually were. The idea that one
becomes an "adult" when one turns a certain age (for example, on one's
twentieth birthday) did not exist. Thus, the difference between childhood and
adulthood was not clear, and children were often treated in the same way as
adults. In medieval France, few children went to school and six-year-olds
worked in the fields alongside their elders. Ariès even suggests that the
concept of childhood itself did not exist in the Middle Ages.

問   The historian Ariès argues that in the Middle Ages ☐.

   ① children enjoyed helping their parents
   ② parents were too busy to think about children
   ③ people had only a vague idea about age
   ④ the young had difficulty finding work

〔2010 年度本試験　第 6 問より抜粋〕

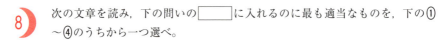

In 1877, Thomas Edison invented the phonograph, a new device that could record and play back sound. For the first time, people could enjoy the musical performance of a full orchestra in the convenience of their own homes. A few years later, Bell Laboratories developed a new phonograph that offered better sound quality; voices and instruments sounded clearer and more true-to-life. These early products represent two major focuses in the development of audio technology—making listening easier and improving the sound quality of the music we hear. The advances over the years have been significant in both areas, but it is important not to let the music itself get lost in all the technology.

問　According to this paragraph, Bell Laboratories' phonograph could _____ than Thomas Edison's.

① 　be built more quickly and cheaply
② 　be operated with less difficulty
③ 　play more musical instruments
④ 　reproduce sound more realistically

〔2014年度本試験　第6問より抜粋〕

9 　スペイン人画家の Salvador には，日本生まれの Chitose という孫がいる。
　　 Chitose はかつて，Salvador に絵のレッスンを受けていた。次の文章は，Salvador の日記の一部である。文章を読み，下の問いの □ に入れるのに最も適当なものを，下の①～④のうちから一つ選べ。

Salvador's Diary
March 30, 2012

　Our last lesson was a disaster. Chitose and I had a huge fight. She arrived at the studio smiling and said, "Look Grandpa, I painted this portrait of you." The man in the portrait had a lot of hair, stood straight, looked young, and smiled. She might be talented enough to attend an art college in France, but she has a big weakness as an artist. When she paints a person, too often she paints an idealized image rather than the real person. I had been explaining this point to her for several months, but she just wouldn't listen. I got a little angry and said to her, "This is not me, and you are not a real artist." She got angry too and said she didn't care because she didn't need me as a teacher anymore. I then showed her the portrait I had painted as her farewell gift and said, "This is the real you!" She took one look at it, said, "No, it isn't!" and left.

問　Salvador wanted Chitose to □ .

① appreciate things for how they are
② dress more like an artist
③ find another art teacher
④ paint young-looking people

〔2014 年度本試験　第 5 問より抜粋〕

44 第1章 情報を選び出す

解答解説

1 問1 正解は④　問2 正解は①

訳 《香港のアミューズメントパーク》
あなたは香港のアミューズメントパークに行く計画を立てています。あなたはそのウェブサイトを見ています。

　トップ＞混雑具合カレンダー　　ブルーストーンアミューズメントパーク　英語　中国語

このウェブサイトを見れば，ブルーストーンアミューズメントパークを訪れる最もよい日取りが見つかりやすくなります。

新着情報
「海賊の冒険」というタイトルの新しいショーが 11 月 13 日に始まります。

混雑具合カレンダー
[第1段]　次のカレンダーで，開園時刻と閉園時刻，そして混雑具合が見られます。各欄の中のパーセンテージは来園が見込まれる人数の推定です。最大，つまり 100％は顔のアイコンで示されています。パーセンテージは前売り券の売上数と過去のデータに基づいて自動的に算出されています。
[第2段]　顔のアイコンのある日は入場が難しくなります。前売り券を持っていない来園者は入場口で長い間待たなくてはならないかもしれません。前売り券は1週間前までオンラインのみで購入可能です。
[第3段]　カレンダーのそれぞれの日付をクリックすると，各アトラクションの平均待ち時間に関する詳細情報が見られます。

11月の混雑具合カレンダー（毎日情報更新されます）							
月曜日	火曜日	水曜日	木曜日	金曜日	土曜日	日曜日
5	**6**	**7**	**8**	**9**	**10**	**11**
55%	65%	70%	70%	85%	90%	☺
9:00-17:00	9:00-19:00	9:00-19:00	9:00-19:00	9:00-21:00	9:00-21:00	9:00-21:00
12	**13**	**14**	**15**	**16**	**17**	**18**
55%	☺	☺	90%	85%	☺	90%
9:00-16:00	9:00-21:00	9:00-21:00	9:00-21:00	9:00-21:00	9:00-21:00	9:00-21:00

解答解説　**45**

語句・構文

［第1段］▶ based on ～「～に基づいて」

［第2段］▶ visitor without an advance ticket「前売り券を持っていない来園者」

［第3段］▶ detailed information「詳細情報」

　　　　　▶ average waiting time「平均待ち時間」

問1　正解は④

「もしあなたが11月13日に前売り券なしでパークに行けば，入場口であなたはおそらく□□□□だろう」

カレンダーから，11月13日は顔のアイコンがあるので混雑具合が100％であることがわかる。第2段第1・2文に「顔のアイコンのある日は入場が難しくなります。前売り券を持っていない来園者は入場口で長い間待たなくてはならないかもしれません」とあることから，④「**長い列に並ぶ**」が正解。

①「まっすぐ入る」

②「入るために55％多く払わなくてはならない」

③「駐車券を見せなくてはならない」

問2　正解は①

「カレンダー上の日付をクリックすると，あなたは□□□□についての情報を見つけるだろう」

第3段に「カレンダーのそれぞれの日付をクリックすると，各アトラクションの平均待ち時間に関する詳細情報が見られます」とあることから，①「**来園者がどれくらい長くアトラクションを待たなくてはならないか**」が正解。

②「アトラクションのための前売り券の価格」

③「各種パークレストランの食べ物と飲み物」

④「ブルーストーンで来園者がどこに車を停められるか」

問1 正解は② 問2 正解は③ 問3 正解は①

訳 《休日計画調査部（HPRC）》
あなたは日本の大学をオープンキャンパス中に訪問しています。あなたは興味深いイベントについてのポスターを見つけました。

休日計画調査クラブ　HPRC

高校生のための HPRC ミーティング

HPRCとは何か？
大学生活の最高の部分のひとつは素晴らしい長期休暇です。休日計画調査部（HPRC）は日本人学生と留学生によって運営されています。我々のクラブはすべての学年とすべての学部の学生を歓迎します。我々の目的はお互いに助け合って興味深い休日計画を立てられるようにすることです。

日時：10月27日，土曜日，午後2時から3時30分まで
場所：個別学習センター
イベント内容：4人の学生が休暇中の自身の最近の体験について話します。プレゼンテーションの概要は以下の表を見てください。

講演者	概要	場所
1．マリー=マクドナルド　農学部	＊田んぼや野菜畑で重労働 ＊ホストファミリーとの生活は無料	石川県の農場
2．シマヅフミヒロ　日本語文化学部	＊日本語教師のために教材を準備 ＊航空運賃と保険代は自己負担	カンボジアの小学校
3．ニシウラリサ　観光学部	＊料理と通訳で外国人シェフを補佐 ＊良い給料	東京のスペイン料理店
4．コバヤシヒロキ　教育学部	＊柔道を教えた ＊航空運賃と宿泊費は無料	ブルガリアのジュニアオリンピックのトレーニング合宿

大学の学生からメッセージ
12月の HPRC ミーティングに講演者として参加してください！ 持ち時間は全部で12分です。講演は英語で行い，およそ8分ほどです。写真付きのスライドを用意してください。各講演後，4分間の質問時間があり，聴衆はたいていたくさんの質問をします。我々のウェブサイトでより多くの情報が得られます（http://www.hprc-student.net）。

解答解説 **47**

語句・構文	▶ department「学部」
	▶ teaching materials「教材」
	▶ airfare「航空運賃」

問1　正解は②

「HPRC は□□□によって組織，運営されている」

ポスター上部の「HPRC とは何か？」の欄に，「休日計画調査部（HPRC）は日本人学生と留学生によって運営されています」とある。したがって② **「学生」** が正解。

① 「NGO 職員」

③ 「教員」

④ 「大学職員」

問2　正解は③

「あなたは 4 人の講演者のそれぞれから□□□について学べる」

ポスター中ほどに，「イベント内容：4 人の学生が休暇中の自身の最近の体験について話します」とある。したがって③ **「大学の休暇中の授業外の体験」** が正解。

① 「大学のさまざまな学部の興味深いコース」

② 「世界の他の国への低予算旅行」

④ 「発展途上国の子供たちとのボランティア活動」

問3　正解は①

「12 月のミーティングでは，HPRC の講演者は□□□べきだ」

ポスター下部を参照。「各講演後，4 分間の質問時間があり，聴衆はたいていたくさんの質問をします」とある。よって，① **「質問に答えられるよう準備する」** が正解。

② 「自分の講演原稿をウェブサイトに載せる」

③ 「英語と日本語で話す」

④ 「20 分程度話す」

48 第1章 情報を選び出す

3) 問1 正解は④ 問2 正解は② 問3 正解は④

訳 《短編動画コンテストの募集広告》

国際若手プロデューサー協会（IAYP）では，今年も年次短編動画コンテストを開催できることを誇らしく思っています。これは，あなたの作品を幅広い視聴者と共有する素晴らしい方法です。25歳以下の方ならどなたでも参加できます。IAYPは以下の4部門での投稿をお待ちしております。

	テーマ	上限時間
A部門	チームスポーツに関係する話題	3分
B部門	友情に関連する着想	5分
C部門	実話に基づく社会問題	5分
D部門	劇的な結末のミステリー	7分

締め切りは，2017年10月31日午後11時59分（日本標準時）です。優秀作品は各部門で3つ，著名な動画制作者からなる委員会によって選ばれ，12月にこのウェブサイトにアップされます。全部門を通した最優秀者には，オーストラリアのシドニーで開かれる次のIAYP大会のチケットが授与されます。ですから，ぜひこの機会を逃さないように！　ビデオカメラを取り出して，撮影を始めてください！

以下の手順を踏んでください：
▶動画を撮影し，コンピュータで，選んだ部門に合った長さに編集してください。
▶ ここ をクリックし，必要事項を入力の上，あなたの短編動画をアップロードしてください。

規則と条件：
▶各個人あるいはグループが選べるのは1部門だけです。
▶締め切り前に送られた動画のみ受け付けます。
▶動画はオリジナルのもので，コンテストに初めて投稿されるものに限ります。

解答解説　49

問1　正解は④

「IAYP の短編動画コンテストの目的は□□□□□を提供することである」

表の上にある紹介部分の第2文（This is a …）に「これは，あなたの作品を幅広い視聴者と共有する素晴らしい方法です」とある。④**「若い人たちが自分の作品を人に見せる機会」**が正解。

① 「同じ年齢の新しい友達に出会う場」

② 「短編動画を制作するためにオーストラリアへ行く航空券」

③ 「コンピュータで短編動画を制作するための助言」

問2　正解は②

「ある高校の野球部員たちが，海外の姉妹校の選手たちとの絆を扱った4分の短編動画を投稿する。この短編動画はどの部門に申し込むべきか」

長さが4分なのでA部門には合わない。テーマが姉妹校の選手たちとの絆なので，友情を扱ったものと言える。したがって②**「B部門」**が適切。

① 「A部門」　　　　　　③ 「C部門」　　　　　　④ 「D部門」

問3　正解は④

「このコンテストの投稿条件を満たしているのは次のどれか」

① 「若い日本人探偵が主役の，9分のミステリードラマ」

　　上限時間は最も長いD部門でも7分であり，9分で応募できる部門はない。

② 「ラグビーの試合のために練習している学生たちを描いている6分の短編動画」

　　長さが6分のものはD部門に応募できるが，これはテーマが「ミステリー」に限定されているので，内容が合わない。

③ 「地元の映画祭で3位になった3分の短編動画」

　　「規則と条件」の3番目の項目に「コンテストに初めて投稿されるものに限ります」とあることに反する。

④ **「2017年10月30日にこのウェブサイトにアップロードされた3分の短編動画」**

　　表の下に下線で示してあるとおり，締め切りは2017年10月31日で，「手順」の説明の2番目の項目では，ウェブサイトに動画をアップロードするように指示している。また，3分ならいずれの部門にもあてはまる。これが正解。

　問2では設問文が，問3では選択肢が具体例になっているので，本文で述べられている内容にどう当てはまるのか考える。

問1　正解は③　　問2　正解は④　　問3　正解は③

訳 《英語夏合宿の募集広告》

2008年度　英語夏合宿

サンディエゴ=シーサイド大学は，今年も英語技能を磨きたい世界中の高校生のための1週間と2週間の英語夏合宿を後援できることを誇りに思っています。クラスは基礎から上級までの5つのレベルに分かれています。学生のみなさんは，到着後すぐにテストを受け，自分の語学能力に適したレベルに振り分けられます。どのクラスも最大14名までです。教室では，教師がフィードバックと手助けをしますが，学生のみなさんが互いに刺激し合うことが授業の中心になります。

授業料
基本授業料は，お支払い時期により異なります。
　1週間コース（7月28日月曜日〜8月1日金曜日）：
　　・5月15日までに全額支払いなら310ドル
　　・その他の場合は360ドル
　2週間コース（7月28日月曜日〜8月8日金曜日）：
　　・5月15日までに全額支払いなら620ドル
　　・その他の場合は670ドル
コース開始までに全額のお支払いをお願いします。

宿泊施設
我が校の学生寮ピーター=オルセン=ハウスにてご宿泊いただけます。
朝食と夕食付き　7日間
　シングル：1週間250ドル
　ツイン　：1人1週間160ドル
5月15日までに宿泊の予約をし，6月15日までに宿泊料金を全額お支払いください。

予約取消
参加を認められたあとで，合宿を辞退せねばならなくなった場合，6月30日以前ならお支払いいただいた全額をお返しいたします。6月30日より後に辞退せねばならない場合は，申し訳ありませんが，料金は一切お返しできません。

解答解説 **51**

申し込み方法

申し込みフォームにご入力の上，esc @ sdsc.edu までお送りください。

この夏，黄金の州を訪れ，英語が得意になろう！

問1　正解は③

「広告によると，コースの初めに学生は□□□□しなければならない」

冒頭のあいさつ文第 3 文（Students are tested …）に「到着後すぐ，学生はテストされ，適したレベルに振り分けられます」とある。③「**英語のクラス分けテストを受ける**」が適切。

①「ホテルの部屋を予約しておく」

②「授業料のためのお金を持ってくる」

④「スポンサーとともに事務所を訪れる」

問2　正解は④

「2 週間コースの授業料とシングル部屋の宿泊料を 6 月初めに払う学生は，合計□□□□ドルを送ることになる」

「授業料」の項で 2 週間コースの料金を見ると，支払いが 5 月 15 日を過ぎるので 670 ドル。「宿泊施設」の項でシングルの部屋は，1 週間 250 ドルとなっている。2 週間コースなので，これが 500 ドルになる。よって 670＋500＝1,170 ドルで，④「**1,170**」が正解。

①「870」　　　　　②「920」　　　　　③「1,120」

> 設問文が具体例になっているので，本文で述べられている条件と照らし合わせて計算する。
>
> 計算ミスをしないように気をつけること（シングルの部屋の金額を 2 倍する必要があることに注意）。　POINT

問3　正解は③

「夏合宿に参加しないことに決めた学生は，事務室に□□□□までに連絡しなければお金を返してもらえない」

「予約取消」の項を見ると，6 月 30 日以前に取り消せば料金は全額返還，それより後は返せないとある。③「**6 月 30 日**」が正解。

①「5 月 15 日」　　　②「6 月 15 日」　　　④「7 月 28 日」

5　　問1　正解は ①　　問2　正解は ②　　問3　正解は ①

訳 《フライト・スケジュール》

フライト・スケジュール

フライト	発着都市		発着日	発着時刻	空席状況		摘要
					ビジネスクラス	エコノミークラス	
203	発	東京	9月25日	10:40	×	9	p, e
	着	シカゴ	9月25日	08:15			
205	発	東京	9月25日	16:35	×	2	p, e
	着	シカゴ	9月25日	14:04			
207	発	東京	9月25日	18:55	4	×	e
	着	シカゴ	9月25日	16:31			
204	発	シカゴ	9月29日	10:20	1	×	
	着	東京	9月30日	13:15			
206	発	シカゴ	9月29日	12:16	○	○	p, e
	着	東京	9月30日	15:10			
208	発	シカゴ	9月29日	14:50	3	5	e
	着	東京	9月30日	17:45			

記号の説明：
○：空席10席以上　　1－9：空席数　　×：満席
p：ペット持込可能便（下の弊社方針参照。）
e：各席にラップトップコンピュータ等用のコンセントあり。

ペットに関する弊社方針：
　1．ペット同伴でご搭乗のお客様はあらかじめ航空会社にお知らせください。
　2．数種の鳥，ペットの猫，犬のみ可能です。
　3．持ち込みの犬・猫は生後8週間を超えていなければなりません。

解答解説　**53**

問1　正解は①

「シマさん一家——父親，母親と子供2人——は，東京発でシカゴに旅行する。彼らは9月25日に出発し，9月30日に帰国する計画であり，2歳のプードルを連れて行きたいと思っている。彼らが使える便はどれか」

プードルがいるので，「ペット持込可」を表すpの記号のある便でなければならない。帰りは206便のみなので選択肢①か②。行きの203便と205便のうち，空席が2しかない205便では一家4人が乗れないので，203便に乗ることになる。したがって①「203便と206便」が正解。

問2　正解は②

「ビジネスマンのウノさんは，9月末にエコノミークラスで東京からシカゴに行きたいと思っている。彼は9月25日の正午以前には東京を出ることができない。また，フライト中にコンピュータの電源も必要になるかもしれない。彼はどの便を選ぶべきか」

東京発は203便，205便，207便だが，203便は10時40分発なので不可。207便はエコノミークラスの空席がないので不可。残る205便を選ぶことになる。正解は②。

問3　正解は①

「この航空会社の方針によると，以下の動物のうち飛行機に乗せられるのはどれか」

「ペットに関する弊社方針」参照。項目2より，鳥，猫，犬のみ可能であるとわかるので，③「1歳の誕生日を過ぎたばかりのハムスター」，④「フライトの3週間前に生まれたウサギ」は不可。項目3に「生後8週間を超えていなければなりません」とあるので，②「先月末に生まれた犬」は不可。①「3歳の猫」が正解。

54 第1章 情報を選び出す

6 正解は①

> **訳** 《オペラ》
>
> オペラは西洋クラシック音楽の伝統の重要な部分である。オペラは，劇的な物語に命を吹き込むために，音楽と言葉と演技を使う。オペラは16世紀の終わり頃，イタリアで生まれ，のちにヨーロッパ中に広まった。以降の年月，オペラは世界中のさまざまな音楽上，演劇上の発展に反応してきたし，そうし続けている。この数十年では，現代の録音技術を通じて，ずっと幅広い鑑賞者がオペラに接するようになっている。歌手の中には，ラジオ，テレビ，映画で歌ったおかげで，有名人になった人もいる。

語句・構文 ▶ bring *A* to life「*A* に命を吹き込む」
▶ introduce *A* to *B*「*A* を *B* に触れさせる，*A* を *B* に紹介する」

問 「この段落によると，次の文のどれが正しいか」

第4文（Over the years, …）に「オペラは世界中のさまざまな音楽上，演劇上の発展に反応してきたし，そうし続けている」とある。① **「オペラは，新しい状況に適応することで発展する」** が，本文の内容と一致する。これが正解。

② 「オペラファンは，有名人に上演を感謝している」

③ 「オペラ歌手は，テレビや映画で歌うことを避ける」

④ 「オペラ歌手の人生の物語は劇的である」

正解は ③

> 訳 《子供という概念》
> 歴史家のフィリップ=アリエスが指摘しているように，幼年期や青年期に対する現代的な見方は，以前の時代の若者に対する考え方とは対照的である。アリエスは，中世のヨーロッパ人の多くは自分がいつ生まれたか，また実際自分が何歳なのか知らなかったと述べている。ある年齢（たとえば 20 歳の誕生日）になったときに「大人」になるという考え方は存在しなかったのだ。したがって，子供と大人の違いははっきりせず，子供は大人と同じように扱われることが多かった。中世フランスでは，学校へ通う子供はほとんどおらず，6 歳児は年長者たちと並んで畑仕事をしていた。アリエスは，幼年期という概念自体が中世には存在しなかったとさえ示唆している。

語句・構文
▶ stand in contrast to ～「～と対照をなしている」
▶ turn a certain age「ある年齢になる」

問 「歴史家アリエスは，中世には____と主張している」
第 2 文（Ariès has noted …）参照。「アリエスは，中世のヨーロッパ人の多くは自分がいつ生まれたか，また実際自分が何歳なのか知らなかったと述べている」とある。③「人々は年齢について漠然とした考えしか持っていなかった」が適切。
① 「子供は親の手伝いを喜んでしていた」
② 「親は忙しすぎて子供のことを考えられなかった」
④ 「若者は仕事を見つけるのに苦労した」

56　第1章　情報を選び出す

8 　正解は ④

> 訳 《蓄音機の発明》
>
> 　1877 年，トーマス=エジソンは，音を記録し再生できる新しい装置である蓄音機を発明した。初めて人々は自宅という都合のよい場所で，フルオーケストラの演奏を楽しめるようになった。数年後，ベル研究所はさらに音質のいい新しい蓄音機を開発した。声や楽器の音はよりはっきりとし実際の音に近い響きになった。こうした初期の製品はオーディオ技術の開発における 2 つの主要な焦点を表している。つまり，鑑賞をより容易にすることと，私たちの耳に届く音楽の音質を向上させることである。これまでの年月における進歩はその両方においてかなりのものだが，こうした技術の中で音楽そのものを見失ってしまわないようにすることが重要である。

語句・構文　▶ in the convenience of *one's* own homes「自宅という都合のいい
　　　　　　　場所で」
　　　　　▶ true-to-life「本物そっくりの，現実に忠実な」

問　「この段落によると，ベル研究所の蓄音機は，トーマス=エジソンの蓄音機より
　　　□□□□ことができた」
　　第 3 文後半（voices and instruments …）に「声や楽器の音はよりはっきりとし
　　実際の音に近い響きになった」とある。④「いっそう本物らしく音を再生する」が
　　正解。
　　① 「いっそう速く安価に組み立てる」
　　② 「いっそう容易に操作する」
　　③ 「いっそう多くの楽器を演奏する」

9 正解は ①

> **訳** 《サルバドールの日記》
> 2012年3月30日
>   私たちの最後のレッスンはひどかった。チトセと私は大喧嘩をしてしまった。彼女は笑顔でアトリエにやってきて,「見て,おじいちゃん,私,おじいちゃんのこの肖像画を描いたのよ」と言った。肖像画の中の男は髪がたっぷりあり,背筋を伸ばして立ち,若々しく見え,微笑んでいた。彼女にはフランスの芸術大学に入れるくらいの才能があるかもしれないが,芸術家としては大きな欠点がひとつある。人物を描くとき,ありのままというより理想化した姿を描くことが多すぎるのだ。私は何カ月も前からずっとこの点を説明し続けてきたが,彼女はまったく耳を貸そうとしなかった。ちょっと腹が立って,彼女に「これは私ではないし,君は本当の芸術家ではない」と言ってしまった。彼女も腹を立てて,もう私を先生として必要としないから構わないと言った。それで私は,自分が餞別(せんべつ)として描いた肖像画を見せて「これが本当の君だよ!」と言った。彼女はそれをちらっと見て,「違うわ!」と言って出て行った。

語句・構文
▶ farewell「別れの」
▶ take one look at ～「～を一目見る」

問 「サルバドールはチトセに□□□ようにしてほしかった」
 第5・6文(She might be …)に「彼女には…芸術家としては大きな欠点がひとつある。人物を描くとき,ありのままというより理想化した姿を描くことが多すぎる」とある。①「**物事を実際の在り様で正しく認識する**」が適切。
 ②「もっと芸術家らしい服装をする」
 ③「別の芸術の教師を見つける」
 ④「若く見える人を描く」

第2章

UNDERSTANDING THE WAY
INFORMATION IS LINKED

つながりを理解する

アプローチ

◆ つながりの理解

　英語の文章は，普通，複数のセンテンス（ピリオドまでの1文）から成り立っています。しかし，全く関係のないセンテンスがただ並べられているわけではなく，複数のセンテンスが並んだ瞬間に，それらの間に何らかの**つながり**が生まれます。また，1つのセンテンスの内部でも，何らかの論理的な**つながり**が含まれていることがあります。こうした**つながりを読み解く**ことが英文を理解するための肝になると言っても過言ではありません。

　センター試験ではこれまでずっと**つながり**を問う問題や，**つながり**を理解できているかどうかを問う問題を出題し続けてきました。これは，英文を正確に理解するためには欠かせない大事な要素だからです。そのため，大学入学共通テストでも引き続き，そうした問題が出題されることが予測されます。そこで，第2章では，**つながりを理解する**のにふさわしい英文を集めました。**つながり**を意識しながら英文を読んだり聞いたりすること（インプット）は英文を書いたり話したりすること（アウトプット）にも役立ちます。また，未知語を推測する手がかりにもなります。

　それでは，**つながりを見抜く**には，具体的には何に着目したらよいのでしょうか。英語の文章では同一表現の単純な繰り返しを避けるという傾向があります。そのため，同一表現の繰り返しを避けながら，**言いかえが起こっているところを見つける**と，つながりが生み出されていく仕組みについて理解できるようになります。また，**論理的な関係の理解や時系列での情報の把握ができる**と，つながりを見抜きやすくなります。

つながりを見抜くための注目ポイント

① 言いかえを見つけるヒント
(1) 代名詞・指示語
(2) 〈the / this [these] / that [those] ＋名詞〉
(3) 代動詞
(4) 代用表現・省略
(5) 類義語・反意語

② 論理的な関係
(1) 順接
(2) 逆接
(3) 説明

③ 時系列での情報の把握

つながりを見抜くための注目ポイント

1　言いかえを見つけるヒント

(1) 代名詞・指示語

> 例①　下線部の one は何を指していますか？
> Bob　：Wow! You have so many books! You must really love to read.
> Alice：Yeah, actually I need a bookshelf, but I can't afford the <u>one</u> I want yet.　〔2010年度本試験　第3問A問1より〕
> 訳　ボブ：うわ！　すごくたくさん本を持っているんだな。本当に読書が好きなんだね。
> 　　アリス：ええ，本当は本棚がいるんだけど，まだ欲しいのを買う余裕がないのよ。

▶この one は bookshelf を示しています。

▶代名詞・指示語には，次のようなものがあります。
- 人称代名詞の例：he / she / it / they
- 指示語の例：this / that
- 不定代名詞の例：one / some

(2) 〈the / this [these] / that [those] ＋名詞〉

> 例②　下線部の this new technology は何を指していますか？
> Biotechnology could offer great advantages to the whole world. If <u>this new technology</u> works, the gap between population increase and food production will be narrowed.　〔1996年度本試験　第3問A問3〕
> 訳　バイオテクノロジーは全世界に莫大な利益をもたらしうる。この新しいテクノロジーがうまく機能すれば，人口増加と食糧生産の間のギャップは縮まるだろう。

▶この this new technology は Biotechnology を示しています。

▶一度登場した名詞を〈the＋名詞〉や〈this＋名詞〉といったかたちで言いかえることもよくあります。特に〈this [these]＋名詞〉の場合，**そこまでの内容をまとめる働きを持つことが多いので注意が必要です。**

62　第2章　つながりを理解する

(3) 代動詞

例③　下線部の **do so** は何を表しますか？

When Burton and Speke explored Lake Tanganyika in East Africa in 1858, they were not the first outsiders to **do so**.〔1994年度本試験　第3問B問2より〕

訳　バートンとスピークが，1858年に東アフリカにあるタンガニーカ湖を探検したが，彼らはそこを探検した最初のよそ者ではなかった。

▶この **do so** は **explore Lake Tanganyika** を示しています。

▶ do〔does / did〕には，**前の動詞の内容を受ける働き**があり，そのような使われ方をしている do を「**代動詞**」と呼びます。do だけでなく，do it / do so といったかたちで使われることもあります。これを見たら「何を受けているのか」を読み取るよう心がけましょう。

(4) 代用表現・省略

例④　下線部の **so** は何を表しますか？

My son and I were trying to sell the house we had restored but in the barn attached to it there were bats and they wouldn't leave. The barn was their home. They told us **so** in their own way. They hung there in the barn and seemed determined to stay for the season.　〔1995年度本試験　第6問より〕

訳　息子と私は私たちが修復した家を売ろうとしていたのだが，棟続きの納屋にコウモリがいて，離れようとはしなかった。納屋はコウモリの家になっていた。彼らは彼らなりのやり方でそう我々に告げていた。彼らは納屋でぶらさがり，その季節の間はここにいようと心に決めた様子であった。

▶この **so** は前文の **The barn was their home** を示しています。

▶ so は先行する句や節の代用をします。

アプローチ **63**

例⑤　下線部の **Not this time.** は何を表しますか？
　　A：Guess which of our students forgot to do the homework last night.
　　B：I suppose the usual two did, didn't they ?
　　A：**Not this time.**
　　B：That's surprising.　　　　　　　　　　〔1995 年度本試験　第 2 問 B 問 5 より〕
　🈲　A：うちの生徒の中で昨日の宿題するのを忘れたのがだれだかわかるかい？
　　　B：いつもの二人でしょ？
　　　A：今回は違うんだ。
　　　B：それは驚きね。

▶ この **Not this time.** は，They（＝The usual two students）did not forget
to do the homework this time.を示しています。

▶英語では，一度登場した表現を省略することがよくあります。直前に「対応する同
じような形」があり，それと照らし合わせて省略を見抜くという観点から，これも
つながりを作る仕組みの一つだと言えます。

▶また，so を用いて前に登場した〈主語＋動詞〉の内容を代用することもあります。
　ex）A：Do you think he will come？「彼は来ると思う？」
　　　B：I hope <u>so</u>.「そう願うよ」/ I hope not.「そうでないといいね」
ここで用いられている I hope so. の so は he will come を示し，I hope not. の
not は he will not come の he, will, come が省略されていると考えることがで
きます。

(5) 類義語・反意語

例⑥　下線部の **not dry** は，次の文でどのように言いかえられていますか？
Although most of us have the impression that bones are dry, living bones
are actually **not dry** at all. To begin with, they have a wet outer layer.
　　　　　　　　　　　　　　　　　　　　　　〔1997 年度本試験　第 3 問 A より〕
　🈲　我々の大部分は骨は乾燥しているという印象を持っているが，生きている骨は
　　ほんとうは全く乾燥していない。まず，湿った外側の層がある。

64 第2章 つながりを理解する

▶ dry と wet は反意語で，1文目の not dry「乾燥していない」を，2文目では wet「湿っている」と言いかえています。

▶類義語（意味が似た単語）や反意語（反対の意味を持つ単語）を使った言いかえもよく行われます。また，名詞を形容詞化したり，動詞を名詞化したりした派生語もよく用いられます。

▶さらに，部分語（意味的にある単語の中の一部分に含まれる単語）や関連語（ある単語と内容的にかかわりが深い単語）を使って文の「つながり」を生み出すこともあります。たとえば，face「顔」の部分語としては nose「鼻」，mouth「口」，eye「目」が，関連語としては arm「腕」，head「頭」，leg「脚」などが挙げられます。

つながりを見抜くための注目ポイント，**言いかえ**について見てきましたが，つながりを見抜くための方法として，論理的な関係に注目する方法もあります。次は，そのことについて詳しく見ていきます。

● ② 論理的な関係

(1) 順接：A⇒B（AならばB，AだからB）

　順接とは，**Aという前提からBという内容が当然予測されるときのAとBの関係**のことで，順接の中には**因果関係，条件と帰結，目的と手段**といった関係が含まれます。

例⑦　**Thus** で始まる第3文は，前文とどういう関係があるでしょうか。

Game theory is a branch of mathematics that examines competitive situations, such as card games and chess matches. Although luck can be involved in a game, the result depends not only on what one player does but also on what all the others do. **Thus**, each player tries to guess the other players' next moves in order to determine his or her own best choice.

〔2004年度追試験　第3問Aより〕

訳　ゲーム理論は，トランプを使ったゲームやチェスの試合のように，互いに競い合う状況を検討する数学の一分野である。ゲームには運もありうるが，結果がどうなるかは一人のプレイヤーが何をするかだけではなく，他のすべてのプレイヤーがすることにも左右される。したがってプレイヤーはそれぞれ最善の選択をするために，他のプレイヤーの次の手を推測しようとする。

▶第1文では「ゲーム理論」の説明が書かれ，第2文では「ゲームでは運も関係するが，ゲームの結果はプレイヤーが行うことだけでなく，他の全プレイヤーが行うことにも左右される」と述べられています。それを踏まえて第3文を読むと，冒頭でThus「ゆえに」という副詞を用いているため，第3文の内容が第2文の内容の結果であることがわかります。また，第3文ではin order to *do*「～するために」という表現を使い，プレイヤーの目的も述べられています。

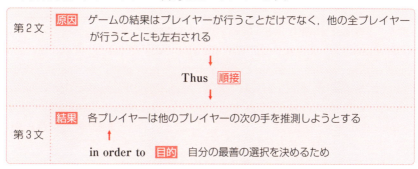

例⑧　Ifで始まる第3文の前半と後半は，どういう関係にあるでしょうか。
One of the most important things to remember when making a public speech in English is the opening. You should not begin your speech with phrases like "I am no speaker …", "I am not prepared to talk …", or "I have nothing to say …". **If** you open in this fashion, the audience will think that there is no point in listening further. 〔2001年度追試験　第3問B問2より〕
訳　人前で英語のスピーチをするときに覚えておかなくてはならない最重要な事柄のひとつは，「私は…が言える立場ではありませんが」とか「話をする準備ができておりませんが」とか「私には言うべきことはありませんが」といった言い回しで話を始めるべきではないということだ。もしこのような切り出し方をしたら，聴衆はそれ以上聞く意味がないと思うだろう。

▶第1文から第2文までで，英語でスピーチをする際の心構えについて述べられていて，第2文では具体的に3つのセリフを挙げて，「このような言い回しで始めてはいけない」と述べています。第3文では〈if S V〉を使い，「もしこうしたやり方で始めたら」という条件を提示し，その帰結を後半で述べています。

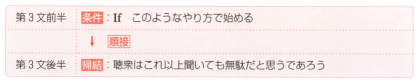

(2) 逆接：A⇔B（AしかしB，AはBと異なる）

　逆接とはBという内容が，Aという内容から予測できない意外なものとして生じている場合のAとBの関係のことです。逆接の中には，単純に2つのものを比べる対比や，譲歩（一般論や自分の主張と異なる見解）を述べたあと，それに反する主張を述べるといった関係でのつながり方が含まれます。

> 例⑨　下線部の while と whereas の意味は何でしょうか。
> The ancient Romans believed that the right side of the body was the good side, **while** the left side held evil spirits. Their word for "right", *dexter*, gave us *dexterous*, which means "skillful", **whereas** their word "left", *sinister*, means "evil" or "wicked". This may have created negative attitudes toward left-handedness.　　　　　　　　　　　　〔2000 年度本試験　第 3 問 A より〕
> 訳　古代ローマ人は，体の右側はよい側で，一方左側は悪霊を宿していると信じていた。古代ローマの「右」にあたる語 dexter から現代の英語 dexterous ができており，これは「巧みな」を意味する。しかるに，彼らの「左」にあたる語 sinister は「邪悪な」や「悪意のある」を意味する。このせいで，左利きに対して否定的な態度が生まれたのかもしれない。

▶古代ローマ人が，体の右側と左側についてどのように考えていたのかが，以下のように述べられています。第 1 文と第 2 文では彼らの「右」「左」に対する考え方が，それぞれ while と whereas という接続詞を用いて対比的に述べられ，第 3 文では，第 1 文と第 2 文の内容が原因で，左利きに対する否定的な態度が生じたかもしれない，という結果が述べられています。

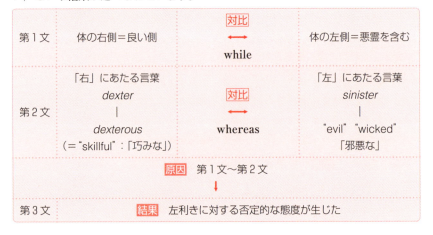

例⑩　下線部の **However** が文中で果たす役割は何ですか。
Since the population of China is so large, Chinese is spoken by more people than any other language. Second to Chinese is English. **However**, this is not because there are a lot of English people. In fact, the population of England is rather small.　　　　　　　　　　　〔1999年度追試験　第3問A〕

訳　中国の人口はたいへん多いので，中国語は他のどの言語よりも多くの人に話されている。中国語に次ぐのは英語である，しかし，これはイギリス人が多いからではない。実際，イギリスの人口はかなり少ないのである。

▶第1文と第2文は以下のようにつながっています。

第1文	原因　中国の人口はとても多い ↓ 結果　中国語は他のどの言語よりも多くの人によって話されている	
第2文	中国語に次ぐのが英語である	

▶第1文では人口と言語の関係について述べられ，「中国の人口が多いから多くの人が中国語を話している」と述べた後，第2文で「中国語に次ぐのが英語である」としているので，ここまでを読むと「じゃあ，イギリスの人口は多いのだろうか？」と予測を立てることができます。ところが，第3文では冒頭で **However** を用いて「しかし，これはイギリス人がたくさんいるからではない」とその**予測に反する内容**を述べ，さらに第4文で「実際，イギリスの人口はかなり少ない」と説明を付け加えています。

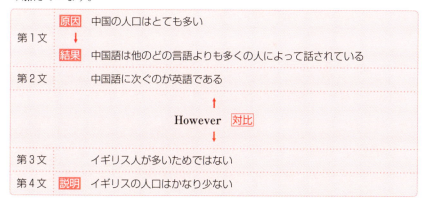

68 第2章 つながりを理解する

▶センター試験の問題として取り上げられていたのはここまででしたが，もしこの後に文を続けるとすれば，どのような内容がくると予測できるでしょうか？ 第3文では this is **not** because … で「人口が多いから」という理由を否定しました。だとしたら，この後には，「なぜ（人口が少ないにもかかわらず）英語が多くの人によって話されているのか」，その原因が書かれていなくてはなりません。

▶これは，第3章の「推測する／事実と意見を区別する」のうち，「推測する」という内容に大きくかかわります。単に与えられた情報を受動的に受け取るのではなく，「次にどのような内容がくるだろうか」と積極的に予測を立て，かつ，その予測が外れた場合には，そのつど軌道修正しながら読み進める能動的な読み方が必要となります。そしてその能動的な読み方を可能にするのは，1文1文の正確な理解と，文と文のつながりを正確に把握することにほかなりません。そしてそれは，英語を書いたり話したりするためにも必要な力なのです。

⑶ 説明：A＝B（AたとえばB，AすなわちB，AとBは似ている）

　説明とは，Aの内容をBと言いかえることやAに続けてB，C，D…と類似した情報を追加すること，あるいは，Aと似たBを並べることやAをBでたとえることで，Aをわかりやすく相手に伝えるつながり方のことです。「具体化，一般化」「追加・補足」「類比」と言えば，わかりやすいかもしれません。同格や列挙も説明に含まれます。

例⑪　下線部の **such as** はこの文の中でどういう働きをしていますか。
The universe is so large that familiar units for measuring distance, **such as** kilometers and miles, make little sense.　　〔1998年度本試験　第3問Aより〕
訳　宇宙はたいへん広大なので，キロメートルやマイルといった距離を測るためのおなじみの単位はほとんど意味をなさない。

▶ *A* such as *B*「たとえば*B*のような*A*」を用いて，familiar units for measuring distance を具体的に説明しています。

▶なお，この表現においては，*A* と *B* に入る単語が以下のような〈上位語／下位語〉の関係になっていることも覚えておくとよいでしょう。
　　A：上位語（抽象）：familiar units「なじみのある単位」
　　B：下位語（具体）：kilometers（キロメートル）/ miles（マイル）

アプローチ **69**

例⑫　下線部の **physical** と **mental** は，それぞれどう言いかえられていますか？

To stay healthy, we should maintain a balance between <u>physical</u> and <u>mental</u> play——the play of the body and of the mind.

〔1997 年度本試験　第 3 問 B 問 1 より〕

訳　健康でいるためには，身体的な遊びと精神的な遊び，すなわち体の遊びと頭の遊びとの均衡を保たなければならない。

▶ physical「身体の」という形容詞を of the body という〈前置詞＋名詞〉に，mental「精神の」という形容詞を of the mind という〈前置詞＋名詞〉に，それぞれ言いかえています。

例⑬　下線部の **on the contrary** の意味は何ですか。

That picture doesn't seem ugly to me ; **on the contrary**, I think it's rather beautiful.　　　　　　　〔1994 年度本試験　第 2 問 A 問 9 より〕

訳　私にはその絵がひどいとは思えない。それどころか，かなり美しいと思う。

▶ここでは on the contrary は「それどころか」という意味で，後の内容が前の内容の補足・補強になっています。

文の前半	その絵は私には醜くは見えない
	on the contrary　補足
文の後半	その絵はかなり美しいと思う

▶なお，on the contrary は「それに比べて（＝by contrast）」「しかしながら」といった意味や，「見方を変えれば」といった意味で用いられることもあります。

例⑭　下線部の **This is all Greek to me**！というセリフがこの文章の中で果たす役割を考えましょう。

Yuka was at her first economics class. The lecturer was explaining the basic ideas in the field. Yuka tried to listen carefully and follow what was being explained, but she realized everything was all new to her and that it was difficult to understand. She said to herself, "**This is all Greek to me**！ I wonder if everyone else feels the same way."　〔2007 年度追試験　第 3 問 A 問 1〕

訳　ユカは経済学の最初の授業に出ていた。講師は，この分野の基本的な考え方を説明していた。ユカは注意深く耳を傾け，説明されていることについていこうと

70　第2章　つながりを理解する

> したが，何もかもが自分の知らないことで，理解するのが難しいとわかった。彼女は「This is all Greek to me！　他の人もみんな同じように感じているのかしら」と思った。

▶ This is all Greek to me！はそのまま訳せば「これは私にとって，全くギリシャ語だ」という意味ですが，この文章ではギリシャ語について述べられているわけではありません。そのことからこれは何かをギリシャ語にたとえている，たとえ話ではないかと考えることができます。

▶ 第1文から第4文までの流れは次の通りです。

第1文 第2文	ユカは経済学の基本的な概念を説明する講義を受けている
第3文	説明を慎重に聞いたが全てが彼女には初めてで理解しがたかった
第4文	This is all Greek to me！　他の人も同じように感じているのかしら

▶ このことから，第4文の下線部の This is all Greek to me！は第3文の she realized everything was all new to her and that it was difficult to understand を「ギリシャ語」にたとえているのではないかと考えることができます。

▶ この英文は下線部の意味を推測して以下の4つの選択肢からその意味を選ぶ問題でしたが，ここでは下線部の言い回しを「知っているかどうか」ではなく，**前後のつながりから下線部の意味を適切に推測できるかどうか**が問われています。

① Greek is a difficult language！「ギリシャ語は難しい言語だ！」

② **It is beyond my knowledge！「それは私の知識を超えている！」**

③ It meets my expectations！「それは私の期待を満たしている！」

④ This lecture is too long！「この講義は長すぎる！」

● 3 時系列での情報の把握

　また，時系列に出来事を整理することも重要です。実際，共通テストでは出来事を時系列で並べ替えさせる問題が出題されています。

例⑮　何が起こったか，年代順にまとめてみましょう。

Coal has long been an important natural resource. It is still widely used as a source of heat both for industrial and domestic purposes. It was used in the production of metal goods as far back as 3,000 years ago. However, its value was not fully appreciated until **the late 18th century**, when it began to replace wood as an energy source for producing steam power. **In the 1880s**, the use of steam to produce electricity created another market for coal. **Around 1920**, however, oil and the electricity produced by water power began replacing coal, and it seemed that coal would gradually lose all importance as a major energy source. Figures for patterns of coal consumption **between 1985 and 1993** released by the Organization for Economic Cooperation and Development（OECD）show that, among the 24 nations studied, overall consumption fell by about 32%, from a little over 137 million tons to about 94 million tons.　〔2004 年度追試験　第 4 問〕

訳　石炭は長らく重要な天然資源であった。今でも工業用にも家庭用にも重要な熱源として広く使われている。金属製品の製造での使用は，はるか 3 千年の昔にさかのぼる。しかし，その価値が十分に評価されるのはやっと 18 世紀後半になってからだった。その頃に蒸気動力のエネルギー源として，石炭が木に取って代わり始めたのである。1880 年代には発電のために蒸気を使い出したことで，石炭には新たな市場が生まれた。しかし，1920 年頃には石油と，水力発電による電気が石炭に取って代わり始め，石炭は主要なエネルギー源としての重要性を徐々に失うように思われた。経済協力開発機構（OECD）が発表した 1985 年から1993 年の石炭消費のパターンを表す数値は，調査が行われた 24 カ国中で，石炭の消費は全体で 1 億 3,700 万トン強から約 9,400 万トンへと，およそ 32％減少したことを示している。

▶この英文のキーワードは coal「石炭」です。上の英文で，□□□で囲んでいるのが石炭とその言いかえです。そしてこの英文では，3,000 年前からの出来事が年代順に述べられています。このように，何かの歴史や変化を説明したり，エッセイや物語の中で出来事を述べたりする場合，時系列で出来事が書かれることが多いので，いつ，何が起きたのかを整理しながら読むようにすると，理解が進みます。

72 第2章 つながりを理解する

第1文		石炭は長い間重要な天然資源であり続けてきた
第2文		今でも工業用や家庭用として広く使われている
第3文	3,000年前	金属製品の製造に使われた
第4文	18世紀後半	その価値が十分に評価され始めた →蒸気動力を生むためのエネルギー源として木材に取って代わった
第5文	1880年代	電気を作るための蒸気の使用が石炭の新たな市場を生み出した

↑
however 逆接
↓

第6文	1920年頃	石油と水力発電による電気が石炭に取って代わり始めた →主要なエネルギー源としての石炭の重要性の低下
第7文	1985年〜1993年	OECDの調査では対象の24カ国で石炭の消費量が全体で32%減少

　文と文との**つながり**が，長文を読む上で大きなカギとなることが理解できたでしょうか。第2章で，**つながり**を考えながら問題を読み解く練習を積み重ねましょう。

つながりがわかると，意味を推測できるようになる！
時系列を整理すると，長文の流れを把握しやすくなる！　　　POINT

演習問題

 次の文章を読み，下の問いに答えよ。

For most people, their friendships are a valuable and important part of who they are. Psychologists have pointed out that well-established friendships lead us to a better understanding of ourselves. They have also noted that we might face conflicts not only with acquaintances but even with our good friends, which could result in ends to some of our friendships. Fortunately, even when such conflicts occur, it is possible to find ways to maintain or save the friendships.

問 According to this paragraph, what do psychologists say about friendships?

① They are frequently compared to one's possessions.
② They are impossible to fix when they become unstable.
③ They can lead us to have conflicts with our acquaintances.
④ They help us know about ourselves but can have problems.

〔2017年度本試験 第6問より抜粋〕

74 第 2 章 つながりを理解する

11 次の文章を読み，下の問いの［　　　］に入れるのに最も適当なものを，下の①
〜④のうちから一つ選べ。

　Sometimes dance serves to help teach social rules to young members of a community. A kind of dance called the minuet is a good example. The minuet originated in France and by the 18th century had become popular among the European elite. In Britain, debutantes, or upper-class women about to make their entrance into adult society by attending their first dance, were strictly trained for their first minuet. They usually danced it before a crowd of people who would critically observe their movements and behavior. This dance taught them how to behave like a member of high society. One writer, in fact, called the minuet one of the best schools of manners ever invented.

問　According to this paragraph, the topic of debutantes is introduced to provide an example of ［　　　］.

① how long it took young people to learn the minuet
② the kind of schools that the European elite attended
③ the role women played when dancing the minuet
④ young people learning how to act properly

〔2013 年度本試験　第 6 問より抜粋〕

12 次の文章の □ に入れるのに最も適当なものを，下の①〜④のうちから一つ選べ。

Do you like eating "mixed nuts" while watching TV and movies at home? Since both almonds and peanuts can be found in the mixed nuts sold at grocery stores in Japan, you might assume that they are similar types of food. Indeed, □. For instance, they are both nutritious as sources of minerals and vitamins. At the same time, however, some people can have allergic reactions to them. According to recent research, many children suffer from peanut and almond allergies.

① it may be difficult to find some similarities between them
② many consumers know about differences between them
③ there is a wide variety in each package of mixed nuts
④ they share some interesting characteristics with each other

〔2012 年度本試験　第 3 問 C より抜粋〕

13 次の英文を読み，下線部の語句の意味を推測し，下の問いの □ に入れるのに最も適当なものを，下の①〜④のうちから一つ選べ。

Mr. Matsumoto is an English teacher who believes English classes should start with a joke. He always tries hard to create funny jokes. Some of his students have complained about his jokes being a waste of time. His colleagues also have advised him not to spend so much time writing jokes. However, Mr. Matsumoto is such an obstinate person that he will not listen to them and continues to spend a lot of time making up jokes for his classes.

問　In this situation, an obstinate person means a person who is □.

① flexible about ideas
② generous to his students
③ unable to reject criticism
④ unwilling to change his mind

〔2012 年度本試験　第 3 問 A 問 1 〕

76　第2章　つながりを理解する

14 次の問い（問1・問2）において，下線部の語句の意味を推測し，□□□に
入れるのに最も適当なものを，それぞれ下の①〜④のうちから一つずつ選べ。

問1

Jane : How's Michelle doing ? The last time I met her, she looked a little
depressed and said she was worried about her schoolwork.

Mary : I saw her yesterday, and she seemed absolutely exuberant.

Jane : Really ? I wonder what happened.

Mary : Well, she'd been worried about her math test, but she did really
well after all. Also, she's found a part-time job that she enjoys a lot.

Jane : That's great. I'm happy to hear that.

In this situation, exuberant means to be very □□□□.

　① busy and stressed 　　② happy and energetic
　③ hard-working and healthy 　　④ upset and nervous

問2

Jacob : How are your summer plans going ? I heard you're going to travel
around South America with your friend.

Hiromi : Well, I'd made all the travel arrangements, was studying Spanish,
and had even started packing my bag. But suddenly, my friend told
me she couldn't go. So then I got cold feet and canceled the trip.

Jacob : Oh, too bad. It's a shame that you felt too anxious to travel alone.

In this situation, got cold feet means □□□□.

　① became sick 　　② became thrilled
　③ lost control 　　④ lost courage

〔2014年度本試験　第3問A〕

15 次の文章を読み，下の問いの［　　　］に入れるのに最も適当なものを，下の①〜④のうちから一つ選べ。なお，文章の左にある(1)・(2)はパラグラフ（段落）の番号を表している。

(1)　Did you know that reading good novels may improve your ability to handle social and business situations such as job interviews? Recent scientific research has shown that people who read novels are better able to read an interviewer's body language and figure out what they are thinking or feeling. People who read literary works also have greater emotional awareness and superior social skills.

(2)　Researchers have investigated the reasons why reading literature has this impact. They found that in literary fiction more work is left to the imagination. Therefore, the reader has to try harder to understand subtle points and complexities of the characters' thoughts. More effort is required to understand each character's behavior and be sensitive to small hints of emotion. Through reading literature readers learn to empathize with people and view the world from another person's perspective. When observing people, they become more skilled at interpreting gestures and facial expressions.

問　The word empathize in paragraph (2) is closest in meaning to ［　　　］.

①　copy a character's behavior　②　feel what others are feeling
③　question others' thoughts　④　state your opinion strongly

〔2016年度追試験　第6問より抜粋〕

78 第2章 つながりを理解する

16) 次の文章を読み，下の問いに答えよ。

In the 17th century, a scientist noticed that by holding two lenses together in a certain way he could make an object appear larger. He used this technique to construct the first simple telescope. Using these <u>archaic</u> telescopes, early scientists were able to describe the surface of the Moon in detail and to see that Jupiter had at least four such satellites. Since that time, people have developed various devices that expand our range of sight, thus revealing facts about the universe that lies beyond the Earth. The telescope continues to offer us new views concerning things beyond our immediate reach.

問　Which of the following is closest to the meaning of <u>archaic</u> as used in this paragraph ?

① advanced ② contemporary
③ ordinary ④ primitive

〔2018 年度本試験　第 6 問より抜粋〕

17) 次の会話は，ある大学で映像制作の課題について学生たちが話し合いをしている場面の一部である。 1 ～ 3 に入れるのに最も適当なものを，それぞれ下の①～④のうちから一つずつ選べ。

Jennifer： Let's get started. We are supposed to create a film for a group project in our film-making class. As the group leader, I think the sooner we start, the better our movie will be. Does anyone have any ideas for our movie ?

Michael： I do. I think many people watch movies to feel happier, so why don't we make something that can make people feel good ? Last year, one group of students in this class made a documentary about our university basketball team. They filmed interviews with players and their training many times over a period of three months. For the audience, watching the documentary was a way of experiencing the hard work of the players, the friendships among the teammates from different backgrounds, the trust between the players and their coach, and finally the joy of their victory in the national tournament. Their amazing story of triumph appealed to a wide audience and everyone involved in the film received lots of praise. I would like to create a similar movie documenting people working hard and achieving their goals.

Jennifer: So, are you saying that ☐ 1 ☐ ?

① audiences enjoy watching stories of people achieving success
② audiences want to watch interviews of hardworking athletes
③ documentary films can make audiences happy very easily
④ it is important for us to spend a long time making our movie

Michael: Yes, that's right.

Kim: Filming star players or people who are successful sounds interesting, but it may be difficult for ordinary people to identify themselves with the people in these extraordinary stories. I think people feel more satisfied when they watch movies that they can connect with. That's the reason people like love stories. People like to imagine: "How would I get her attention?"; "How would I ask him out on a date?"; or "Where would we go on our first date?"

Mary: I agree. People want to watch something on the screen that they can imagine themselves doing because it's familiar to them. And we can add a little suspense or excitement by asking the audience a "what if" question in an everyday setting. For example, what if we found a treasure map somewhere on campus? This could be the beginning of a nice, fun story, and it could make an exciting movie.

Jennifer: Kim and Mary, both of you think we should make a movie that ☐ 2 ☐ .

① asks the audience many extraordinary questions
② focuses on successful people doing amazing things
③ has situations that the average person can relate to
④ uses the campus setting to create fun and suspense

80 第2章 つながりを理解する

Mary : Exactly.

Takeshi : But as a creative work, it should reflect the creator's unique vision, namely, an original way of looking at the world. A great movie usually reflects its director's creative vision in the story or in the way it is told. Remember, the audience wants to watch something novel, too. So, I think we need to think about what our original perspective could be.

Alisa : Right. If we show something ordinary in an ordinary way, people might not be interested. For example, we are just college students. Some of us are dependent on our parents for support, whereas others are living by themselves for the first time. Some of us come from small towns, and others from big cities. Some of us may feel uneasy about our careers. All of these things sound very ordinary and not really special. So, is it possible to show our world in a unique way that will appeal to the audience?

John : I think so. These things are not special separately, but the combination of all those things together can make our work unique. I think that's what people would like to see: a movie that they can associate with but that is told from a unique perspective.

Jennifer : Well, we have some different ideas about our film, but it sounds like everyone is saying that ☐ 3 ☐ is important when making our film.

① documenting people's real lives
② making the content highly original
③ showing our different backgrounds
④ thinking of audiences' preferences

Jennifer : OK. Let's discuss this in more depth.

〔2018 年度本試験 第3問B〕

18 You want to visit a country called Vegetonia and you found the following blog.

My Spring Holiday on Tomatly Island
Sunday, March 23

① I went with my family to a country named Vegetonia to visit Tomatly Island, which is located to the southwest of the main island of Vegetonia. The fastest way to get to Tomatly is to take an airplane from Poteno, but we took a ferry because it was much cheaper. It started to rain when we got to the island, so we visited an art museum and a castle. Then, we enjoyed a hot spring bath. In the evening, our dinner was delicious. Everything was so fresh!

② Luckily, the next morning was sunny. We rented bicycles and had fun cycling along the coast. After that, we went fishing on the beach but we didn't catch anything. Oh well, maybe next time! In the evening, we saw a beautiful sunset and later on, lots of stars.

③ On the last day, we took a private taxi tour and the driver took us to many interesting places around the island. She also told us a lot about the nature and culture of the island. We had a great holiday, and as a result, I've become more interested in the beauty and culture of small islands.

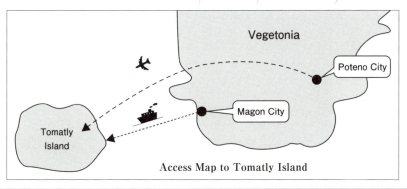

Access Map to Tomatly Island

82　第2章　つながりを理解する

問1　The family went to Tomatly Island from ⬚.

① Magon by air
② Magon by sea
③ Poteno by air
④ Poteno by sea

問2　From this blog, you learned that ⬚.

① the best month to visit Tomatly Island would be March because it is less crowded
② there are still some things you can enjoy on the island even if the weather is bad
③ you can enjoy various outdoor activities and local food at reasonable prices
④ you can join a bus tour around the island that explains the island's nature and culture

〔第1回プレテスト　第3問A〕

19 You found the following story written by a salesperson in a newspaper.

March of the Machines

Nick Rightfield

After graduating from university in Toronto, I started working for a trading company. This means I have to live and work in various cities. My first post was in New York, a city famous for its office buildings, stores, and nightlife. In my free time, I loved to walk around and search for stores selling interesting items. Even into the night, I would wander from store to store.

Then after two years, I moved to Tokyo. My first impression of Tokyo was that it is a busy city very similar to New York. However, on the first day when I took a night-time walk down the streets of Shinjuku, I noticed a difference. Among the crowds of workers and shoppers, I found rows of brightly-lit vending machines giving off a candy-colored light. In New York, most vending machines are located in office buildings or subway stations. But I never imagined lines of vending machines—standing like soldiers on almost every street—selling coffee, juice, and even noodles 24 hours a day.

As I stood in Shinjuku, I thought about Vancouver, where I was born and raised. To me it was a great city, but having experienced city life in New York and Tokyo, I have to admit how little I knew back in Vancouver. As I was thinking about my life so far, it began to rain. I was about to run to a convenience store when I noticed an umbrella vending machine. Saved! Then I thought perhaps as technology improves, we will be able to buy everything from machines. Will vending machines replace convenience stores? Will machines replace salespeople like me? I didn't sleep well that night. Was it jet lag or something else?

84 第2章 つながりを理解する

問1 The writer moved from place to place in the following order : [   ].

① Toronto → New York → Tokyo → Vancouver

② Toronto → Vancouver → New York → Tokyo

③ Vancouver → New York → Tokyo → Toronto

④ Vancouver → Toronto → New York → Tokyo

問2 The writer says that [   ].

① life in New York is more comfortable than life in Tokyo

② life in Tokyo is less interesting than life in New York

③ the location of vending machines in New York and Tokyo differs

④ the same goods are sold in vending machines in New York and Tokyo

問3 While the writer was in Tokyo, he [   ].

① began to think about selling vending machines

② realized Vancouver was better because it was his hometown

③ started to regret moving from city to city

④ suddenly worried about the future of his job

〔第1回プレテスト　第3問B〕

20 次の文章を読み，下の問いの ☐ に入れるのに最も適当なものを，下の①
〜④のうちから一つ選べ。

Color is an important feature considered by consumers when shopping for various products. Marketing companies need to identify the colors that can create an intention to purchase and a desired atmosphere in retail stores. However, it is not easy to anticipate which colors will be popular for individual items, because consumers have different preferences depending on product types. Through the research reported here, we can deepen our understanding of the influence of color on consumers.

(Okan Akcay (2013) *Product Color Choice and Meanings of Color : A Case of Germany* の一部を参考に作成)

問　The passage mentions that it is difficult to understand which colors consumers like better because ☐ .

  ① color preferences differ from generation to generation
  ② consumers' favorite colors vary for different products
  ③ product marketers choose the most popular colors
  ④ various products are purchased by consumers when shopping

〔2018 年度本試験　第 4 問 A より抜粋〕

86 第2章 つながりを理解する

21 次の会話は、「異文化理解」をテーマとして、ある大学で行われた授業でのやりとりの一部である。 ◯◯ に入れるのに最も適当なものを、下の①～④のうちから一つ選べ。

Professor : Good morning. I'm sure everyone did the homework reading, so I want to begin today's class on intercultural communication. My first question is "Why do we need to study intercultural communication?" Would anyone like to answer?

Student : Yes, I'll try to answer that. People may think the way they do things or the way they view the world is "natural" and "correct." When they encounter someone doing things differently, they regard it as "strange" or "wrong." Having an awareness of intercultural communication can help us understand and deal with misunderstandings when they arise. I think it is especially important these days because people travel overseas for many reasons, such as work, study, or vacations. The opportunities to meet people from other countries have increased greatly. With this increased contact, there are more chances for trouble between people from different cultures.

Professor : Right. As you said, studying intercultural communication is useful because ◯◯ .

① intercultural knowledge encourages people to study in a foreign country
② some ways of living are considered to be more correct than others
③ there were many more cases of intercultural communication in the past
④ we can cope with cultural misunderstandings more easily and smoothly

〔2016年度本試験 第3問Cより抜粋〕

22 次の物語を読み，下の問いの □ に入れるのに最も適当なものを，下の①〜④のうちから一つ選べ。

"No one thought I would amount to much," Uncle John said, as he stood in the kitchen, showing me how he put together an award-winning four-course dinner. I had just graduated from university, and this dinner was his gift to me. It felt great to have a well-known chef cooking for me. On top of this, I was excited because in a few days he was going to compete in *The Big-Time Cook Off,* a nationwide TV cooking contest.

When Uncle John was young, his family lived in the countryside. His mother taught at a local school, but when John was 10, she had to quit to take care of her elderly mother. Until then, his father had been kind and had had enough time to play with John and his two younger sisters. But as bills kept piling up, the family got into trouble. John's father finally had to take a job in a city far away, so he could only come home on the weekends.

問 Uncle John's father began working in the city because □ .

① he was tired of living in the countryside
② it was easier to spend time with his family
③ the family needed more money for living
④ Uncle John's mother had become sick

〔2016 年度本試験　第 5 問より抜粋〕

88 第2章 つながりを理解する

23 次の物語を読み，下の問いの 1 ・ 2 に入れるのに最も適当なものを，それぞれ下の①〜④のうちから一つずつ選べ。

Tomorrow would be the last day of my dream trip. In the spring, I had started on a 3,500-kilometer hike. Now, as the leaves were changing color and with 10 kilometers left, I was about to fulfill my dream of hiking the Rainbow Trail.

While I relaxed by my campfire, various thoughts went through my mind. I laughed softly at myself as I remembered the first tiring day. When I started out that day, it did not take me long to realize how foolish I was. I had packed too much. I was carrying almost 30 kilograms, and it was killing me. At my first stop, I took out a lot of canned goods, books, and other heavy things. From then on, with my load lighter, I was able to make good time.

I had decided to do this long hike after quitting my job in the city. I really liked my job, but I had been working 80 hours a week and traveling a lot on business. It seemed I was only working, and there was no other meaning to my life. Finally, it all had become too much. I decided to take some extended time off.

問1 The author laughed when he remembered the first day because he 1 .

① felt it was the happiest day for him
② had known very little about hiking
③ had met many interesting people
④ spent that day in front of the fire

問2 The author decided to take a long hike because he 2 .

① could stop at small towns along the way
② lost his well-paid job in the city
③ wanted to stop and think about his life
④ was dedicated to spending time in nature

〔2016年度追試験　第5問より抜粋〕

演習問題 **89**

24 次の文章はある説明文の一部である。この文章を読み，下の問いの□□□に入れるのに最も適当なものを，下の①〜④のうちから一つ選べ。

Physical activity in your childhood, such as playing sports and exercising, can greatly benefit your health when you are older. Therefore, it is important to promote physical activity in childhood for one's good health. The schoolyard is one place where children and adolescents can be encouraged to take part in physical activity. Thus, knowing how schoolyards are used by students may give us some helpful ideas to promote their physical activity.

A study was conducted at four schools in Denmark in order to investigate how much different types of schoolyard areas were used and whether students were active or passive in those areas. In the study, schoolyard areas were classified and defined by their primary characteristics. *Grass* represented playing fields and natural green lawn areas, often used for soccer, but without any marked lines or goals. *Multi-court* referred to fenced areas on various surfaces, like artificial grass and rubber, designed for tennis and other such ball games. *Natural* represented areas with, for example, bushes, trees, and natural stones. *Playground* represented areas with play equipment, such as swings and slides on safe surfaces like sand. *Solid Surface* described the areas with the hardest surfaces, like concrete. These areas were identified by flat open spaces, often having numerous markings painted for games and benches set in different places.

(Henriette Bondo Andersen 他 (2015) *Objectively Measured Differences in Physical Activity in Five Types of Schoolyard Area* を参考に作成)

問 According to the passage, what is the difference between Multi-court and Solid Surface ? □□□

① Unlike Multi-court, Solid Surface contains artificial grass for younger students to play on.

② Unlike Multi-court, Solid Surface does not contain boundaries marked for students' games.

③ Unlike Solid Surface, Multi-court has a relatively soft surface made of various materials.

④ Unlike Solid Surface, Multi-court is not surrounded by anything, which makes it easy to access.

〔2017 年度本試験　第 4 問 A より抜粋〕

90 第2章 つながりを理解する

25 次の文章はある説明文の一部である。この文章を読み，下の問いの □ に入れるのに最も適当なものを，下の①〜④のうちから一つ選べ。

In the US, two main types of oranges are produced domestically: "navel oranges" and "Valencia oranges." Navel oranges—virtually without seeds, with flesh that separates easily and is firm rather than watery—are the most popular oranges for eating fresh. The navel orange share of US production of fresh-market oranges was 76 percent during the years 2010-2012. In comparison, Valencia oranges—with thin skins, containing occasional seeds, and with juicy and sweet flesh—accounted for 24 percent during the same period. As the US's top supplier of fresh-market oranges, California produced 87 percent of fresh-market navel oranges and more than 81 percent of fresh-market Valencia oranges.

The main harvest period for domestic fresh-market oranges is from November through May, a time when California's navel oranges are in season. However, the amount of oranges produced and shipped domestically falls significantly from June through October. In earlier years, when fresh-orange imports still accounted for only a small portion of domestic use, Valencia oranges were a popular variety when navel oranges were out of season. However, navel orange imports from the Southern Hemisphere countries have come to dominate the US in the summer season.

(Sophia Wu Huang (2013) *Imports Contribute to Year-Round Fresh Fruit Availability* を参考に作成)

問　According to the passage, which of the following correctly describes one difference between navel oranges and Valencia oranges? □

① Navel oranges contain fewer seeds than Valencia oranges do.
② Navel oranges contain more juice than Valencia oranges do.
③ Valencia oranges are more popular than navel oranges in the winter.
④ Valencia oranges are more suitable for eating fresh than navel oranges.

〔2016年度本試験　第4問Aより抜粋　改〕

26 In class, everyone wrote a report based on the two graphs below. You will now read the reports written by Ami and Greg.

A survey was given to people between the ages of 13 and 29. To answer the question in Graph 2, the participants were able to choose more than one reason.

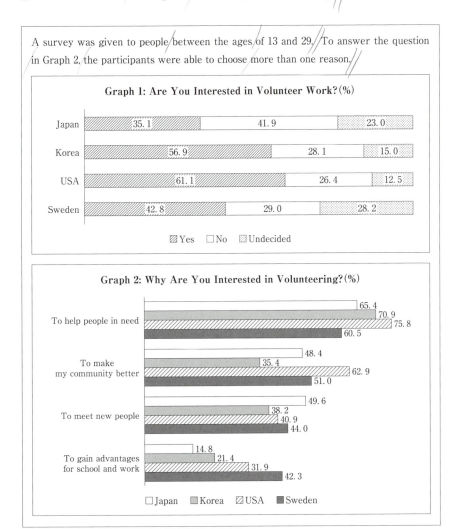

Ami Kitamura

① I was surprised when I saw Graph 1 because the percentage of Japanese participants who are interested in volunteering was higher than I had expected. As far as I know, none of my friends are doing any volunteer activities. So, I think we should motivate students in Japan to do more volunteering.

② In order to do that, it's important to consider the merits of doing volunteer work. According to Graph 2, 65.4% of Japanese participants said they are interested in volunteering because they want to help people in need. Also, the percentage of Japanese participants who chose "To meet new people" was the highest among the four countries.

③ I think more Japanese students should learn about the benefits of volunteering. Thus, for the school festival I plan to make a poster that says, "You can help people in need and make new friends at the same time!" I hope many students will see it and become more interested in volunteer work.

Greg Taylor

① In the USA, volunteering is common, so I was not surprised that it has the highest percentage of people who are interested in volunteer work. Graph 2 shows that a lot of American participants answered they are interested in volunteer work because they want to help people in need. I think this reason is important because students would feel a sense of achievement by helping people.

② However, I was shocked to see that only 35.1% of Japanese participants are interested in volunteer work. I thought it would be more common in Japan. According to the information in Graph 2, only a few participants in Japan recognize the advantages for school and work. I recently heard Japanese universities and companies now put more value on volunteer experience than before. If more students understand these advantages I think their interest in volunteering will increase.

③ Students should do volunteer work for the following two reasons. First, helping people in need will give students a feeling of accomplishment. Second, volunteering will also provide them with advantages for their future career. Therefore, I will compose a newsletter about these two benefits of doing volunteer work, and distribute it to students at school.

演習問題 **93**

問 1 ☐ felt that the percentage of Japanese participants who were interested in volunteer work was lower than expected.

① Ami
② Both Ami and Greg
③ Greg
④ Neither Ami nor Greg

問 2 Both Ami and Greg say that Japanese students should ☐.

① discuss the benefits of volunteer work with students from other countries
② focus on studying and then consider doing volunteer work after graduating
③ know that doing volunteer work has good effects on those who do it
④ realize that volunteer work is becoming popular in other countries

問 3 Neither Ami nor Greg mentioned "☐" in their reports.

① To gain advantages for school and work
② To help people in need
③ To make my community better
④ To meet new people

94 第2章 つながりを理解する

問4 In their reports, Ami says she will [a] and Greg says he will [b].

① a. give a survey   b. make a speech
② a. give a survey   b. write a newsletter
③ a. make a poster   b. make a speech
④ a. make a poster   b. write a newsletter

問5 You found four articles on the Internet. Based on the titles below, the most useful article for both Ami's and Greg's plans would be "_____".

① Differences between Volunteer Work and Community Service
② How to Make Friends while Volunteering Abroad
③ Supporting People in Need through Volunteer Work
④ Volunteer Experiences and Your Future Career

〔第1回プレテスト　第4問〕

演習問題 **95**

27 次の枠内に示された ☐ 1 ☐ 〜 ☐ 3 ☐ の各文を入れるのに最も適当な箇所を, 下の文章中の①〜⑥のうちからそれぞれ一つずつ選べ。ただし, **各段落に一文ずつ入れよ。**

1	They then turn these ideas into actual objects of beauty.
2	For instance, fashions in materials, colors, and styles are always changing.
3	Few companies would be willing to make or sell such a knife.

We do not usually give much thought to how the things that surround us in our everyday lives are created. Everything we use—from the knives and forks we eat with to the chairs we sit on and the computers we work at—has been designed. Designing may seem simple, but only those who are creative, practical, and sensitive to people's needs can be successful designers.

Designers are artists, first of all. ① They have to be creative enough to come up with original ideas all the time. ② Even when they produce an ordinary object like a knife, they should try to make it attractive. However, that is not enough. Good designing requires much, much more.

There are practical issues to consider as well. In an age of mass production, designers have to be familiar with manufacturing techniques and the best ways of using materials. ③ For example, it is no use designing an elegant knife which is complicated and expensive to produce in the factory. ④ Therefore, the designer needs to create a knife that can be produced at a reasonable cost.

Designers also have to respond quickly to changes in what people think of as desirable. ⑤ Designers have to make sure that their creations meet the demands of new lifestyles in the changing world. Their products have to be attractive to ordinary people, not just to themselves. ⑥ In short, designers must be practical artists who are sensitive to people's tastes.

〔2003 年度追試験　第 3 問 C〕

96 第2章 つながりを理解する

28 次の枠内に示された ☐ 1 ☐ ～ ☐ 3 ☐ の各文を入れるのに最も適当な箇所を，それぞれ下の文章中の①～⑥のうちから一つずつ選べ。ただし，一つの段落に一文ずつ入れよ。

☐ 1 ☐ There is, however, also some data suggesting that genetics, family income, and even the parents' level of education may play a part in how likely a child is to suffer from allergies.

☐ 2 ☐ The same is true of children who share their home with a pet.

☐ 3 ☐ Simply put, exposure to allergy-causing substances is necessary for natural protection against them to develop.

The past thirty to forty years have seen a huge increase in the number of children who suffer from allergies, and scientists are still looking for the explanation. Some have blamed increased air pollution, but it has also been found that allergies are common not only among children in the city but also among children in the countryside, where pollution is typically much lower.

A currently popular explanation for the rise in allergies is the so-called "hygiene hypothesis." The basic idea is that young children brought up in an environment which is too clean are more at risk of developing allergies. Nowadays, people bathe and wash their clothes more frequently than in the past, and thanks to vacuum cleaners homes are less dusty, too. (①) One result of all these changes is that in their early lives children are exposed to fewer allergens — substances that can cause allergies — and this means that their bodies cannot build up natural immunity to them. (②)

The trend towards smaller families also means that young children encounter fewer allergens in the home. In fact, it is known that children who have older brothers and sisters are more resistant to allergies. (③) Such children are much less likely to develop the very common allergy to cat or dog hair, for example. (④)

Scientists agree that being exposed to a wider range of allergens early in life helps children to develop greater immunity. (⑤) Thus, although the hygiene hypothesis is an important area for research, we cannot yet be sure that too much attention to cleanliness is the only explanation for the enormous rise in the number of allergy victims. (⑥)

〔2006年度本試験 第3問C〕

解答解説

10 正解は④

> 訳 《友情とは》
> ほとんどの人にとって、友情は自分がどのような人間であるかということの価値ある、そして重要な部分である。心理学者たちは、しっかりと確立された友情は、自分自身のよりよい理解に私たちを導いてくれることを指摘してきた。彼らはまた、私たちが、知人とだけでなく、親友とでさえ、友人関係のいくつかを終わらせる結果になる可能性のある争いに直面するかもしれないと指摘している。幸い、そのような争いが生じても、友情を維持する、あるいは守る方法を見つけることはできる。

語句・構文 ▶ result in ~「~という結果になる」

問 「この段落によると、心理学者たちは友情について何と言っているか」
第2文（Psychologists have pointed …）に「心理学者たちは、しっかりと確立された友情は、自分自身のよりよい理解に私たちを導いてくれることを指摘してきた」、第3文（They have also …）に「彼らはまた…親友とでさえ…争いに直面するかもしれないと指摘している」とある。④「友情は私たちが自分自身を知る手助けになるが、問題も起こりうる」が正解。
①「友情は、しばしば人の財産にたとえられる」
②「友情は、不安定になったとき、修復が不可能である」
③「友情は、知人たちと争うことにつながる可能性がある」

- 追加 というつながり（➡アプローチ②—(3)）
  also によって情報が追加されている。
  複数の情報をまとめている選択肢を探す。

POINT

98　第2章　つながりを理解する

11 　正解は④

> **訳** 《ダンスにおける学び》
> 　ダンスは，共同体の若者たちに社会の規則を教えるのに役立つこともある。メヌエットと呼ばれるダンスはよい例である。メヌエットはもともとフランスで始まり，18世紀までにはヨーロッパのエリートの間に広まっていた。英国では，社交界にデビューする女性たち，すなわち初めての舞踏会に参加することで大人社会の仲間入りをしようとしている上流階級の女性たちは，初めてのメヌエットのために厳しく訓練された。彼女たちは，通常，彼女たちの動きや仕草を厳しい目で見る大勢の人たちの前でメヌエットを踊った。このダンスは彼女たちに，上流社会の一員らしい振る舞い方を教えたのである。実際，ある文筆家は，メヌエットのことをこれまでに考え出された最高のマナー教室の一つと呼んだ。

語句・構文 ▶ make *one's* entrance into ～「～に入る，～に入場〔登場〕する」

問　「この段落によると，社交界にデビューする女性たちの話題は，　　　　の例を示すために紹介されている」
　第1文に「ダンスは，共同体の若者たちに社会の規則を教えるのに役立つ」，第6文（This dance taught …）には「このダンスは彼女たちに，上流社会の一員らしい振る舞い方を教えた」とある。④「きちんとした振る舞い方を学ぶ若い人たち」が適切。
　①「若い人たちがメヌエットを覚えるのにどのくらい時間がかかるか」
　②「ヨーロッパのエリートたちが通った学校の種類」
　③「メヌエットを踊るときに女性たちが果たす役割」

- 　　具体的な説明 というつながり（➡アプローチ②—(3)）
　設問文ですでに「社交界にデビューする女性たちの話題」が何かの具体例になっているということが示されている。

12 正解は ④

> 訳 《ミックスナッツ》
>
> 　家でテレビや映画を見ながら「ミックスナッツ」を食べるのは好きだろうか？日本の食料雑貨店で売られているミックスナッツにはアーモンドもピーナッツも入っているので，アーモンドとピーナッツは同じような類の食べ物だと思っているかもしれない。実際，　　　　。たとえば，いずれもミネラルやビタミンの供給源として栄養豊富である。しかし同時に，それらにアレルギー反応を起こす人も中にはいる。最近の調査によると，ピーナッツやアーモンドのアレルギーに悩まされている子供がたくさんいるということだ。

語句・構文
- ▶ nutritious「栄養分のある」
- ▶ allergic reaction「アレルギー反応」
- ▶ allergy「アレルギー」［ǽlərdʒi］発音に注意。

空所直後に「たとえば」として挙げられているのは，アーモンドもピーナッツも滋養に富み，一方でアレルギー源にもなるという2者の共通点である。④「**それらは互いに興味深い特徴を共有している**」が適切。
① 「それらの間の類似点を見つけるのは難しいかもしれない」
② 「多くの消費者がそれらの違いについて知っている」
③ 「ミックスナッツの袋の中には，非常に多くの種類のものが入っている」

● 具体的な説明 というつながり（➡アプローチ②—(3)）
　第4文冒頭に For instance という具体例を示す表現がある。　　　**POINT**

100 第2章 つながりを理解する

13 正解は④

> 訳 《ジョーク好きの先生》
> マツモト先生は，英語の授業はジョークで始めるべきだと考えている英語教師である。彼はいつも面白いジョークを創作しようと努力している。彼の生徒たちの中には，彼のジョークが時間の無駄だと不平を述べた者もいる。彼の同僚もジョークを書くのにそんなに時間を使わないほうがいいと助言してきた。しかし，マツモト先生はかなりの an obstinate person なので，こうした人たちの言うことに耳を貸そうとせず，授業のためにジョークを考えるのに多くの時間を使い続けている。

問 「この状況では，an obstinate person とは◯◯◯である人を意味する」
　周囲の人の不平や助言にまったく耳を傾けないのだから，④ **unwilling to change his mind**「自分の考えを変えるのを好まない」が適切。obstinate は「頑固な，強情な」の意。
　① 「ものの考え方が柔軟な」
　② 「生徒に対して寛容な」
　③ 「批判を拒絶できない」

> ● 具体的な説明 というつながり（➡アプローチ②—(3)）
> 　第5文の〈such a＋形容詞＋名詞＋that S V〉「SがVするほどの～」というかたちに注目。これは〈程度〉を表す表現だが，that 以下で such an obstinate person を具体的に説明していると考えることができる（「それほど obstinate な人」→「どれほど？」→「こうした人たちの言うことに耳を貸そうとしないほど」）。よって，この that 以下の内容から下線部の意味を判断する。

14 問1 正解は② 問2 正解は④

問1 正解は②

> 訳 ジェーン：ミシェルはどうしているの？ この前会ったとき，ちょっと落ち込んでいるように見えたし，学校の勉強のことが心配だって言っていたわ。
> メアリー：昨日会ったけど，完全に exuberant みたいだったわよ。
> ジェーン：本当？ 何があったのかしら？
> メアリー：えーっと，数学の試験が気になっていたんだけど，結局はよくできたの。それに，とても楽しんでやれるアルバイトも見つかったのよ。
> ジェーン：それはよかったわね。それを聞いてうれしいわ。

問 「この状況では，exuberant はとても ［　　　］ （な状態）であることを意味する」
メアリーの2番目の発言（Well, she'd been …）から，ジェーンが会ったときには落ち込んでいたミシェルについて，心配していた試験の成績がよかったこと，よいアルバイトも見つかったことがわかる。② happy and energetic「幸せで元気いっぱい」が適切。exuberant は「元気にあふれた」の意。
① 「忙しくストレスがたまっている」
③ 「勤勉で健康な」
④ 「取り乱して神経質な」

● 意見の ［対比］ （➡アプローチ②−(2)）
　ジェーンの2番目の発言にある Really?「本当？」という表現から，メアリーの発言に対してジェーンが驚きを表していると考えられる。そこからジェーンとメアリーではミシェルの様子に対する意見が対立的であるということを読み取らねばならない。

ジェーン		メアリー
ミシェルは落ち込んでいる	⟺	ミシェルは exuberant のようである

102 第2章 つながりを理解する

問2 正解は④

> 訳 ジェイコブ：夏の計画はどうなっているの？ 友達と南米を旅するつもりだって聞いたけど。
>
> ヒロミ：うーん，旅行の段取りは私が全部して，スペイン語の勉強もしていたし，荷物まで詰め始めていたのよ。だけど，突然友達が行けないなんて言うの。それで私は got cold feet してしまって，旅行をキャンセルしたのよ。
>
> ジェイコブ：ああ，それは残念だね。心配で一人で旅行する気にはなれなかったというのは気の毒だな。

問 「この状況では，got cold feet は□□□□という意味である」
　ジェイコブの最後の発言に「（君は）心配で一人で旅行する気にはなれなかった」とある。④ **lost courage**「**勇気を失った**」が適切。get cold feet は「おじけづく，気力を失う」の意。
① 「病気になった」
② 「わくわくした」
③ 「制御できなくなった」

解答解説　**103**

15 　正解は②

> 訳　《小説の効能》
>
> (1)　よい小説を読むと，就職面接のような社交やビジネスの場に対処する能力が向上するかもしれないということを知っていただろうか？　最近の科学的調査で，小説を読む人は，面接官の身体言語を読み取ったり，彼らが何を考え感じているかを理解したりすることにより長けていることがわかった。文学作品を読む人はまた，情緒的な認識力がより高く，社会的技能もいっそう優れているのである。
>
> (2)　研究者たちは，文学を読むことがこのような影響を持つ理由を調査してきた。彼らは，小説ではより多くの作業が想像に任されることを突き止めた。したがって，読者は，登場人物の思考の微妙な点や複雑なところをより懸命に理解しようとしなければならない。登場人物それぞれの振る舞いを理解したり，感情のわずかな暗示に敏感になったりするのには，より多くの努力が必要とされる。文学を読むことによって，読者は人々に empathize したり，世界を他の人物の視点から見たりすることができるようになるのである。人を観察するとき，彼らは身振りや顔の表情を解釈するのがより巧みになる。

語句・構文

［第(2)段］　▶ leave *A* to *B*「*A* を *B* に任せる，委ねる」

　　　　　　▶ sensitive to ～「～に敏感に反応する」

問　「第(2)段にある empathize という語は [＿＿＿] ということに最も意味が近い」

当該文は「文学を読むことによって，読者は人々に empathize したり，世界を他の人物の視点から見たりすることができるようになる」とある。他の人と同じ視点に立てるということには，② **feel what others are feeling**「他の人が感じていることを感じる」が最も近い。empathize は「共感する」の意。

① 「登場人物の行動を真似する」

③ 「他の人たちの考えに疑問を持つ」

④ 「自分の意見を強く述べる」

- ●　つながり

　　第2段は，第1段で述べられたことに対する理由。

　　第2段第2文は 原因 を，第3文がその 結果 を表している。

　　第2段第4文は第3文のための 手段 。

POINT

104 第2章 つながりを理解する

16 正解は④

> 訳 《望遠鏡の発明》
>
> 17世紀に、ある科学者が、2枚のレンズをあるやり方で組み合わせると、ものを大きく見せられることに気づいた。彼はこの技法を使って最初の単純な望遠鏡を作製した。この archaic な望遠鏡を使って、初期の科学者たちは月の表面を詳細に描写し、木星にはそのような衛星が少なくとも4つあるのを見て取ることができた。そのとき以来、人々は視界の範囲を広げるさまざまな機器を開発し、そうして地球の外にある宇宙について多くの事実を明らかにしてきた。望遠鏡は、私たちの能力で直接触れられる範囲を超えた物事に関する新しい見方を提供し続けている。

語句・構文 ▶ beyond *one's* reach「～の手の届く範囲を超えた」

問 「この段落で使われている archaic の意味に最も近いのは次のどれか」

直前の第2文（He used this technique …）に「最初の単純な望遠鏡」とある。下線部を含む these archaic telescopes はそれを言いかえたものであるので、④「原始的な、旧式の」が正解。archaic は「古い、古風な」の意。
① 「進歩した」
② 「現代の」
③ 「普通の」

> ● 説明 (→アプローチ②—(3))
>
> 第3文の these archaic telescopes は第2文の the first simple telescope を指していると考えられる。なお、本来、〈these＋名詞〉は前に登場した複数形の名詞や複数のものをまとめる働きをするが、ここでは直後の early scientists「初期の科学者たち」が使っているという内容から、この望遠鏡が複数作られるようになり、その複数の望遠鏡をそれぞれの科学者が用いていることを意味するため複数形になっていると考えられる。

17

$\boxed{1}$ $\boxed{2}$ $\boxed{3}$ 　正解は①，③，④

訳　ジェニファー：じゃあ，始めましょう。映画制作クラスのグループ・プロジェクトのための映画を1本制作することになっています。グループのリーダーとして，私は，始めるのが早ければ早いほど，私たちの映画はよりよいものになると思います。映画のアイデアが何かある人はいますか？

マイケル：はい。より幸せな気持ちになるために映画を見る人が多いと思うので，人々をよい気分にできるものを作ってはどうでしょうか？　昨年，このクラスのある学生グループは，この大学のバスケットボールチームのドキュメンタリーを作りました。彼らは，選手へのインタビューやそのトレーニングを3カ月にわたって何度も撮影しました。観客にとっては，そのドキュメンタリーを見ることが，選手の懸命な努力，背景の異なるチームメイト同士の友情，選手とコーチの間の信頼関係，そして最後には全国大会での勝利の喜びを経験する手段となりました。彼らの勝利という驚くべきストーリーは，幅広い観客の心に訴え，映画に携わったすべての人は大いに称賛を受けました。私は，懸命に努力し，目標を達成する人たちを記録する同様の映画を作りたいと思います。

ジェニファー：では，$\boxed{1}$ ということですね？

① 「観客は，成功をおさめる人々の物語を楽しんで見る」
② 「観客は，懸命に努力している運動選手へのインタビューを見たがる」
③ 「ドキュメンタリー映画は，観客を非常に容易に幸せにすることができる」
④ 「映画を作るのに長い時間をかけることが私たちにとって重要だ」

マイケル：ええ，そうです。

キム：スター選手や成功している人々を映像に収めることはおもしろそうですが，そうした並外れたストーリーに登場する人と自分を同一視するのは，普通の人たちにとっては難しいかもしれません。人は，自分と結びつけて考えられる映画を見るときのほうが満足を感じると思います。だから，人々はラブストーリーが好きなんです。人は，「どうやって彼女の気を引こうか」，

106 第2章 つながりを理解する

「どうやって彼をデートに誘おうか」，あるいは「最初のデートにはどこへ行こうか」などと想像するのが好きです。

メアリー：私も同じ意見です。人は，自分になじみがあることだから自分自身がそれをしているのを想像できることをスクリーン上に見たいと思うものです。そして，日常的な状況で「もしそうしたらどうなるか」という問いを観客に対して発することで，この先どうなるかという緊張感や興奮をちょっと加えることができます。たとえば，キャンパスのどこかで宝の地図を見つけたらどうなるだろうか，といったような。こういうことは，素敵な面白いストーリーの出だしになりえますし，わくわくする映画を作れる可能性があります。

ジェニファー：キムとメアリーは2人とも，私たちが　2　映画を作るべきだと考えているんですね。

① 「観客に多くの並外れた問いを投げかける」
② 「驚くべきことを行っている成功した人たちに焦点を当てる」
③ 「普通の人たちが自分を関連づけることができる状況を描く」
④ 「楽しみや緊張感を生み出すためにキャンパスを舞台として使う」

メアリー：そのとおりです。

タケシ：でも，創造的な作品としては，制作者独自の見方，つまり，独創的な世界観を反映すべきです。素晴らしい映画は，通常，その監督の創造的なビジョンを，ストーリーやストーリーの語り方において反映しているものです。忘れてはいけないのは，観客は，何か新奇なものを見たいとも思っているということです。ですから，私たち独自の切り口をどのようなものにできるかを考える必要があると思います。

アリサ：そうですよね。普通のことを普通のやり方で見せても，人は興味を持たないかもしれません。たとえば，私たちはただの大学生にすぎません。私たちの中には，生活の支援を親に頼っている人もいますし，初めて一人暮らしをしている人もいます。小さな町から来た人もいれば，大都市から来ている人もいます。自分の進路を気に病んでいる人もいます。こうしたことはすべて，ごく平凡で，それほど特別なことには思えません。ですから，私たちの世界を，観客の心に訴えるような独特の方法で見せることは可能なのでしょうか？

解答解説　107

ジョン：私は可能だと思います。こうしたことは，それぞれ別個では特別なことではありません。しかし，こうしたことをすべて組み合わせれば，私たちの作品を独特なものにできます。それこそが，人が見たいと思うものだと思います。つまり，人が自分と結びつけて考えることができるけれども，独自の切り口から語られる映画ということです。

ジェニファー：えー，私たちは映画に関していろいろな考えを持っていますが，だれもが私たちの映画を作るときには　3　が大事だと言っているようですね。

① 「人々の現実の生活を記録すること」
② 「内容をきわめて独創的なものにすること」
③ 「私たちの異なる背景を見せること」
④ 「観客の好みを考えること」

ジェニファー：では，このことをもっと深く議論しましょう。

　1　　マイケルの最初の発言最後の 2 文（Their amazing story …）に「彼らの勝利という驚くべきストーリーは，幅広い観客の心に訴え，…称賛を受けた。私は，懸命に努力し，目標を達成する人たちを記録する同様の映画を作りたい」とある。① 「観客は，成功をおさめる人々の物語を楽しんで見る」が適切。

　2　　キムの発言第 2 文（I think people …）に「人は，自分と結びつけて考えられる映画を見るときのほうが満足を感じると思う」，メアリーの最初の発言第 2 文（People want to …）に「人は，自分になじみがあることだから自分自身がそれをしているのを想像できることをスクリーン上に見たいと思う」とある。③ 「普通の人たちが自分を関連づけることができる状況を描く」が適切。

　3　　マイケルの最初の発言第 2 文（I think many …）に「人々をよい気分にできるものを作っては」，キムの発言第 2 文に「人は，自分と結びつけて考えられる映画を見るときのほうが満足を感じる」，メアリーの最初の発言第 2 文に「人は…想像できることをスクリーン上に見たいと思う」，タケシの発言第 3 文（Remember, the audience …）に「観客は，何か新奇なものを見たい」，アリサの発言最終文（So, is it possible …）に「私たちの世界を，観客の心に訴えるような独特の方法で見せることは可能なのか」，ジョンの発言最終文前半（I think that's …）に「それこそが，人が見たいと思うものだと思う」とある。全員が，観客が何を見たいと思うかについて言及している。④ 「観客の好みを考えること」が適切。

18　問1　正解は ②　　問2　正解は ②

> 訳　《トマトリー島についてのブログ》
> あなたはヴェジェトニアと呼ばれる国を訪れたいと思っていて以下のブログを見つけました。

トマトリー島での私の春休み
3月23日日曜日

[第1段]　私はトマトリー島を訪れるためにヴェジェトニアという名前の国に家族と行きました。トマトリー島はヴェジェトニアの本島の南西に位置しています。トマトリーへ行く最も速い方法は，ポテノから飛行機に乗ることですが，私たちはそのほうがずっと安いということからフェリーに乗りました。私たちがその島に到着したときに雨が降り出したので，私たちは美術館と城を訪れました。それから，私たちは温泉を楽しみました。夕方には，私たちはおいしい夕食を食べました。すべてがとても新鮮でした！

[第2段]　幸運にも，次の日の朝は晴れていました。私たちは自転車を借りて，海岸沿いにサイクリングをして楽しみました。その後，私たちは浜辺に釣りに行きましたが何も釣ることができませんでした。まぁ仕方がない，多分次回に！　夕方に，私たちは美しい夕日を見て，その後たくさんの星を見ました。

[第3段]　最後の日に，私たちはプライベートタクシーツアーを申し込んで，運転手が私たちを島中のたくさんの興味深い場所に連れて行ってくれました。彼女はまたその島の自然や文化について私たちにたくさん教えてくれました。私たちは素晴らしい休暇を過ごし，そして結果として，私はその小さな島の美しさや文化により興味を持つようになりました。

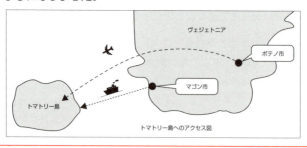

解答解説　**109**

語句・構文

［第1段］ ▶ be located to ～「～に位置している」
　　　　 ▶ hot spring bath「温泉」
［第2段］ ▶ have fun *doing*「～して楽しむ」
［第3段］ ▶ become more interested in ～「～により興味を持つ」

問1　正解は②

「その家族は[　　　]からトマトリー島へ行った」

第1段第2文（The fastest way …）に「トマトリーへ行く最も速い方法は，ポテノから飛行機に乗ることですが，私たちはそのほうがずっと安いということからフェリーに乗りました」とあり，その家族がフェリーを使ったことがわかる。地図から，フェリーが出ているのはマゴンであることがわかるので，正解は②**「船でマゴン」**となる。

① 「飛行機でマゴン」
③ 「飛行機でポテノ」
④ 「船でポテノ」

問2　正解は②

「このブログから，あなたは[　　　]ということがわかった」

第1段第3（It started to …）～最終文に，「私たちがその島に到着したときに雨が降り出したので，私たちは美術館と城を訪れました。それから，私たちは温泉を楽しみました。夕方には，私たちはおいしい夕食を食べました。すべてがとても新鮮でした！」とある。したがって，正解は②**「たとえ天気が悪いとしてもその島であなたが楽しむことのできるいくつかのものがある」**となる。

① 「トマトリー島を訪れる最もよい月は3月だろう。なぜならそのほうが混んでいないから」
③ 「あなたは妥当な値段でさまざまな野外活動や地元の食べ物を楽しむことができる」
④ 「あなたはその島の自然や文化について説明してくれる島中を巡るバスツアーに参加することができる」

110 第2章 つながりを理解する

19 問1 正解は④   問2 正解は③   問3 正解は④

> 訳 《自動販売機と人間》
> あなたは新聞にセールスマンによって書かれた以下の記事を見つけました。
>
> ---
>
> **機械の行進**
> ニック=ライトフィールド
>
> [第1段] トロントの大学を卒業した後，私は貿易会社で働き始めた。このことは私がさまざまな街に住んで仕事をしなければならないということを意味している。私の最初の赴任地は，そのオフィス街，ショッピング街，そしてナイトライフで有名な街，ニューヨークだった。自由時間には，私は歩き回って興味深い品物を売っている店を探すことがとても好きだった。夜になっても，私は店から店と歩き回ったものだ。
>
> [第2段] それから2年が経ち，私は東京に転勤になった。私の東京の第一印象は，それはニューヨークにとてもよく似た忙しい街であるということだった。しかしながら，私が新宿の通り沿いに夜の散歩をした初日に，私は違いに気づいた。仕事帰りの人や買い物客らの人混みの中で，私は何列もの明るく照らされた自動販売機がキャンディーのような色の光を放っているのを見つけた。ニューヨークでは，たいていの自動販売機はオフィス街や地下鉄の駅に設置されている。しかし私は自動販売機の列が，ほとんどすべての通りに兵士のように立っていて，コーヒー，ジュース，そしてカップラーメンさえも1日24時間売っているなどということを一度も想像したことがなかった。
>
> [第3段] 新宿で立ちながら，私はバンクーバーについて考えていた。私はそこで生まれ育ったのである。私にとってそこは素晴らしい街であったが，ニューヨークや東京の都市生活を経験してしまった今，私はバンクーバーにいた頃，いかに世間を知らなかったかということを認めざるをえない。私がこれまでの自分の人生について考えていると，雨が降り出した。コンビニエンスストアに走り出そうとしたとき傘の自動販売機に気づいた。助かった！ そして私はもしかしたら科学技術が進歩するにつれて，私たちは機械からすべてのものを買うことができるようになるのだろうと思った。自動販売機はコンビニエンスストアに取って代わるのだろうか？ 機械は私のようなセールスマンの代わりになるのだろうか？ 私はその夜よく眠ることができなかった。それは時差ぼけのせいかそれとも別の何かのせいだろうか？

解答解説 **111**

語句・構文

［第1段］ ▶ wander from store to store「店から店へと歩き回る」

［第2段］ ▶ brightly-lit「明るく照らされた」
　　　　　▶ vending machine「自動販売機」

［第3段］ ▶ replace「～に取って代わる」

問1　正解は④

「筆者は以下の順番である場所から他の場所へと引っ越した」

第1段に「トロントの大学を卒業した後，私は貿易会社で働き始めた」「私の最初の赴任地は，…ニューヨークだった」とあり，第2段に「それから2年が経ち，私は東京に転勤になった」とあり，さらに第3段で「私はバンクーバーについて考えていた。私はそこで生まれ育ったのである」とある。以上のことから，筆者のたどった経路は④「バンクーバー→トロント→ニューヨーク→東京」となる。

① 「トロント→ニューヨーク→東京→バンクーバー」

② 「トロント→バンクーバー→ニューヨーク→東京」

③ 「バンクーバー→ニューヨーク→東京→トロント」

問2　正解は③

「筆者は＿＿＿＿ということを言っている」

第2段で東京とニューヨークの類似点と相違点について述べており，相違点として，ニューヨークの自動販売機がオフィス街や地下鉄の駅に設置されているのに対して，東京では自動販売機が24時間稼動しながら繁華街で列をなしている様子を挙げている。したがって，正解は③「ニューヨークと東京における自動販売機の設置場所は違う」となる。

① 「ニューヨークでの生活は東京での生活よりもより快適である」

② 「東京での生活はニューヨークでの生活ほど面白くない」

④ 「ニューヨークと東京では自動販売機で同じ商品が売られている」

問3　正解は④

「筆者が東京にいた頃，彼は＿＿＿＿」

第3段で，自動販売機が進化している様を目の当たりにして，機械が人間の仕事を奪う未来を連想し，「機械は私のようなセールスマンの代わりになるのだろうか？私はその夜よく眠ることができなかった」と続く。したがって，正解はこれの言いかえとなる④「突然自分の仕事の未来について心配になった」となる。

① 「自動販売機を売ることについて考え出した」

② 「バンクーバーのほうがよいと気づいた。なぜならそこは彼の故郷だから」

112　第 2 章　つながりを理解する

③「街から街へと引っ越してきたことを後悔し始めた」

● 各設問で求められていること
問 1　情報を 時系列 に整理すること（➡アプローチ 3 ）
　　　地名に番号を振ったり順番に並べたメモを取りながら読む。
問 2　 対比 されている情報を読み取ること（➡アプローチ 2 ―⑵）
　　　ニューヨークと東京の類似点と相違点について述べられている段落を読
　　　み，どのような類似点と相違点があるかを整理する。
問 3　最終段の情報をまとめること
　　　筆者が何を言おうとしているのかを考え，選択肢から適切な言いかえを
　　　選ぶ。

POINT

20 正解は②

> ■訳 《色が消費者に及ぼす影響》
> 色は，消費者がさまざまな製品を買い求める際に考慮する重要な特徴である。マーケティング会社は購入しようという気持ちや小売店での望ましい雰囲気を作り出す色を特定する必要がある。しかし，個々の品物に対してどの色が人気になるかを予想するのは簡単ではない。なぜなら，消費者には製品の種類によって異なる好みがあるからだ。ここで報告された調査を通じて，色が消費者に及ぼす影響に関する理解を深めることができる。

語句・構文　▶ create an intention to *do*「～しようという気持ちを起こさせる」
　　　　　　　▶ the influence of *A* on *B*「*A* が *B* に及ぼす影響」

問　「この文章では，どの色を消費者がより好むか理解するのが難しいのは□□□□からであると述べている」

第3文（However, it is not …）に「個々の品物に対してどの色が人気になるかを予想するのは簡単ではない。なぜなら，消費者には製品の種類によって異なる好みがあるからだ」とある。② 「消費者の好みの色は，種々の製品ごとに変わる」が正解。

① 「色の好みは世代によって異なる」
③ 「製品のマーケティング担当者たちは，最も人気のある色を選ぶ」
④ 「買い物の際，消費者がさまざまな製品を購入する」

114 第2章 つながりを理解する

21　正解は④

> 訳　教授：おはようございます。みんな家であらかじめ本は読んできたことと思い
> ますので，異文化理解に関する今日の授業を始めたいと思います。最初
> の質問は「なぜ異文化理解を研究する必要があるのか？」というもので
> す。どなたか答えたい人はいますか？
> 学生：はい，それに答えてみようと思います。人は，自分の物事のやり方や世
> 界の見方を「自然で」「正しい」ものだと考えているかもしれません。
> そういう人は誰かが物事を違ったふうにしているのに出会うと，それを
> 「奇妙だ」とか「間違っている」と見なします。異文化理解を認識して
> いると，誤解が生じたときにそれを理解したり，それに対処したりする
> 手助けになりえます。私は最近ではそれがとりわけ重要だと思います。
> なぜなら，仕事や勉強や休暇といった，さまざまな理由で人々は海外へ
> 行くからです。他の国出身の人と出会う機会は非常に増えています。こ
> のように接触が増えているので，異なる文化圏の人たちの間でもめごと
> が起こる可能性が増しています。
> 教授：そうですね。あなたの言うように，異文化理解を研究することが有益な
> のは　　　　　からです。

学生の発言第4文（Having an awareness …）に「異文化理解を認識していると，
誤解が生じたときにそれを理解したり，それに対処したりする手助けになりえる」
とある。④「文化的な誤解に対してより容易に，またより円滑に対処できる」が適
切。
① 「異文化の知識は外国で勉強するよう人々を促す」
② 「ある生活様式が他のものよりも正しいと見なされている」
③ 「過去においては，はるかに多くの異文化理解の例があった」

22 正解は③

訳 《ジョンおじさん》

［第1段］「誰も私がたいした人物になるとは思っていなかったよ」と，ジョンおじさんは台所に立って，賞をもらった4品のコースディナーをどのように作るか私に見せながら言った。私は大学を卒業したばかりで，このディナーは，おじさんから私への贈り物だった。自分のために，著名なシェフに料理を作ってもらっているというのは，素晴らしい気分だった。その上，数日後には彼が全国的なテレビの料理コンテストである「ザ・ビッグタイム・クックオフ」に参加することになっていたので，私はわくわくしていた。

［第2段］ジョンおじさんが若い頃，彼の一家は田舎に暮らしていた。彼の母親は地元の学校で教鞭を取っていたが，ジョンが10歳のときに彼女は年老いた自分の母親の世話をするために仕事を辞めなくてはならなかった。そのときまでは，彼の父親は優しくて，ジョンや2人の妹たちと一緒に遊ぶ時間がたっぷりあった。ところが，請求書が山のようにたまり続けたため，一家は苦しい状況に陥った。ジョンの父親はとうとう遠く離れた街での仕事に就かざるをえなくなり，家に帰って来られるのは週末だけになってしまった。

語句・構文

［第1段］ ▶ amount to much「たいした（人）物になる」

▶ have *A doing*「*A* に～させ（てい）る」

問 「ジョンおじさんの父親が街で働き始めたのは [　　　] からだ」

第2段第2文（His mother taught …）に母親が教師の職を辞したこと，同段第4文（But as bills …）に請求書がたまり続け，一家は苦しい状況になったことが述べられているので，経済的に厳しい状態であったと考えられる。③「一家は生活のためのお金がもっと必要になった」が正解。

① 「彼は田舎暮らしにうんざりしていた」

② 「家族と一緒に時間を過ごすほうが容易だった」

④ 「ジョンおじさんの母親が病気になった」

● 因果関係 の把握（➡アプローチ②—(1)）

　本文には because などの「理由」を表す表現が見当たらないため，「働き始めねばならなかったのはなぜか」を表していると考えられる箇所を自分で判断しなくてはならない。

116 第2章 つながりを理解する

23 問1 正解は② 問2 正解は③

> 訳 《徒歩旅行》
>
> [第1段] 明日は，私の夢のような旅の最終日だ。私は，3,500 キロに及ぶ徒歩旅行を春に始めた。今はもう，木々の葉が色を変え始めており，行程は残り 10 キロ，私の夢であるレインボー・トレイルの徒歩旅行は完遂目前だった。
>
> [第2段] キャンプのたき火のそばでくつろいでいると，さまざまな思いが頭をよぎった。疲れた第1日目のことを思い出して，私は自分のことを少し笑った。あの日旅行を開始したとき，自分がどれほど愚か者か気づくのにたいして時間はかからなかった。私は荷物を詰め込み過ぎていたのである。30 キロ近い荷物を運んでいて，死にそうだった。最初の休憩場所で，私は缶詰，本，その他の重いものをたくさん取り出した。それ以降は，荷物が軽くなったので，思ったほど時間をかけずに行けた。
>
> [第3段] 私がこの長い徒歩旅行をしようと決めたのは，都市での仕事を辞めた後だった。仕事はとても好きだったが，週に 80 時間働き続け，出張もよくしていた。なんだか仕事だけしかしておらず，自分の人生にはその他の意味なんかないように思えた。とうとう，そうしたすべてに耐えられなくなった。長い休みを取ることにした。

語句・構文

[第1段] ▶ be about to *do*「まさに～しようとしている」

[第2段] ▶ from then on「それ以降（ずっと）」

▶ make good time「思ったほど時間がかからない」

[第3段] ▶ too much「人の手に負えない，処理できない」

問1 正解は②

「筆者が1日目のことを思い出して笑ったのは ____ からだった」

初日のことを思い出して筆者が笑ったことは第2段第2文（I laughed softly …）に述べられている。続く第3文（When I started …）で「自分がどれほど愚か者か気づくのにたいして時間はかからなかった。私は荷物を詰め込み過ぎていた」とある。つまり，旅慣れていなかった自分を笑ったのである。②**「徒歩旅行のことについてほとんど知らなかった」**が正解。

① 「それが彼にとって最も幸せな日だと感じた」

③ 「多くの興味深い人たちに出会った」

④ 「その日を火の前で過ごした」

解答解説　117

問2　正解は③

「筆者が長期の徒歩旅行をしようと決めたのは[　　　]からだった」

第3段第2文後半〜第3文（but I had …）に「週に80時間働き続け，出張もよくしていた。仕事だけしかしておらず，自分の人生にはその他の意味なんかないように思えた」とある。続く第4・5文（Finally, it all …）で「そうしたすべてに耐えられなくなった。長い休みを取ることにした」とあるので，③「ちょっと立ち止まって自分の人生について考えたいと思った」が正解。

①「その行程で数々の小さな町に立ち寄ることができた」

②「都市での給料のよい仕事を失った」

④「自然の中で時を過ごすことに専念していた」

118　第2章　つながりを理解する

24　正解は③

> 訳 《校庭の調査》
>
> [第1段]　子供時代の，スポーツをしたり運動をしたりするといった身体的活動は，年齢が上がったときに大きく健康に恩恵をもたらす可能性がある。したがって，健康のために子供時代の身体的活動を推進することは重要だ。校庭は，子供や青少年が身体的活動に参加するように促せる場所の一つである。したがって，校庭が生徒たちにどのように使われているかを知ることは，彼らの身体的活動を推進するのに役立つ考えを与えてくれるかもしれない。
>
> [第2段]　校庭の異なる種類の場所がどれだけ使われ，また，それらの場所で生徒たちが活動的か活動的でないかを調べるために，デンマークの4つの学校で，ある調査が行われた。その調査では，校庭のさまざまな場所が，その主な特徴によって分類，定義された。Glass は，運動場や天然の緑の芝の場所を表し，多くの場合サッカーに使われるが，印となる線やゴールはない。Multi-court は，人工芝やゴムなどさまざまな表面の，テニスやその他の球技のために設計された，フェンスで囲まれた場所のことである。Natural は，たとえば茂みや木々，天然石のある場所を表した。Playground は，砂のような安全な表面の上に，ブランコや滑り台のような遊具のある場所を表した。Solid Surface は，コンクリートのような最も硬い表面の場所を表した。こうした場所は平らで開けた空間が特徴で，多くの場合，競技のための数多くの印が描かれており，いろいろなところにベンチが設置されていた。

語句・構文

[第1段]　▶ adolescent「青春期の人，10代の若者」　adolescent と sc の並ぶ綴りに注意（いずれかを書き忘れやすい）。

[第2段]　▶ classify「～を分類する」
　　　　　▶ artificial「人工的な」[ɑ̀ːrtəfíʃl] アクセントに注意。

問　「文章によると，Multi-court と Solid Surface の違いは何か」

　第2段第4文（*Multi-court* referred to …）に「Multi-court は，人工芝やゴムなどさまざまな表面の…フェンスで囲まれた場所」，同段第7文（*Solid Surface* described …）に「Solid Surface は，コンクリートのような最も硬い表面の場所」とある。③「**Solid Surface と違って，Multi-court はさまざまな素材でできた比較的柔らかい表面になっている**」が正解。

　① 「Multi-court と違って，Solid Surface には比較的幼い生徒たちが遊ぶための

人工芝が含まれる」　人工芝があるのは Multi-court（第 2 段第 4 文）。

② 「Multi-court と違って，Solid Surface には生徒の競技のために記した境界線がない」　Solid Surface にはさまざまな印が記してある（第 2 段最終文）。

④ 「Solid Surface と違って，Multi-court は何にも囲われておらず，入りやすい」　Multi-court にはフェンスがある（第 2 段第 4 文）。

● 対比 （➡ アプローチ②―⑵）

　対比している箇所を探して読み進めよう。

対比

Multi-court	⟺	Solid Surface
人工芝やゴム	表面	硬い（コンクリートなど）
球技のために設計されている	空間	平らで開けた空間
フェンスで囲まれている	その他	競技用の印がある ベンチが設置されている

120 第2章 つながりを理解する

25 正解は ①

> 訳 《2種類のオレンジの比較》
>
> [第1段] 合衆国では，主に2種類のオレンジが国内生産されている。「ネーブルオレンジ」と「バレンシアオレンジ」である。ネーブルオレンジは，ほぼ種がなく，容易にはがれる，果汁が多いというよりしっかりした果肉で，生で食べるのに最も人気のあるオレンジである。生鮮市場の合衆国産のオレンジでネーブルオレンジが占める割合は，2010年から2012年では76パーセントだった。比べてバレンシアオレンジは，皮が薄く，種が入っていることもある，果汁が多くて甘い果肉で，同じ時期に24パーセントを占めていた。生鮮市場のオレンジの合衆国首位供給元として，カリフォルニアは，生鮮市場のネーブルオレンジの87パーセント，生鮮市場のバレンシアオレンジの81パーセント以上を生産していた。
>
> [第2段] 国内産の生鮮市場のオレンジの主な収穫時期は，11月から5月であり，カリフォルニアのネーブルオレンジが旬の時期である。しかし，国内で生産，出荷されるオレンジの量は，6月から10月までの間，著しく減少する。初期の頃には，まだ生鮮オレンジの輸入は，国内消費のごく一部しか占めておらず，ネーブルオレンジが季節外れの時期にはバレンシアオレンジが代わりになるものとして人気があった。しかし，南半球諸国からのネーブルオレンジの輸入は夏季の合衆国で優位を占めるようになっている。

語句・構文

[第1段] ▶ flesh「果肉」 fresh「新鮮な」と見間違わないよう注意。
　　　　 ▶ account for ～「～（の割合）を占める」

[第2段] ▶ in season「旬で，盛りで」
　　　　 ▶ come to *do*「～するようになる」 become にはこの用法はない。

解答解説　**121**

問　「文章によると，次のどれがネーブルオレンジとバレンシアオレンジの違いの一
　　つを正しく説明しているか」

　① 「ネーブルオレンジは，バレンシアオレンジほど種が多くない」
　　　第1段第2文（Navel oranges …）にネーブルオレンジの特徴として「種がほ
　　　ぼない」，同段第4文（In comparison, …）にバレンシアオレンジの特徴として
　　　「ときどき種がある」と述べられている。これが正解。

　② 「ネーブルオレンジはバレンシアオレンジよりも果汁が多い」
　　　第1段第2・4文に，ネーブルオレンジは「果肉は果汁が多いというよりしっか
　　　りしている」，バレンシアオレンジは「果汁が多く果肉が甘い」と述べられてい
　　　ることと一致しない。

　③ 「バレンシアオレンジは，冬にはネーブルオレンジよりも人気がある」
　　　第2段第3文（In earlier years, …）には「ネーブルオレンジが季節外れの時期
　　　にはバレンシアオレンジが人気だった」とあるが，ネーブルオレンジの旬は同段
　　　第1文にあるように「11月から5月」と冬から春であり，冬に人気があるのは
　　　ネーブルオレンジだと考えられる。

　④ 「バレンシアオレンジはネーブルオレンジよりも生で食べるのに適している」
　　　どちらが生食に適しているかを示す記述は本文にはない。生食に関しては，第1
　　　段第2文最終部分に「ネーブルオレンジは，生食で最も人気のあるオレンジだ」
　　　とあるのみ。

● 対比 （➡ アプローチ ②—⑵）
　それぞれの特徴を比較しながら読み進めよう。

対比

ネーブルオレンジ	⟺	バレンシアオレンジ
ほとんどない	種	入っていることもある
しっかりしている	果肉	甘い
多く感じない	果汁	多い
	⋮	

POINT

26

問1　正解は ③　　問2　正解は ③　　問3　正解は ③
問4　正解は ④　　問5　正解は ③

訳　《ボランティア活動に対する興味についてのレポート》
クラスで全員が下の2つのグラフに基づいてレポートを書きました。あなたは今からアミとグレッグによって書かれたレポートを読みます。

調査は13歳から29歳の間の人々に行われました。グラフ2の質問に答えるのに，参加者は1つ以上の理由を選ぶことができました。

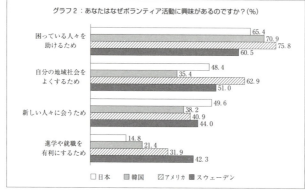

キタムラアミ

[第1段]　私はグラフ1を見たときに驚きました。なぜならボランティア活動に興味がある日本人回答者の割合が，私が予想していたよりも高かったからです。私が知る限りでは，私の友人でボランティア活動をしている人は誰もいません。だから，私は日本の学生にもっとボランティアをするように私たちが働きかけるべきであると思います。

解答解説　123

[第2段]　そうするためには，ボランティア活動をすることのメリットを考えることが重要です。グラフ2によると，日本人回答者の65.4%が，困っている人々を助けたいからボランティアに興味があると言いました。また「新しい人々に会うため」を選んだ日本人回答者の割合は4カ国の中で最も高かったのです。

[第3段]　私はより多くの日本人学生がボランティア活動の利益について学ぶべきであると思います。そこで，学園祭に向けて私は「あなたは困っている人々を助け，同時に新しい友達を作ることができます！」というポスターを作る計画をしています。私はたくさんの学生がそれを見てボランティア活動により興味を持ってくれることを望んでいます。

グレッグ=テイラー

[第4段]　アメリカでは，ボランティア活動が一般的で，だから私はアメリカがボランティア活動に興味がある人の割合が最も高いことに驚きませんでした。グラフ2は多くのアメリカ人回答者が，ボランティア活動に興味があるのは困っている人々を助けたいからであると回答したということを示しています。私はこの理由は重要であると思います。なぜなら学生は人々を助けることによって達成感を感じるだろうからです。

[第5段]　しかしながら，私は日本人回答者の35.1%しかボランティア活動に興味がないということを見て驚きました。私は，ボランティアは日本ではもっと一般的であろうと思っていました。グラフ2の情報によると，日本では少数の回答者しか進学や就職への利点を認識していません。私は日本の大学や企業が現在，以前よりもボランティア経験を重視していると最近聞きました。もしより多くの学生がこれらの利点を理解すれば，私は彼らのボランティア活動への興味は増すだろうと思います。

[第6段]　学生は以下の2つの理由のためにボランティア活動すべきです。第一に，困っている人々を助けることは学生に達成感を与えるでしょう。第二に，ボランティア活動は彼らに将来のキャリアにとっての利点をももたらすでしょう。したがって，私はボランティア活動をすることのこれら2つの利点についての通信を書き，そしてそれを学校で学生に配布するつもりです。

語句・構文

[第1段]　▶ as far as S know(s)「Sが知る限りでは」

[第2段]　▶ in order to *do*「~するために」
　　　　　▶ people in need「助けを必要としている人々，困っている人々」

[第4段]　▶ a sense of achievement「達成感」

[第5段]　▶ put value on ~「~を重視する」

[第6段]　▶ a feeling of accomplishment「達成感」（= a sense of achievement）

124　第2章　つながりを理解する

問1　正解は③

「[　　]は，ボランティア活動に興味を持っている日本人回答者の割合が予想して
いたよりも低かったと感じた」

第5段第1文に「私は日本人回答者の35.1％しかボランティア活動に興味がない
ということを見て驚きました。私は，ボランティアは日本ではもっと一般的であろ
うと思っていました」とある。したがって，正解は③「グレッグ」。

① 「アミ」　第1段に「ボランティア活動に興味ある日本人回答者の割合が，私が
予想していたよりも高かった」とある。

② 「アミとグレッグの両者」

④ 「アミとグレッグのどちらでもない」

問2　正解は③

「アミとグレッグの両者が日本人学生は[　　]すべきであると言っている」

第3段第1文に「私はより多くの日本人学生がボランティア活動の利益について学
ぶべきであると思います」，第5段第3文（According to the …）以降に「日本で
は少数の回答者しか進学や就職への利点を認識していません。…もしより多くの学
生がこれらの利点を理解すれば，私は彼らのボランティア活動への興味は増すだろ
うと思います」とあることから，二人ともボランティア活動の当人への利点を知る
べきと思っていることがわかる。したがって，正解は③「ボランティア活動するこ
とはそれをする人々によい影響をもたらすということを知る」。

① 「ボランティア活動の利益について他の国から来た学生と議論する」

② 「学業に集中して，卒業してからボランティア活動することを考える」

④ 「ボランティア活動が他の国では人気が増しているということを認識する」

問3　正解は③

「アミもグレッグもどちらもレポートの中で『[　　]』について言及していない」

正解は③「自分の地域社会をよりよくすること」で，これについては本文中に言及
がない。

① 「進学と就職への利点を得ること」　第5段第4文（I recently heard …）に，
「私は日本の大学や企業が現在，以前よりもボランティア経験を重視していると
最近聞きました」とある。

② 「困っている人々を助けること」　第2段第2文（According to Graph …）に，
「日本人回答者の65.4％が，困っている人々を助けたいからボランティアに興味
があると言いました」とある。また，第4段第2文（Graph 2 shows …）に，
「多くのアメリカ人回答者が，ボランティア活動に興味があるのは困っている
人々を助けたいからであると回答した」とある。

④「新しい人々に出会うこと」 第2段最終文（Also, the percentage …）に，「また『新しい人々に会うため』を選んだ日本人回答者の割合は4カ国の中で最も高かった」とある。

問4　正解は④

「レポートの中で，アミは［　a　］だろうと言い，そしてグレッグは［　b　］つもりだと言っている」

第3段第2文（Thus, for the …）に「学園祭に向けて私は『あなたは困っている人々を助け，同時に新しい友達を作ることができます！』というポスターを作る計画をしています」とあり，第6段最終文（Therefore, I will …）に「私はボランティア活動をすることのこれら2つの利益についての通信を書き，そしてそれを学校で学生に配布するつもりです」とある。したがって，正解は④「a．ポスターを作る，b．通信を書く」。

①「a．調査を行う，b．演説をする」
②「a．調査を行う，b．通信を書く」
③「a．ポスターを作る，b．演説をする」

問5　正解は③

「あなたはインターネット上で4つの記事を見つけた。下のタイトルに基づくと，アミとグレッグの両方の計画にとって最も役に立つ記事は『　　　　』だろう」

二人ともボランティア活動をすることの意義をより多くの人に認識してもらい，ボランティア活動を普及させたいと考えている。したがって，最も適切なものは③「ボランティア活動を通して困っている人々を助けること」である。

①「ボランティア活動と社会奉仕活動の違い」
②「海外でボランティアをしながら友達を作る方法」
④「ボランティア経験とあなたの将来のキャリア」

126 第2章 つながりを理解する

27 　1　2　3　正解は②, ⑤, ④

> 訳 《デザイナー》
>
> [第1段]　私たちは, 日常生活で私たちを取り巻いているものがどのようにして作られたか, 普通はあまり考えない。私たちが使うものは——ものを食べるのに使うナイフやフォークから, 座る椅子や仕事で使うコンピュータまで——すべてデザインされたものである。デザインするということは単純に思えるかもしれないが, 創造的で実際的, かつ人が必要としているものに敏感な人間だけがデザイナーとして成功できるのである。
>
> [第2段]　デザイナーはまず第一に芸術家である。①常に独創的なアイデアを思いつくことができるくらい創造的でなければならない。②彼らは次にこうしたアイデアを現実の美しいものに変える。ナイフのような当たり前のものを作るときでも, 魅力的なものにしようとしなければならない。しかし, それだけでは不十分だ。すぐれたデザインにはもっと, ずっと多くのことが要求される。
>
> [第3段]　考慮しなければならない実際的な問題もある。大量生産の時代には, デザイナーは製造技術や素材を最もうまく生かす方法をよく知っていなければならない。③たとえば, 工場で生産するのに複雑でコストがかかってしまうような優美なナイフをデザインすることは無意味である。④そんなナイフを作ったり売ったりしたいと思う会社はほとんどないだろう。したがって, デザイナーは適度なコストで生産できるナイフを考え出す必要がある。
>
> [第4段]　デザイナーはまた, 人が何を望ましいと思っているか, その変化に素早く対応しなければならない。⑤たとえば, 素材や色, 様式の流行は常に変化している。デザイナーは, 自分の作ったものが変動する世の中の新しい生活様式で求められているものに見合っていることを確かめなければならない。作るものが, 自分にとってだけではなく, 一般の人々にとっても魅力的なものでなければならない。⑥簡単に言うと, デザイナーは人々の好みに敏感な, 実用的な芸術家でなければならないのだ。

　まず本文のテーマを把握する。

　第1段はこの文章全体の話題を提示している。私たちの身の周りにあるものはすべて「デザイン」=「設計」(ある目的をもって企画, 制作) されたものであり, デザインは簡単そうだがすぐれたデザイナーになるには3つの要素が必要である。それが同段最終文 (Designing may seem …) にある creative「創造的で」, practical「実際的で」, sensitive to people's needs「人々の必要〔要求〕に敏感で」

あるということである。第1段に続いて3つの段落があるが，結論から言えば，第1段で述べた3つの要素について，それぞれ1段落ずつ使って述べられている。本文の流れを簡単にまとめると次のようになる。

　［第1段］デザイナーには3つの要素が必要だ。
　→［第2段］その1，creative な要素。
　→［第3段］その2，practical な要素。
　→［第4段］その3，sensitive な要素。
　次に，各選択肢の内容を，それぞれ指示語と接続表現に注意して検討しよう。

　　　1　　は「彼らは次にこうしたアイデアを現実の美しいものに変える」という内容。主語の They，目的語の these ideas がそれぞれ何を指すかがポイント。まず，these ideas の ideas に注目すると，第2段の①の直後の文（They have to …）に original ideas とあるので，この文の直後にある②に　1　を入れてうまくつながるかどうか考える。同段第1・2文は「デザイナーはまず芸術家である。（つまり）彼らは常に独創的なアイデアを思いつくくらい創造的でなければならないのだ」となっているので，　1　の They が Designers「デザイナー」を受け，these ideas が original ideas「独創的なアイデア」を受けることになり，うまくつながることがわかる。よって　1　は②に入れるのが適当である。

　　　2　　は「たとえば，素材や色，様式の流行は常に変化している」という内容。このうちの changing「変化している」に注目すると，最終段第1文に changes という語があるので，同文直後にある⑤に入る可能性が高い。また，　2　を⑥に入れても，In short「簡単に言えば」で始まる最終段最終文とは内容的にもつながらない。よって，　2　は⑤に入れるのが適当である。

　　　3　　は設問の条件より，残った第3段に入れることになる。「そんなナイフを作ったり売ったりしたいと思う会社はほとんどないだろう」という内容である。such a knife「そんなナイフ」がキーワード。④の直前の文（For example, it …）に an elegant knife … in the factory「優美だが工場で生産するには複雑でコストがかかるナイフ」とあり，内容の上で　3　にうまくつながる。よって　3　は④に入れるのが適切である。

● 各文のキーワード
　　1　 these（➡アプローチ①─(2)）
　　2　 For instance（➡アプローチ②─(3)）
　　3　 such a（➡アプローチ②─(3)）

POINT

128　第2章　つながりを理解する

28) 　1　　2　　3　　正解は⑤, ③, ②

訳　《アレルギーの原因》

[第1段]　過去30〜40年で，アレルギーに悩まされる子供の数は激増したが，科学者たちは，今なおその説明を模索している。大気汚染が増したせいだという者もいるが，都会の子供だけでなく，一般的には汚染の程度がずっと低い田舎の子供たちにもアレルギーは共通して見られるということもわかっている。

[第2段]　アレルギーの増加に対する説明として現在一般的なのは，いわゆる「衛生説」である。その基本となる考えは，清潔すぎる環境で育てられた幼い子供たちのほうが，アレルギーを発症する危険性が高いというものだ。今日では，人々は昔よりも頻繁に風呂に入り衣服を洗う。また，電気掃除機のおかげで家の中のほこりが昔よりも少ない。①こうした変化の結果の一つは，子供が幼いときにさらされるアレルゲン──アレルギーの原因となる物質──が以前よりも少ないということであり，これは子供の体が，アレルゲンに対する自然の免疫を作れないということを意味する。②簡単に言うと，アレルギー原因物質に対する自然の抵抗力をつけるためには，そうした物質にさらされることが必要なのだ。

[第3段]　小家族化の傾向も，幼い子供が家の中でアレルゲンに触れることが少なくなっていることを意味する。実際，兄や姉のいる子供は，アレルギーに対してより抵抗力があることがわかっている。③同じことが，家の中でペットを飼っている子供にも言える。そのような子供は，たとえば，非常によく見られるネコやイヌの毛に対するアレルギーになることはずっと少ない。④

[第4段]　幼い頃により多くの種類のアレルゲンにさらされることが，子供の強い免疫の発達を助けるということで，科学者の意見は一致している。⑤しかし，遺伝や家庭の収入，さらには両親の教育程度さえもが，どれほど子供がアレルギーにかかりやすいかということに何らかの影響を持っているとするデータもある。したがって，衛生説は重要な研究領域ではあるが，過剰な清潔志向だけがアレルギー患者の急激な増加の原因だと決めつけることはまだできない。⑥

語句・構文

[第1段]　▶ [時代などを表す名詞] + see「（その時代に）〜が起こる」
　　　　　▶ suffer from 〜「〜（病気など）を患う，〜に悩まされる」
　　　　　▶ allergy「アレルギー」

[第2段]　▶ hygiene「衛生」
　　　　　▶ hypothesis「仮説」
　　　　　▶ develop「〜を発達させる，〜（病気など）を発生させる」

　　　　　▶ vacuum cleaner「電気掃除機」

　　　　　▶ substance「物質」

　　　　　▶ immunity「免疫」

［第3段］▶ encounter「～に出くわす」

　　　　　▶ resistant to ～「～に抵抗力を示す」

［第4段］▶ attention to cleanliness「清潔さへの注目」＝「清潔志向」

　第1段は文章のテーマを提示している。この数十年でアレルギーになる子供が急増
しており，その理由として大気汚染を挙げる人もいるが，それだけでは説明できな
いとしている。では，どのような理由が考えられるのかが次の第2段の話題になる。
　第2段では，現段階で「衛生説」が有力であることが述べられる。その基本となる
のが，アレルゲンにさらされることが少なくなっているという考えである。
　第3段では，アレルゲンにさらされることが少なくなっている理由として，家族の
規模が小さくなっている点を挙げている。
　第4段では，以上の「衛生説」が科学者の間で認められてはいるが，まだそれだけ
で完全にアレルギー患者増加の原因解明ができたわけではないと締めくくっている。

　　　1 　の訳は「しかし，**遺伝や家庭の収入，さらには両親の教育程度さえもが，
どれほど子供がアレルギーにかかりやすいかということに何らかの影響を持ってい
るとするデータもある**」である。however「しかし」と逆接の語があるので，こ
の文の前に，「アレルギーの原因は○○だ」といったことが述べられている必要が
ある。第2段，第3段は「アレルゲンにさらされることが少ない」場合について一
貫して述べているので第4段に注意を払うと，⑤の前で「科学者たちはもっと多く
のアレルゲンにもっと触れることが強い免疫の発達を助けるということで意見が一
致している」，つまり「アレルゲンの少なすぎる環境がアレルギーの原因だ」と述
べているのがわかる。さらに⑤の後で「したがって，…過剰な清潔志向だけがアレ
ルギー患者の急激な増加の原因だと決めつけることはまだできない」と反対の見解
が述べられており，　　1 　の内容とうまくつながる。したがって　　1 　は⑤に入
れるのが適切。

130 第2章 つながりを理解する

　　2 の訳は「同じことが，家の中でペットを飼っている子供にも言える」である。「ペット」に関係する語句を探すと，❸の後に cat と dog が見つかる。この文の主語は Such children「そのような子供」で，❸に 2 を入れると「家の中でペットを飼っている子供はネコやイヌの毛に対するアレルギーにかかりにくい」ということになる。「同じこと」は，直前の「アレルギーに対する抵抗力が強い」を受け「兄や姉のいる子供と同じようにペットを飼っている子供も抵抗力が強い」となる。したがって， 2 は❸に入れるのが適切。

　　3 の訳は「簡単に言うと，アレルギー原因物質に対する自然の抵抗力をつけるためには，そうした物質にさらされることが必要なのだ」である。Simply put「簡単に言うと」で始まっているので，この前に 3 の内容と同じことが述べられていることになる。❷の直前に natural immunity to them（them ＝ allergens）「アレルゲンに対する自然の免疫」とあるが，これが 3 の natural protection against them（them ＝ allergy-causing substances）と対応することがわかる。さらに丁寧に❷の直前の文を見れば「子供が幼いときにさらされるアレルゲン…が以前よりも少なく，…アレルゲンに対する自然の免疫を作れない」という内容で， 3 はちょうどこのことを裏（側）から表現している。したがって❷に入れるのが適切。

● 各文のキーワード
　　1 however（➡アプローチ②—(2)）
　　　　also（➡アプローチ②—(3)）
　　2 文の後半にある a pet という新情報が次の文に受け継がれている可能性も考慮する。
　　3 Simply put（➡アプローチ②—(3)）

POINT

第3章

REASONING /

DISTINGUISHING FACTS FROM OPINIONS

推測する／
事実と意見を区別する

132　第3章　推測する／事実と意見を区別する

アプローチ

◆ 続く話題を考える出題

　2014年度のセンター試験第4問Aで，以下のような問題が出題されました。これは，「アメリカ合衆国では自分が生まれた州でずっと暮らし続ける人（stayer）と，様々な州を転々と引っ越す人（mover）がいる」という内容の英文の最後の段落で，設問では「どんな話題（topic）が最終段に続く可能性があるか？」が問われました。以上のことを頭に入れたうえで，まず，実際に以下の英文を読んで，正解を選んでみましょう。

例題 1

> 次のある英文の最終段を読んで，下の問いに答えよ。
> 　ア The study went on to explore the reasons why "movers" leave their home states and "stayers" remain. イ As for movers, there is no single factor that influences their decisions to move to other states. ウ The most common reason they gave for moving is to seek job or business opportunities. エ Others report moving for personal reasons: family ties, the desire to live in a good community for their children, or retirement.
>
> 問　What topic might follow this last paragraph?
> 　① Reasons why some Americans stay in their home states.
> 　② States that attract immigrants from other countries.
> 　③ Types of occupations movers look for in other states.
> 　④ Ways to raise children in a magnet state community.
> 　　　　　　　　　　　　　　　　　　〔2014年度本試験　第4問A　改〕
> 注　なお，④に出てくる magnet state とは，他州からの移住者を多く引きつける「磁石型州」を指す。

――●凡例――
□　主語（S）　＿＿ 述語動詞（V）　～～ 目的語（O）　…… 補語（C）
〈　〉修飾語句＝形容詞（句）または副詞（句）
[　]｛　｝従属節の範囲

アプローチ　133

● ア

The study went 〈on〉 〈to explore the reasons〉 [why "movers" leave
S₁　　V₁　　　　　　　　　　　　　　　　　　　　　　S₂　　V₂
their home states and "stayers" remain].
　　　O₂　　　　　　　　　S₃　　V₃

訳　その研究は次に続けて，なぜ movers が故郷の州を出て，stayers がとどまる
　　のか，その理由を探究した。

▶　語句

□ go on to *do*「次に続けて〜する」　　□ explore「〜を探究する」
□ reason「理由」　□ state「州」　□ remain「とどまる」

▶　構文

● the reasons why の why は関係副詞で，why 以下で reasons を説明しています。

▶　内容理解

このセンテンス ア はこのパラグラフの話題を提示していると考えられます。よ
って「この段落では movers が生まれた州を出る理由と stayers がとどまる理
由が述べられるのだな」と考えてこの先を読み進める必要があります。

● イ

〈As for movers〉, there is no single factor [that influences their decisions
　　　　　　　　　　　V₁　　S₁　　　　　　　S₂　　V₂　　　　O₂
〈to move to other states〉].

訳　movers に関しては，他の州に引っ越すという彼らの決断に影響する単一の要
　　素はない。

▶　語句

□ as for 〜「〜に関して」　　□ single「単一の」　　□ factor「要素，要因」
□ influence「〜に影響する」　　□ decision to *do*「〜するという決心」

▶　構文

● that は factor を先行詞とする関係代名詞で，factor を修飾〔限定〕しています。

▶　内容理解

このセンテンス イ は，センテンス ア で提示された「movers が生まれた州を出
る理由」についての説明であることがわかります。

134　第3章　推測する／事実と意見を区別する

● ウ

The most common reason [(that) they gave 〈for moving〉] is to seek job
（S₁　　　　　　　　　O₂　S₂　V₂　　　　　　　　　　　V₁）
or business opportunities.
（C₁）

訳　彼らが引っ越すことに対して与えた最も一般的な理由は，仕事や商売のチャン
　スを探すことである。

▶　語句

□ common「一般的な」　□ seek「～を探す」　□ opportunity「チャンス，機会」

▶　構文

● reason と they の間に関係代名詞 that（または which）が省略され，they gave
　for moving が reason を修飾〔限定〕する形容詞節となっています。
● to seek「～を探すこと」は to 不定詞の名詞的用法で，is の補語になっています。

▶　内容理解

このセンテンス ウ も，センテンス ア の説明であることがわかります。

● エ

Others report moving 〈for personal reasons〉: family ties, the desire 〈to live
（S₁　V₁　O₁）
in a good community〉〈for their children〉, or retirement.

訳　他の人たちは個人的な理由のために引っ越したことを報告している。たとえば，
　家族のつながり，子どものためによいコミュニティに暮らしたいという願望，あ
　るいは退職である。

▶　語句

□ report「～を報告する」　□ personal「個人的な」　□ tie「つながり，絆」

▶　構文

● コロン（：）は，具体的な補足説明を付け足すときに用いる記号です。ここでは
　personal reasons の具体例として，①家族のつながり，②子どものためによいコ
　ミュニティに暮らしたいという願望，③退職という3つが挙げられています。

▶　内容理解

このセンテンス エ も，センテンス ア の説明でした。

アプローチ **135**

▶ここまで読んで，何か足りないことに気づきませんでしたか？　そう，「stayers がとどまる理由」がこのパラグラフには書かれていないのです。センテンス ア を読んだとき「この段落では movers が生まれた州を出る理由と stayers がとどまる理由が述べられるのだな」と思ったにもかかわらず，ここでは前者しか述べられていませんでした。ということは，この後に段落を続けるとすれば，「stayers がとどまる理由」になるはずです。それを踏まえて選択肢を読んでみましょう。

① Reasons why some Americans stay in their home states.
　「一部のアメリカ人が生まれた州にとどまる理由」

② States that attract immigrants from other countries.
　「他の国々から移民を引き付ける州」

③ Types of occupations movers look for in other states.
　「他の州で movers が探す職業の種類」

④ Ways to raise children in a magnet state community.
　「磁石型州のコミュニティで子どもを育てるいくつかの方法」

▶この中で「stayers がとどまる理由」に該当するのは①です。よって，①が正解となります。どうですか，正解しましたか？　「言われてみればそれだけのことか」と思ったかもしれませんが，実はこの問題，大学入試センターの報告書によると正答率が2割弱だったそうです。4択問題ですから，仮にあてずっぽうで答えたとしても確率は4分の1，つまり25％ですから，この年に初めて出題された形式の問題とはいえ，2割弱というのは非常に低い正答率だと言えます。

▶このことから考えられるのは，受験生は①1文1文を読むことに必死で，「全体像」や「つながり」が読めていないということと，②先の展開を「予測」しながら読むことができていないということです。この形式の問題はその後も出題されていますが，それは，受験生にこれら2つの力を養ってほしい，という出題者の願いが反映されているためではないかと思われます。

　先の展開を予測しながら読むことは，与えられた情報から推測し，仮説を立てる力の一つだと言えます。そしてそれは，なんとなく，あてずっぽうにではなく，第2章で説明したつながりに基づいて行われねばなりません。

　この与えられた情報から推測する力は，共通テストでも求められています。次の問題を解いてみましょう。

例題 2

[4] Despite the expectation that male pilots have better flight skills, it may be that male and female pilots just have skills which give them different advantages in the job. On the one hand, male pilots often have an easier time learning how to fly than do female pilots. The controls in a cockpit are often easier to reach or use for a larger person. Men tend to be larger, on average, than women. In fact, females are less likely than men to meet the minimum height requirements that most countries have. On the other hand, as noted by a Japanese female airline captain, female pilots appear to be better at facilitating communication among crew members.

問　In Paragraph [4], the author most likely mentions a Japanese female airline captain in order to give an example of ＿＿＿＿.
① a contribution female pilots could make to the workplace
② a female pilot who has excellent skills to fly a plane
③ a problem in the current system for training airline pilots
④ an airline employee who has made rare achievements

〔第2回プレテスト　第6問A問3〕

　設問では、「第4段で、筆者はおそらく＿＿＿＿の例を示すために、ある航空会社の日本人女性の機長について言及している」ということを、most likely「おそらく」という表現を使って、**本文の情報から推測する**ことが求められています。

　このように、設問文中で most likely や probably など「おそらく」という表現が使われている場合は、一般的に「本文でそのものズバリの表現が使われてはいないが、本文の情報から推測せよ」という意図が含まれていることに注意しましょう。

● 第 1 文

①⟨Despite the expectation [that male pilots have better flight skills]⟩, it may be [that male and female pilots ⟨just⟩ have skills {which give them different advantages ⟨in the job⟩}].

訳　男性パイロットのほうが高い操縦技術を持っているという予想はあるものの、男性パイロットと女性パイロットは、この仕事においてそれぞれ異なる強みとなるスキルを持ち合わせているのかもしれない。

アプローチ 137

▶ **語句**

□ despite ～「～にもかかわらず」　□ expectation that S V「S が V するという予想」

▶ **構文**

● expectation の後の that は同格の名詞節を作る接続詞で，it may be that の that は名詞節（ここでは be の補語）を作る接続詞。

● which は skills を修飾する関係代名詞。

▶ **内容理解**

despite という前置詞を使って，「A にもかかわらず B」と述べているので，B にあたる it may be 以下が重点の置かれている情報です。そのため，このパラグラフのテーマは「男性パイロットと女性パイロットが，この仕事においてそれぞれ異なる強みとなるスキルを持ち合わせている可能性」であり，それぞれがどのような強みを持っているかをこの後で説明すると予測できます。

● **第2文**

②〈On the one hand〉, [male pilots] 〈often〉 have an easier time 〈learning how
　　　　　　　　　　　　　S₁　　　　　　V₁　　O₁
to fly〉[than do [female pilots]].
　　　　　　V₂　　S₂

訳　まず一つは，男性パイロットは，女性パイロットよりも，飛行機の操縦方法を習得しやすい場合が多い。

▶ **語句**

□ on the one hand「一つには，一方では」

□ have an easy time *doing* ～「～するのが容易である」

▶ **構文**

● male pilots … have an easier time … than do female pilots というかたちで，女性パイロットと男性パイロットを比較しています。この do は have を受けている代動詞です。

▶ **内容理解**

第1文で予測したとおり，男女のパイロットのそれぞれの強みについて具体的に述べ始めました。この第2文ではまず，男性パイロットの強みについて述べています。しかし，「男性パイロットは，女性パイロットよりも，飛行機の操縦方法を習得しやすい場合が多い」と言われても納得はできません。根拠が必要です。そこで次のセンテンスではこの「根拠」を述べるのではないかと予測できます。

138　第3章　推測する／事実と意見を区別する

● 第3文

③ The controls 〈in a cockpit〉 are 〈often〉 easier 〈to reach or use〉〈for a
　　　S　　　　　　　　　　　　　　V　　　　C
larger person〉.

訳　コックピット内の操縦装置は，たいてい大柄な人のほうが手が届きやすく，使
　　いやすくなっている。

▶ 語句

□ control「操縦装置」

□ S is easy to do ～「S は～しやすい」　S は do の目的語が文頭に移動したもの。
　ex）She was easy to talk to.（←It was easy to talk to her.）
　　　「彼女は話しかけやすかった」

▶ 構文

● easier について比較の基準が明示されていません。この文の場合，「より大柄な
　人のほうが（小柄な人よりも）手が届きやすい」と比較の基準が省略されている
　と考えられます。

▶ 内容理解

第2文で述べた内容について，根拠を述べていると考えられます。しかし，この
文には「女性」や「男性」というキーワードが含まれていません。ということは，
次の第4文で，この第3文の内容と，「女性／男性」というキーワードを結び付
けていると考えられます。

● 第4文

④ Men tend to be larger, 〈on average〉, [than women].
　　S₁　V₁　　　C₁　　　　　　　　　　S₂

訳　平均的に男性のほうが女性よりも体が大きい傾向がある。

▶ 語句

□ tend to do ～「～する傾向がある」　□ on average「平均的に」

▶ 構文

● larger … than … のかたちで男性と女性を比較しています。women の後に are
　が省略されています。

▶ 内容理解

この第4文で，第3文の内容と，「女性／男性」というキーワードが結び付けら
れました。

アプローチ 139

● 第5文

⑤〈In fact〉, females are less likely [than men] to meet the minimum height
requirements [that most countries have].

（S₁ / V₁ / S₂ / V₁ / O₁ / O₃ / S₃ / V₃）

訳　実際，ほとんどの国が採用している最低身長の条件をクリアできる可能性は，男性よりも女性のほうが低い。

▶　語句

□ in fact「実際」　□ be likely to *do* ～「～する可能性が高い」

□ meet「～を満たす」　□ minimum height requirement「最低身長基準」

▶　構文

● less likely than … というかたちで，女性は男性に比べて可能性が低いということを示しています。men の後には are likely が省略されています。

● likely と to meet の間に than men が割り込んでいます。これは，to meet … countries have が長く，かつ，「最低身長基準」という新情報が提示されているために，than men を先に述べたかたちです。このように，元の文構造を変えて**「長い〔重い〕部分」や「新情報・重点を置きたい情報」を文の右（後）に移動する**ことはたびたび見受けられますから，見破れるようにしましょう。ここでは likely と to のつながりを見失わないことが大切です。

▶　内容理解

第5文では，in fact「実際」という表現を使って，第4文の内容を具体的に説明していると言えます。

● 第6文

⑥〈On the other hand〉, 〈as noted by a Japanese female airline captain〉, female pilots appear to be better 〈at facilitating communication〉 〈among crew members〉.

（S / V / C）

訳　その一方で，ある航空会社の日本人女性の機長が述べているように，女性パイロットのほうが乗務員の間で円滑にコミュニケーションを図るのが得意なように思われる。

140　第3章　推測する／事実と意見を区別する

▶　**語句**
□ on the other hand「その一方で，他方」
□ as noted by ～「～が述べているように」　　□ airline「航空会社」
□ captain「機長」　　□ appear to *do* ～「～するように思える」
□ be good at ～「～が得意である」（better は good の比較級）
□ facilitate「～をやりやすくする」　　□ crew member「乗務員」

▶　**構文**
● as noted by の as のように，〈as＋過去分詞〉は「～ように」という意味になる
　ことが多く見られます。

▶　**内容理解**

> on the other hand という表現を使って，第2文から第5文まで述べられてき
> た「男性パイロットの強み」と対比するかたちで，「女性パイロットの強み」を
> 述べています。また，設問にある「ある航空会社の日本人女性の機長」への言及
> もなされていますから，ここまでの情報を用いて解答する必要があります。

▶以上の内容をまとめると次のようになります。

> ① 男性パイロットと女性パイロットが，この仕事においてそれぞれ異なる強みと
> 　 なるスキルを持ち合わせている可能性
> ②～⑤ 男性パイロット：平均的に体が女性より大きいため，操縦装置に手が届き
> 　 やすく，最低身長基準をクリアしやすい。
> ⑥ 女性パイロット：ある航空会社の日本人女性の機長の発言
> 　 「女性パイロットのほうが乗務員間で円滑にコミュニケーションを図るのが得意」

▶各選択肢の意味は以下の通りです。
　① 「女性パイロットが職場で貢献できること」
　② 「卓越した航空機の操縦技術を持つ女性パイロット」
　③ 「航空機のパイロットを訓練する現在のシステムにおける問題」
　④ 「素晴らしい業績を上げた航空会社の従業員」

▶選択肢の②～④についてはいずれも本文では言及されていません。また，「乗務員
　の間で円滑にコミュニケーションを図る」という内容から，これは職場で貢献でき
　る内容の一つだと解釈することができます。よって，①が正解です。

▶共通テストでは，他にもこのような「推測」が求められる問題が見受けられます。
　推測できる内容を見破るためには語彙力を増強し，また文法的に正確に読み取るこ
　とで，言いかえなどを見つけてつながりを見抜くことが必要です。

アプローチ　141

例題3

以下のそれぞれの英文の中で，主観的な表現にあたる言葉はどれでしょう。

(1) Well, Dr. Mack, I've been having a terrible toothache.

〔1998 年度本試験　第 5 問より〕

(2) Going through all the steps to adjust the brightness of my computer screen is a real nuisance. 〔2010 年度本試験　第 2 問 A より〕

(3) The puppy at the rescue center looked happy to have been chosen by the little girl. 〔2010 年度本試験　第 2 問 A より〕

(4) I can't easily imagine such drama in my daily life.

〔2011 年度本試験　第 3 問 B より〕

(5) I hate going with my little brother. 〔2011 年度本試験　第 5 問より〕

▶ 解答

(1) terrible 「ひどい」（形容詞）

「えっと，マック先生，ひどく歯が痛むんです」

(2) (a real) nuisance 「厄介なこと，面倒なこと」（名詞）

「コンピュータの画面の明るさを調整するのにすべての手順を踏まないといけないのは本当に面倒だ」

(3) happy 「幸せな」（形容詞）

「救助センターにいた子犬は，その女の子に選んでもらって嬉しそうだった」

(4) easily 「容易に，簡単に」（副詞）

「日常生活でそんなドラマは容易に想像できません」

(5) hate 「…を憎む，…が大嫌いである」（動詞）

「私は弟と外出するのが大嫌いです」

- my little brother の little は，ここでは「小さい」という意味ではなく，「（自分よりも）幼い」という意味で用いられており，little brother で「弟」になるため，主観的な意見を表しているわけではありません。

▶ My dog is bigger than yours.「私の犬はあなたの犬より大きい」のように 2 つのものを比較したり，This dog is the biggest of all the dogs in my house.「この犬は私の家のすべての犬の中で一番大きい」というように最上級になっている場合は，通例，主観的な意見ではなく事実を述べていると言えます。

142　第3章　推測する／事実と意見を区別する

▶共通テストでは，**事実（fact）**と**意見（opinion）**を区別することが問われます。この2つは大きく分けて以下のように区別できます。

事実（fact）	客観的	誰が見ても同じイメージが浮かぶ
意見（opinion）	主観的	人により浮かぶイメージが異なる

▶たとえば，a big dog「大きな犬」と言われた場合，どのくらいの大きさなのかは人により浮かぶイメージが異なるはずです。その意味で，big という言葉は主観的だと言えます。しかし，a black cat「黒猫」と言われた場合，黒さの程度に差はあるかもしれませんが，たいてい同じイメージを浮かべられるはずです。

▶主観的な意見を表す語句には形容詞や副詞が多いのですが，名詞や動詞，助動詞を用いて主観的な意見を表すこともあります。なお，一つの目安としては，主観的な形容詞や副詞の場合 very をつけることができる，と言うことができます。たとえば a very big dog「とても大きな犬」とは言えますが，a very black cat「とても黒い猫」とは普通言いません。また，主観的な動詞の場合は very much をつけることができるというのが一つの目安となります。たとえば I appreciate your help very much.「あなたの助けにとても感謝しています」とは言えますが，He can run very much.「彼はとても走れる」とは普通言いません。

▶ただし，「この表現があるから意見」「この表現がないから事実」というような硬直した決め方をすることはできません。たとえば，選択肢を本文に基づいて判定する問題で，本文に He said that the movie was excellent.「彼はその映画が素晴らしいと言った」と書かれている場合，「映画が素晴らしい」というのは彼の「意見」ですが，彼がその映画をほめたことは「事実」ですから，選択肢に He praised the movie.「彼はその映画をほめた」とあれば「事実」としては正解となります。

▶事実と個人的な意見を区別することは，自由英作文のようなライティング問題を解く際に（さらに，小論文や，大学のレポートや論文でも）大きな意味を持ちます。「意見を述べよ」という問題で自分の意見に対する根拠を述べる場合，**客観的な事実を書く**ことで，文章に説得力が生まれるからです。その意味でも，共通テストはセンター試験以上に「アウトプット」を意識した問題だと言えます。

◆ 第3章での演習

　第3章では，共通テストで問われる**与えられた情報から推測する力**と**事実と個人的な意見を区別する力**とを養うのにふさわしい良問を集めました。第3章まで取り組めば，長文読解に必要な要素をかなり演習できたことになります。

演習問題

29 次の文章を読み，下の問いの_____に入れるのに最も適当なものを，下の①〜④のうちから一つ選べ。

In recent years, opera has been facing serious challenges. The causes of some of these are beyond its control. One current challenge to opera is economic. The current world economic slowdown has meant that less money is available for cultural institutions and artists. This shortage of money raises the broader question of how much should be paid to support opera singers and other artists. Society seems to accept the large salaries paid to business managers and the multi-million-dollar contracts given to sports athletes. But what about opera singers? Somehow, people have the idea that artists can be creative only if they suffer in poverty. But this is unrealistic. If artists, including opera singers, lack the support they need, valuable talent is wasted.

問 In this paragraph, what is another way of asking the question "But what about opera singers?" _____

① How do opera singers prepare?
② How should we use opera singers?
③ What are opera singers worth?
④ What sums do opera singers pay?

〔2016年度本試験　第6問より抜粋〕

144　第3章　推測する／事実と意見を区別する

30　次の文章は，Anna の父親が担任の岡本先生に宛てて送ったメールの一部である。これを読み，下の問いの　　　に入れるのに最も適当なものを，下の①～④のうちから一つ選べ。

Dear Mr. Okamoto,

My name is Jeff Whitmore, and my daughter, Anna, is one of your students. As you know, we just moved back to Japan six months ago after living in Chicago for three years. Although she had attended schools in Japan before we went to Chicago, it's Anna's first year at a Japanese junior high school. My wife and I are a little worried about her, and we're hoping that it would be okay to ask you for advice.

She's getting good grades and likes her classes and teachers. In particular, she has a penchant for numbers and loves her math class. She often talks about your fun English class, too. However, after almost half a year, it doesn't seem like she's made any friends. Last week, she said that she usually reads by herself during breaks between classes while other girls are hanging out and chatting. Anna also mentioned that she walks to school alone every day. This is very different from how she was in the US.

問　What was Anna probably like at her school in Chicago?　　　

① She liked to be alone in the classroom.
② She showed off her Japanese ability.
③ She spent a lot of time with friends.
④ She was jealous of the other students.

〔2015 年度本試験　第5問より抜粋〕

演習問題 **145**

31 次の文章を読み，下の問いの⬚に入れるのに最も適当なものを，下の①
〜④のうちから一つ選べ。

If bilingual dictionaries are so useful, why did my aunt give me a monolingual dictionary? As I found out, there is, in fact, often no perfect equivalence between words in one language and those in another. My aunt even goes so far as to claim that a Japanese "equivalent" can never give you the real meaning of a word in English. Therefore she insisted that I read the definition of a word in a monolingual dictionary when I wanted to obtain a better understanding of its meaning. Gradually, I have come to see what she meant.

問 Which of the following examples best fits the aunt's view that "a Japanese 'equivalent' can never give you the real meaning of a word in English"? ⬚

① A clear stress falls on the first part of the word "water," which is not always the case with *"mizu."*

② The letter "t" in "water" can be pronounced as *t* or *d*, but the *"z"* in *"mizu"* is almost always pronounced as *z*.

③ Unlike "water," *"mizu"* can be written using different writing systems such as *katakana*, *hiragana* and Chinese characters.

④ "Water" is not the same as *"mizu"* because the former can refer to hot or cold water, unlike the latter.

〔2009 年度本試験　第 6 問より抜粋〕

146 第3章 推測する／事実と意見を区別する

32 次の文章は，同一の状況について二人の人物がそれぞれの観点から述べたものである。文章を読み，下の問いの　1　～　3　に入れるのに最も適当なものを，それぞれ下の①～④のうちから一つずつ選べ。

Witness A : I was standing at the bus stop opposite the gas station on Route 300, a four-lane road. That had always been a dangerous area, but it's safer now because they recently put in traffic signals. There were two vehicles on the road approaching the signal. One was a small farm truck and the other a brand-new sports car. It was getting dark but the heavy rain had just stopped and there were no other cars around. Anyway, the truck and the sports car were driving side by side when the car started to swerve from side to side. I think the truck may have moved slightly to stay away from the car, but I'm not sure—I couldn't take my eyes off the car. The signal was red, but instead of slowing down, the car sped ahead rapidly. The driver was going to go through the intersection when the light was red. And that's when a van suddenly came into the intersection from the far side. It looked like they were going to hit, but they both turned away from each other at the last second and avoided a crash. But then the back doors of the van opened up and hundreds of soccer balls spilled out.

Witness B : I was walking on the side road toward Route 300—coming to the intersection, I noticed that they had put up signals near the service station. This should help make the intersection safer. Suddenly, a van came up from behind me. It was strange—I could see inside the van and it was full of soccer balls! I had never seen anything like that before. Anyway, as the van was approaching the signal, the light turned from green to yellow. But the driver went faster when he should have slowed down—he drove into the intersection where he almost hit a sports car. It was so lucky—the man was able to turn to the right and miss the car. I think the sports car turned too. Fortunately, there was no accident, but there were soccer balls all over the place.

演習問題　147

問1　Based on what one of the witnesses said, we can assume it was ☐ 1 ☐.

① early in the morning and there were few cars
② evening and the road was wet
③ late afternoon and Route 300 was full of cars
④ late at night and it was slippery

問2　Witness A probably thinks that there was almost an accident because of ☐ 2 ☐.

① the new traffic signals at the intersection
② the sports car ignoring the traffic signal
③ the truck moving to avoid the sports car
④ the van going too fast for the area

問3　Witness B probably thinks that there was almost an accident because of ☐ 3 ☐.

① the sports car speeding through the intersection
② the traffic signals that were put up recently
③ the truck turning away from the sports car
④ the van driver driving dangerously

〔2010 年度本試験　第 5 問より抜粋〕

33　下記は，ある説明文のまとめの段落（ひとまとまりの文章の最後の段落）である。この最後の段落を読み，下の問いの ☐ に入れるのに最も適当なものを，下の①〜④のうちから一つ選べ。

（ある研究に関する説明文：前略）

The findings of this study show the importance of investigating the potential of various environments and features in schoolyards. To promote students' health, it is also beneficial to observe how varieties of games Children and Adolescents play affect the length of time spent taking part in physical activity. Let us now take a look at these relationships.

(Henriette Bondo Andersen 他 (2015) *Objectively Measured Differences in Physical Activity in Five Types of Schoolyard Area* を参考に作成)

148 第3章 推測する／事実と意見を区別する

問 What topic is most likely to follow the last paragraph? ☐

① The benefits of studying various school environments for different activities
② The connections between types of games and lengths of time being active
③ The influence of the schoolyard environment on Adolescents' physical activity
④ The way schoolyard surfaces affect the time spent doing physical activity

〔2017 年度本試験　第4問Aより抜粋〕

34 以下の文章を読み，下の問いの☐に入れるのに最も適当なものを，下の①～④のうちから一つ選べ。

Because of seasonal production patterns, the majority of Mexico's oranges arrive in the US market from December through June, when US supplies are relatively high. In contrast, the season for imports from the Southern Hemisphere countries is mainly from July through October, when US supplies are relatively low. This trend is similar to that seen with many other fruits as well.

(Sophia Wu Huang (2013) *Imports Contribute to Year-Round Fresh Fruit Availability* を参考に作成)

問 What topic is most likely to follow this paragraph? ☐

① Export rates of other fruits from the US to the Southern Hemisphere
② Statistics showing the seasonal changes in imports of other fruits
③ The shipping methods of navel oranges from the Southern Hemisphere
④ The variety of fruits commonly grown in the US and Mexico

〔2016 年度本試験　第4問Aより抜粋〕

35　次の文章と図を参考にして，下の問い（A・B）に答えよ。

　The Royal Shakespeare Company was on tour in Japan performing *Romeo and Juliet* and a group of students bought tickets. Their names were Emiko, Kaori, Ken, Miki and Shinsuke. This is how they sat:

(1)　All of them sat in the three lines of seats numbered 3, 4 and 5.
(2)　Three of them sat in row B.
(3)　The other two sat in row C.
(4)　Shinsuke sat between Emiko and Ken.
(5)　Emiko sat on Shinsuke's left.
(6)　Miki sat behind Ken.
(7)　There were three seats between Kaori's seat and the left aisle.

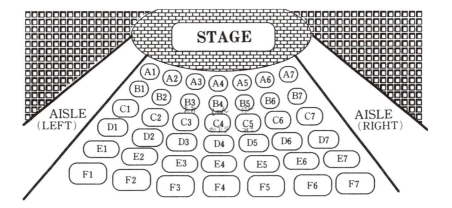

150　第3章　推測する／事実と意見を区別する

A　次の問い（問1・問2）の　　　に入れるのに最も適当なものを，それぞれ下
　　の①〜④のうちから一つずつ選べ。

問1　　　　　　sat in front of Kaori.

　　①　Emiko　　　　　　　　　　②　Ken
　　③　None of the group　　　　④　Shinsuke

問2　Ken sat in seat　　　　.

　　①　B4　　　　　　②　B5　　　　　　③　C4　　　　　　④　C5

B　図及び本文の内容と合っているものを，次の①〜④のうちから一つ選べ。　　　

　　①　None of the group sat on Miki's right.
　　②　Shinsuke sat closer to the right aisle than Ken.
　　③　There was a seat between Miki and Kaori.
　　④　There were three seats on Emiko's left.

〔1996年度本試験　第4問〕

36) You are traveling abroad and trying to find places to eat on the Internet. The following are reviews of some restaurants written by people who have visited them.

Shiro's Ramen	★★★★☆ by Boots (3 weeks ago)
	Best choice: *cha-shu* noodles. Cheap, crowded & lots of noise. Very casual. Felt rushed while eating. Open 5 p.m. ～ 6 a.m.

Annie's Kitchen	★★★☆☆ by Carrie (2 weeks ago)
	Was in the mood for variety, and Annie's Kitchen did NOT disappoint. The menu is 13 wonderful pages long with food from around the world. Actually, I spent 25 minutes just reading the menu. Unfortunately, the service was very slow. The chef's meal-of-the-day was great, but prices are a little high for this casual style of restaurant.

Johnny's Hutt	★★★☆☆ by Mason (2 days ago)
	The perfect choice when you want to eat a lot. But you might need to wait for a bit.
	★★★★★ by Roosevelt (5 days ago)
	For a steak fan, this is the best! The chef prepares steak dishes to suit any customer's taste. My favorite was the Cowboy Plate—perfect!
	★☆☆☆☆ by Ken-chan (2 weeks ago)
	Sadly, below average, so won't be going back again. The steak was cooked too long! The fish dishes were also disappointing.

152　第3章　推測する／事実と意見を区別する

問1　You would most likely visit Shiro's Ramen when you ⬜.

   ① are looking for a quiet place to have a conversation
   ② have an empty stomach at midnight
   ③ need to have a formal meal
   ④ want to have a casual lunch

問2　You would most likely visit Annie's Kitchen when you ⬜.

   ① feel like eating outdoors
   ② have lots of free time
   ③ must have a quick breakfast
   ④ want to have cheap dishes

問3　The opinions about Johnny's Hutt were all ⬜.

   ① different
   ② favorable
   ③ negative
   ④ neutral

問4　Based on the reviews, which of the following are facts, not personal opinions ? (You may choose more than one option.) ⬜

   ① Annie's Kitchen offers dishes from many countries.
   ② Johnny's Hutt is less crowded than Shiro's Ramen.
   ③ Johnny's Hutt serves some fish dishes.
   ④ The chef at Johnny's Hutt is good at his job.
   ⑤ The chef's meal-of-the-day is the best at Annie's Kitchen.
   ⑥ The menu at Annie's Kitchen is wonderful.

〔第1回プレテスト　第2問A〕

37) You are going to London for a holiday. On the plane, you read information about tours offered by local tour operators.

Cruise Down the River Thames
This is a wonderful romantic evening tour specially created for couples. A shuttle bus collects guests from the major city center hotels and delivers them to Westminster Pier. A five-course meal is served during the three-hour cruise. The boat will make its way back up the river on the return journey passing Southbank and other attractions.

Famous Landmark Tour
The Famous Landmark Tour is a walking tour of the City of London with an experienced guide. People interested in taking the tour can meet the guide at Trafalgar Square at 9:00 A.M. You should wear comfortable shoes as the tour requires a lot of walking. You can buy lunch from one of the popular street vendors on Clark Street or bring a sandwich to enjoy in Parliament Square. The tour finishes at 2:00 P.M. This is the least expensive way to see the sights and learn about this city's amazing history.

Salisbury Area Tour
The Salisbury Area is about two hours from central London. This is a full day tour that leaves from London Bridge Bus Station at 9:00 A.M. The tour takes in many places of interest.
- **Salisbury Cathedral** is a magnificent old church over 800 years old. It is one of England's most famous churches. There is an excellent gift shop.

154 第3章　推測する／事実と意見を区別する

- **Stonehenge** is one of the world's most famous monuments. People believe it was once a place of worship. This mysterious ancient site is visited by more than one million visitors every year.
- **Old Sarum** is one of England's earliest settlements. There are remains of many ancient buildings including a fort built 2400 years ago.
- **Poultry Cross** is a marketplace which has been used by the people of Salisbury for centuries.

  An excellent traditional English lunch is served at Humphrey's Restaurant. The tour arrives back in central London at around 4:00 P.M.

問1　The Cruise Down the River Thames is particularly suited to people who _____.

- ① are traveling with a large group
- ② only have one hour to spare in the evening
- ③ have been to Southbank in the past
- ④ are staying at a hotel in the middle of London

問2　The Famous Landmark Tour would most likely be chosen by people who _____.

- ① want to save money
- ② enjoy nature walks
- ③ like to eat in fancy restaurants
- ④ hope to meet famous people

問3　All the places visited on the Salisbury Area Tour _____.

- ① have a connection to religion
- ② are famous around the world
- ③ are of some historical interest
- ④ have good places to buy gifts

演習問題 **155**

問 4 Based on the information, which of the following are facts, not the opinions of the tour operators? (You may choose more than one option.)
☐

① Participants in the Famous Landmark Tour explore the sights on foot.

② The Cruise Down the River Thames is more impressive for tourists than the Salisbury Area Tour.

③ The Salisbury Area Tour visits more places than the Famous Landmark Tour.

④ The Famous Landmark Tour concludes in the early afternoon.

⑤ The meals at Humphrey's Restaurant are of very high quality.

⑥ Passengers on the Cruise Down the River Thames are allowed to get off at Southbank.

〔本書オリジナル〕

解答解説

29 正解は③

> 訳 《オペラの課題》
> 　近年，オペラは深刻な課題に直面している。こうした課題のいくつかについての原因は，どうにもならないものである。オペラにとっての現在の課題の一つは経済的なものである。現在の世界経済の景気後退は，文化機関や芸術家に使えるお金が少ないということを意味する。こうした資金不足は，オペラ歌手やその他の芸術家を支えるのにどれだけの金額を払うべきなのかという，より大きな問題を提起する。社会は，企業経営者に支払われる莫大な給料や，スポーツ選手に与えられる何百万ドルもの契約は認めるようだ。しかし，オペラ歌手についてはどうだろうか。どういうわけか，人々は，芸術家は貧しさの中で苦しんでこそ創造的になれるという考えを抱いているのだが，これは非現実的である。もしオペラ歌手も含めて芸術家が必要な支援を欠いていれば，価値ある才能は無駄になってしまう。

語句・構文　▶ beyond *one's* control「～にはどうにもできない」

問　「この段落の『しかしオペラ歌手についてはどうだろうか』という問いを言いかえるものはどれか」
　この段落では，オペラが直面する経済的な問題を述べており，下線部の直前では「企業経営者やスポーツ選手には高額の給料や契約金が支払われるのを社会は容認するようだ」とある。これを受けて「オペラ歌手についてはどうだろう」と言っているので，「オペラ歌手には高額の報酬を払えるかどうか，オペラ歌手にはどれほどのお金を払う価値があるのか」と問うていることになる。③「オペラ歌手はどれほどの価値があるか」が正解。
　① 「オペラ歌手はどのように準備をするか」
　② 「私たちはどのようにオペラ歌手を使うべきか」
　④ 「どれだけの額をオペラ歌手は払うか」

● 対比 表現に注目して内容を推測する

企業経営者・スポーツ選手　　But　　オペラ歌手
　　　↓　　　　　　　　　⇔　　　　↓
莫大な給料・多額の契約　　対比　　〔　？　〕

POINT

30 正解は ③

> 訳 《帰国後の悩み》
>
> 岡本先生へ
>
> [第1段]　私はジェフ=ホイットモアと申します。娘のアンナは先生の生徒の一人です。ご存知のように，私共はシカゴで3年間暮らし，6カ月前に日本に戻って来たばかりです。娘はシカゴに行く前に日本の学校に通っておりましたが，今年はアンナにとって日本の中学校での初めての年になります。妻と私は娘のことが少々心配で，先生に助言をお願いできればと思っております。
>
> [第2段]　娘はだんだんと成績もよくなってきており，授業も先生方も好きです。特に数字には強い好みがあり，数学の授業が大好きです。先生の面白い英語の授業のこともよく話してくれます。ですが，ほぼ半年たっても友達ができた様子がありません。先週，娘は授業の合間の休憩時間に，他の女の子たちがうろついておしゃべりしている中で，たいてい一人で本を読んでいると言っていました。アンナは，毎日一人で学校に歩いて行っているということにも触れました。これはアメリカにいたときの様子とずいぶん違います。

語句・構文

[第2段]　▶ get good grades「成績がよい」　　▶ by *oneself*「一人で」（= alone）
　　　　▶ hang out「ぶらぶらして時を過ごす，うろつく」

問　「シカゴの学校ではアンナはおそらくどのような様子だったか」
　第2段第5・6文（Last week, she …）で，休憩時間に一人で本を読んだり，学校に一人で行ったりするアンナの様子が述べられており，同段最終文には「これはアメリカにいたときの様子とずいぶん違う」とある。③「彼女は友達と一緒に多くの時間を過ごした」が正解。
　①「彼女は教室に一人でいるのが好きだった」
　②「彼女は自分の日本語の能力をひけらかした」
　④「彼女は他の生徒たちをねたましく思っていた」

● 内容を推測する
　設問中の probably「おそらく」から，解答の根拠が本文で直接的に述べられてはおらず，本文の内容をもとに推測することが求められていると判断する。

POINT

158　第3章　推測する／事実と意見を区別する

31　　正解は④

> 訳 《一言語辞書の長所》
> 　二言語辞書がこのように役に立つものなら，なぜおばは僕に一言語辞書をくれた
> のだろう。僕は気づいたのだが，実際，ある言語の中の単語と，他の言語の単語の
> 間に，完全なイコール関係が成り立つことなどないことが多いのだ。おばは，日本
> 語の「相当語」では英語の単語の本当の意味などまったく伝えられないとさえ言
> う！　それで，おばは，ある語の意味をよりよく理解したければ，一言語辞書でそ
> の語の定義を読むようにしなさいと言ったのである。僕は，おばの言いたかったこ
> とがだんだんわかってきている。

語句・構文　　▶ go so far as to ～「～しさえする」

問　「『日本語の'相当語'はある英単語の本当の意味を決して教えてくれない』とい
　うおばの見解に最もよく合う例は以下のどれか」
　① 「『water』という語のアクセントは最初の部分にあるが，『水』では必ずしもそ
　　うではない」　単語の意味ではなく，アクセントの違いなので不適。
　② 「『water』の中の『t』はtともdとも発音されることがあるが，『水』の『ず』
　　はほとんどいつも『ず』と発音される」　意味ではなく，発音の違いなので不適。
　③ 「『water』と違って『水』はカタカナ，ひらがな，漢字といった異なる表記法
　　を使って書ける」　意味ではなく，表記法の違いなので不適。
　④ 「『**water**』が『水』と同じではないのは，前者が後者と違い，温かいものも冷
　　たいものも表しうるからである」　「water」と「水」が表すもの，つまり意味の
　　違いを述べており，適切。

- ● 本文の内容をもとに具体例を推測する
　選択肢のwaterという具体例については本文で直接言及がないので，本文の
　内容を前提として，それに該当する具体例を推測する必要がある。POINT

32 問1　正解は② 　　問2　正解は② 　　問3　正解は④

［訳］《事故の目撃証言》

目撃者Ａ：私は，４車線の国道 300 号線沿いにあるガソリンスタンドの向かい側に
あるバス停のところに立っていました。あのあたりはこれまでずっと危険な区域で
したが，最近信号が設置されたので今ではもっと安全になっています。路上には信
号に接近してくる車が２台ありました。１台は小型の農業用トラックで，もう１台
は真新しいスポーツカーでした。あたりは暗くなってきていましたが，ちょうど激
しい雨がやんだばかりで周りには他の車はいませんでした。いずれにしても，スポ
ーツカーが道の片側からもう一方の側へハンドルを急にきり始めたとき，トラック
とスポーツカーは併走していました。トラックはスポーツカーを避けるのに少し動
いたかもしれませんが，よくわかりません。スポーツカーから目が離せませんでし
たから。信号は赤でしたが，スポーツカーは速度を落とすのではなく，急にスピー
ドを上げて直進しました。ドライバーは赤信号で交差点を通り抜けようとしたんで
すよ。そして，そのときバンが向こう側から突然交差点に進入してきたんです。車
は衝突しそうに見えましたが，ぎりぎりのところで互いに向きを変えて，衝突を免
れました。でも，そのとき，バンの後部ドアが開いてたくさんのサッカーボールが
ばらばらと転がり出てきました。

目撃者Ｂ：私は国道 300 号線に向かうわき道を歩いていました。交差点の方へ向か
っていたのです。ガソリンスタンドの近くに信号が立ったのだな，と気づきました。
これであの交差点はもっと安全になるはずです。突然，１台のバンが私の後ろから
やってきました。奇妙でした。バンの内部が見えたのですが，サッカーボールでい
っぱいだったんです。あんなものは以前には見たことがありませんでした。ともか
く，そのバンが信号に近づいていっているときに，信号が青から黄色に変わりまし
た。でもドライバーは速度を落とすべきときにさらに速度を上げていったのです。
交差点に進入して，そこでスポーツカーと接触しそうになりました。本当に運がよ
かったんでしょう，その人は右に曲がることができて，スポーツカーにぶつからず
にすみました。スポーツカーも曲がったと思います。幸い，事故にはなりませんで
したが，サッカーボールがそこらじゅうに転がっていました。

語句・構文

［**目撃者Ａ**］　▶ put in ~「~（機械など）を取りつける，設置する」
　　　　　　　▶ vehicle「（陸上の）乗物」
　　　　　　　▶ side by side「横に並んで」
　　　　　　　▶ swerve「ハンドルを（急に）きる，急に向きを変える」

160　第 3 章　推測する／事実と意見を区別する

▶ stay away from ～「～（危害など）を避ける」
▶ speed「加速する」
［**目撃者 B**］▶ put up ～「～を立てる」

問1　正解は②

「目撃者の一人が言ったことに基づけば，□□□□と推測できる」

目撃者 A の証言第 5 文（It was getting …）に「あたりは暗くなってきていて，ちょうど激しい雨がやんだばかり」とあることから，②**「夕方で道が濡れていた」**が適切。

① 「早朝で車はほとんどいなかった」
③ 「午後遅い時間で国道 300 号線は車がいっぱいだった」
④ 「夜遅い時間ですべりやすかった」

問2　正解は②

「おそらく目撃者 A は□□□□のせいで事故が起こりかけたと考えている」

目撃者 A の証言第 8 文（The signal was …）に「信号は赤だったが，その車は速度を落とすのではなく，急にスピードを上げて直進した」とある。ここまでに目撃者 A が言及している車は「トラック」と「スポーツカー」で，第 7 文（I think the truck …）に「トラックはその車を避けるのに少し動いたかもしれない」とあるので，「その車」が「スポーツカー」を指していることがわかる。したがって，②**「スポーツカーが信号を無視したこと」**が正解。

① 「交差点の新しい信号」
③ 「トラックがスポーツカーを避けるのに動いたこと」
④ 「バンがその区域にあまりにも速い速度で向かったこと」

問3　正解は④

「おそらく目撃者 B は□□□□のせいで事故が起こりかけたと考えている」

目撃者 B の証言第 7・8 文（Anyway, as the …）に「バンが信号に近づいて行っているときに，信号が青から黄色に変わったが，ドライバーは速度を落とすべきときにさらに速度を上げていった」とある。④**「バンのドライバーが危険な運転をしたこと」**が正解。

① 「スポーツカーが速度を上げて交差点を抜けたこと」
② 「最近設置された信号」
③ 「トラックがスポーツカーを避けたこと」

● 本文の内容をもとに状況を推測する

　どの設問にも assume「推測する」か，probably「おそらく」という表現があるので，本文で直接言及していない可能性が高い。順を追って情報を整理し，そこから導ける仮説を考えるとよい。

33　正解は②

訳　《遊びに関する調査》

　この調査で明らかになったことは，校庭のさまざまな環境と特性の可能性を調べることの大切さである。生徒たちの健康を増進するためには，「子ども」と「青少年」がするさまざまな遊びが，身体的活動に参加する時間の長さにどのように影響するかを観察することも有益である。今度はこの関連性を見よう。

語句・構文　▶ take a look at ~「~を（ちょっと）見る」

問　「どのような話題が，最終段に続く可能性が最も高いか」

　第2文（To promote …）に「『子ども』と『青少年』がするさまざまな遊びが，身体的活動に参加する時間の長さにどのように影響するかを観察することも有益である」とあり，最終文では「今度はこの関連性を見よう」と述べている。②「遊びの種類と活動的である時間の長さの関係」が正解。

①「異なる活動に対するさまざまな学校環境を研究することの利点」

③「校庭の環境が『青少年』の身体的活動に与える影響」

④「身体的活動をするのに費やされる時間に，校庭の表面がどのように影響するか」

● 本文の内容をもとに後に続く内容を推測する

　どの選択肢ももっともらしく見えるかもしれないが，必ず答えが一つに絞れるようなヒントがあるはずである。ここでは，最終文の「今度はこの関連性を見よう」という表現から，その一つ前の文の内容について次の段落で詳しく述べるはずだと推測できる。

162　第3章　推測する／事実と意見を区別する

34　正解は②

> 訳 《オレンジの輸入量》
> 　季節による生産傾向のため，メキシコ産のオレンジの大半は12月から6月の間に合衆国市場に入ってくるが，これは，合衆国内の供給量が比較的高い時期である。対照的に，南半球諸国からの輸入のシーズンは，主に7月から10月であり，この時期には，合衆国内での供給量が比較的低い。この傾向は，他の多くの果物にも見られるものと類似している。

語句・構文　▶ pattern「様式，（行動などの）傾向」［pǽtərn］アクセントに注意。

問　「どのような話題がこの段に続く可能性が最も高いか」
　最終文に「この傾向は，他の多くの果物にも見られるものと類似している」とある。「この傾向」とは，季節によるオレンジの輸入量の傾向のことである。したがって，
　②「他の果物の輸入の季節による変化を示す統計」が正解。
　①「合衆国から南半球への他の果物の輸出割合」
　③「南半球からのネーブルオレンジの出荷方法」
　④「合衆国とメキシコで一般的に栽培されている果物の種類」

> ● 本文の内容をもとに後に続く内容を推測する
> 　「どのような話題がこの段に続く可能性が最も高いか」が問われている。最終文の表現から，この後にくる内容が推測できる。　POINT

35 A 問1 正解は ④   問2 正解は ②   B 正解は ①

> 訳 《劇場での座席の位置》
> 　王立シェイクスピア劇団が日本公演で「ロミオとジュリエット」を上演しており，学生のグループがチケットを買った。彼らの名前はエミコ，カオリ，ケン，ミキ，シンスケである。彼らは次のように着席した。
> (1)　全員が 3 ，4 ，5 の番号のついた 3 つの列の座席に座った。
> (2)　3 人は B 列に座った。
> (3)　残りの 2 人は C 列に座った。
> (4)　シンスケはエミコとケンの間に座った。
> (5)　エミコはシンスケの左側に座った。
> (6)　ミキはケンの後ろに座った。
> (7)　カオリの席と左側通路の間には 3 つ座席があった。
>
>

問題文の内容を整理する。チケットを買ったのは，エミコ，カオリ，ケン，ミキ，シンスケの 5 人。
(1)〜(3)より，5 人は〔B3・B4・B5〕および〔C3・C4・C5 のうちの 2 つ〕に座ったことがわかる。
(4)より，B 列に座った 3 人がシンスケとエミコとケンであり，真中のシンスケは B4 に座ったことがわかる。
(5)よりエミコは B3，ケンは B5 に座ったことがわかる。
(6)よりミキは C5 に座ったことがわかる。
(7)よりカオリは C4 に座ったことがわかる。

164　第3章　推測する／事実と意見を区別する

A　問1　正解は④

「□□□がカオリの前に座っていた」

カオリは C4 に座っていたのだから，その前の B4 に座っていたのは**シンスケ**。よって④が正解。

問2　正解は②

「ケンは□□□に座っていた」

(4)と(5)より，② **B5** が正解。

B　正解は①

① 「グループのうちでミキの右側に座った者はいなかった」　ミキは C5 に座っていたのであるから一致する。

② 「シンスケはケンよりも右側通路の近くに座っていた」　シンスケは B4，ケンは B5 で，ケンのほうが右側に座っていた。よって誤り。

③ 「ミキとカオリの間に1つ座席があった」　ミキは C5，カオリは C4 に座っていたのであるから，間に座席はない。よって誤り。

④ 「エミコの左側に3つ座席があった」　エミコは B3 に座っていた。よってエミコの左側にあるのは2席（B1，B2）のみなので誤り。

● 本文の内容をもとに配置を推測する

　一種の論理パズルなので，条件を正しく整理することと，そのために必要な表現の知識を日頃から養うこと。

36 問1　正解は②　　問2　正解は②　　問3　正解は①
問4　正解は①，③

訳　《レストランのレビュー》
あなたは海外旅行に行ってインターネットで食べる場所を探そうとしています。以下は店を訪れたことのある人によって書かれたレストランのレビューです。

シローズラーメン

★★★★☆　ブーツの投稿（3週間前）
おすすめ：チャーシュー麺。安く，混んでいて，うるさい。とてもカジュアル。食べていると急かされているように感じる。午後5時から午前6時まで営業。

アニーズキッチン

★★★☆☆　キャリーの投稿（2週間前）
いろいろなものが食べたい気分だったので，アニーズキッチンは期待通り。メニューは13枚にわたる素晴らしいページで，世界中の食べ物がある。実際，私はメニューを読むだけで25分も費やした。残念ながら料理が出てくるのはとても遅い。「シェフの今日のおすすめ」は素晴らしいが，この種のカジュアルなスタイルのレストランにしては価格が少し高い。

ジョニーズハット

★★★☆☆　メイソンの投稿（2日前）
たくさん食べたいなら完璧な選択。しかし少し待つ必要があるかもしれない。
★★★★★　ルーズベルトの投稿（5日前）
ステーキ好きにはここが最高！　シェフはどんな客の好みにも合うようにステーキ料理を用意します。私のお気に入りはカウボーイプレート，素晴らしい！
★☆☆☆☆　けんちゃんの投稿（2週間前）
悲しいことに，平均以下で，二度と行かないでしょう。ステーキは長く焼かれすぎ！　魚料理もがっかりでした。

166　第3章　推測する／事実と意見を区別する

語句・構文　　▶ rushed「急かされている」

　　　　　　　　▶ in the mood for 〜「〜の気分である」

　　　　　　　　▶ meal-of-the-day「今日の料理，本日のおすすめ」

問1　正解は②

「あなたは◻️◻️◻️とき，シローズラーメンに行く可能性が最も高いだろう」

ブーツの投稿に，「午後5時から午前6時まで営業」とある。したがって，②**「真夜中に空腹である」**が正解。

① 「会話をするための静かな場所を探している」

③ 「きちんとした食事をする必要がある」

④ 「カジュアルなランチを食べたい」

問2　正解は②

「あなたは◻️◻️◻️とき，アニーズキッチンに行く可能性が最も高いだろう」

キャリーの投稿に，「残念ながら料理が出てくるのはとても遅い」とあり，時間に余裕があるときに適していることがわかる。したがって，②**「自由な時間がたくさんある」**が正解。

① 「屋外で食べたい」

③ 「手早く朝食を取らなければならない」

④ 「安い料理を食べたい」

問3　正解は①

「ジョニーズハットに関する意見はすべて◻️◻️◻️」

メイソンは「たくさん食べたいなら完璧な選択。しかし少し待つ必要があるかもしれない」と長所と短所をともに述べていて中立。ルーズベルトは「ステーキ好きにはここが最高！　シェフはどんな客の好みにも合うようにステーキ料理を用意します。私のお気に入りはカウボーイプレート，素晴らしい！」と述べていて好意的。けんちゃんは「悲しいことに，平均以下で，二度と行かないでしょう。ステーキは長く焼かれすぎ！　魚料理もがっかりでした」と述べていて否定的。したがって，①**「異なっている」**が正解。

② 「好意的である」

③ 「否定的である」

④ 「中立的である」

解答解説　167

問4　正解は①，③

「レビューに基づいて，以下のどれが個人的意見ではなく事実であるか（複数選択可）」

個人の感じ方によらないものを選ぶ。①「アニーズキッチンは多くの国の料理を提供している」はキャリーの投稿と一致するし，これはキャリーの感想ではなく事実である。また，③「ジョニーズハットは魚料理も出している」もけんちゃんの投稿と一致しており，けんちゃんの感想ではなく事実である。②は本文からは判断できない。また，④〜⑥は個人的意見である。

②「ジョニーズハットはシローズラーメンほど混んでいない」

④「ジョニーズハットのシェフは腕がよい」

⑤「アニーズキッチンでは『シェフの今日のおすすめ』が最高だ」

⑥「アニーズキッチンのメニューは素晴らしい」

● 本文の内容をもとに推測する

　問1と問2は本文の内容から推測することが求められており，問3では複数の意見を見て比較検討し，まとめることが求められている。問4では「事実と意見の区別」が求められており，「主観と客観」の違いを理解しておく必要がある。

問1　正解は ④　　問2　正解は ①　　問3　正解は ③
問4　正解は ①, ④

訳 《ロンドンのツアー情報》
あなたは休暇のためにロンドンに向かっています。飛行機の中で，地元の旅行業者が用意しているツアーに関する資料を読んでいます。

テムズ川を行く遊覧船の旅

これは特にカップル向けに用意した素敵でロマンチックな夜のツアーです。シャトルバスが市内の主要なホテルまでお客様をお迎えに行き，ウェストミンスター桟橋までお送りします。3時間のクルージングの間に5品のコース料理が振る舞われます。帰路はサウスバンクやその他の魅力的な場所を通って，船はテムズ川を遡っていきます。

名高い歴史的建造物を巡るツアー

名高い歴史的建造物を巡るツアーは，ベテランのガイドとともにロンドンの中心街を歩いて回るツアーです。このツアーへの参加に興味がある方は午前9時にトラファルガー広場でガイドに合流できます。このツアーではかなりの距離を歩かなければならないので，歩きやすい靴を履いてきてください。クラーク通りの有名な露店商の一つで昼食を買ったり，パーラメント・スクエアで食べられるようにサンドイッチを持ってきてもいいでしょう。このツアーは午後2時に終了となります。名所を見て，この街の素晴らしい歴史について学ぶには，このツアーが最も費用がかからない手段です。

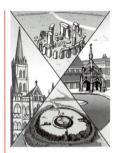

ソールズベリー地区を巡るツアー

ソールズベリー地区は，ロンドン中心部から約2時間のところに位置します。こちらは午前9時にロンドン橋のバスステーションを出発する丸一日のツアーです。このツアーでは興味深い多くの場所へとご案内します。

- **ソールズベリー大聖堂**は800年以上の歴史がある壮大な古い教会です。ここはイングランドの最も有名な教会の一つです。素晴らしい土産物店もあります。
- **ストーンヘンジ**は世界で最も有名な遺跡の一つです。ここはかつて礼拝をする場所であったと信じられています。この神秘的な古代遺跡には毎年100万人を超える観光客が訪れます。
- **オールド・サラム**はイングランドの最も古い居住地の一つです。2,400年前に作られた砦を含む多くの古代の建物の遺跡が存在しています。
- **ポウルトリー・クロス**は何世紀にもわたりソールズベリーの人々が利用してきた市が開かれる広場です。

ハンフリーズ・レストランでは，非常においしい伝統的なイギリスのランチが食べられます。このツアーは午後4時頃にロンドン中心部に戻ってまいります。

語句・構文

- ▶ landmark「歴史的建造物」
- ▶ vendor「露店商」
- ▶ sight「名所」
- ▶ of interest「興味深い」(of + 抽象名詞 = 形容詞)
- ▶ cathedral「大聖堂」
- ▶ magnificent「壮大な」
- ▶ monument「遺跡，記念碑」
- ▶ worship「礼拝，崇拝」
- ▶ settlement「居住地」
- ▶ remain「遺跡」
- ▶ fort「砦」

170　第3章　推測する／事実と意見を区別する

問1　正解は④

「テムズ川を行く遊覧船の旅は特に◻︎◻︎人々に最適である」

テムズ川を行く遊覧船の旅の説明の中で，シャトルバスが市内の主要なホテルまで参加者を迎えに行くと述べられているので④「ロンドンの中心地のホテルに滞在している」が正解。collect *A* from ～「～へ *A* を迎えに行く」

① 「大勢の団体で旅行をしている」

② 「夜に空いている時間が1時間だけある」

③ 「これまでにサウスバンクに行ったことがある」

問2　正解は①

「名高い歴史的建造物を巡るツアーは◻︎◻︎人々に選ばれる可能性が最も高いだろう」

名高い歴史的建造物を巡るツアーの説明の最終文で，この街の歴史について学ぶにはこのツアーが最も費用がかからないという内容が述べられている。したがって①「お金を節約したい」が正解。

② 「自然の中で散歩を楽しむ」

③ 「高級レストランで食事をするのが好き」

④ 「有名人に会いたい」

問3　正解は③

「ソールズベリー地区を巡るツアーで訪れるすべての場所は◻︎◻︎」

このツアーで訪れるソールズベリー大聖堂は800年以上の歴史があり，ストーンヘンジは世界で最も有名な古代遺跡の一つだと説明されている。さらにオールド・サラムも古代の建物の遺跡があり，ポウルトリー・クロスは何世紀にもわたり人々が利用してきた市が開かれる広場であると述べられているので③「歴史的に見て興味深い」が適切。

① 「宗教と関係がある」

② 「世界中で有名である」

④ 「お土産を買うのによい場所がある」

解答解説　**171**

問 4　正解は①，④

「ツアーの情報に基づいて，以下のどれが旅行業者の見解ではなく事実であるか
（複数選択可）」

① 「名高い歴史的建造物を巡るツアーの参加者は，名所を歩いて散策する」　名高
い歴史的建造物を巡るツアーの説明の第 1 文で，ガイドとともにロンドンの中心
街を歩いて回ると説明されているので事実である。また，第 5 文（The tour
finishes …）ではこのツアーが午後 2 時に終了するとあるので，④「名高い歴史
的建造物を巡るツアーは午後の早い時間に終了する」も事実となる。

② 「観光客にとって，テムズ川を行く遊覧船の旅はソールズベリー地区を巡るツア
ーよりも感動的である」　主観的な意見であり，2 つのツアーを比較した記述も
本文中にはない。

③ 「ソールズベリー地区を巡るツアーは，名高い歴史的建造物を巡るツアーよりも
多くの場所を訪れる」　ソールズベリー地区を巡るツアーの説明では，具体的に
訪れる場所が挙げられているが，名高い歴史的建造物を巡るツアーの説明ではそ
うではないので比較ができない。

⑤ 「ハンフリーズ・レストランの食事は非常に質がよい」　ソールズベリー地区を
巡るツアーの最後の説明部分（An excellent traditional …）で，ハンフリー
ズ・レストランでおいしい伝統的なイギリスのランチが食べられるとあるが，
「おいしい」は旅行業者の主観的な意見なので不適。

⑥ 「テムズ川を行く遊覧船の旅の乗客はサウスバンクで降りることが許されてい
る」　本文でこのような内容が述べられている部分はない。

● 本文の内容をもとに具体例を推測する
　問 1 と問 2 は本文の内容から推測することが求められており，問 3 では複数の
情報をまとめることが求められている。問 4 では「事実と意見の区別」が求めら
れており，「主観と客観」の違いを理解しておく必要がある。

GENERAL TRAINING

第4章

総合問題

174　第4章　総合問題

アプローチ

　ここまで，第1〜3章において，次のようなことを演習してきました。

第1章：情報を選び出す

　設問の指示に従って，本文から必要な情報を選び出し，選択肢の内容と照合する力が求められる問題を解き，設問で求められることを把握したうえで，必要な情報を素早く読み取る練習を積みました。

第2章：つながりを理解する

　表現の言いかえや論理的な関係，時系列での情報の把握に着目して前後のつながりを理解できているかを問う問題を解き，文章が長くなったときにも流れを理解できる練習を積みました。

第3章：推測する／事実と意見を区別する

　与えられた情報から推測し，仮説を立てる力が求められる問題を解き，文章における次の展開を予測する練習を積みました。それから，事実と個人的な意見を区別する力が求められる問題を解き，大学に入学した後も通用する力をつけました。

　この章では，これまで演習してきたことすべてを生かして，「総合問題」に挑戦してみましょう。

演習問題

38 次の料理教室に関する広告を読み，次の問い（問1〜4）の ☐ に入れるのに最も適当なものを，それぞれ下の①〜④のうちから一つずつ選べ。

問1　What inspired Ralph Bearison to start Papa Bear Cooking School? ☐

① He knew his family and friends were jealous of his cooking skills.
② He knew that fathers were not interested enough in cooking.
③ He wanted to give fathers opportunities to become professional cooks.
④ He wanted to teach fathers to cook quick, delicious, and healthy meals.

問2　Tony is going to participate in the French Course and use the discount coupon provided. He will also buy an apron-and-towel set from the school. How much will he pay in total? ☐

① $270　　② $275　　③ $285　　④ $300

問3　Ed hopes to expand the variety of food he can cook for his family. He has no free time on weekends or mornings. Which cooking course would he most likely take? ☐

① Chinese　　　　　　② Italian
③ Japanese　　　　　 ④ Sunday Family Breakfast

問4　The advertisement suggests that ☐ .

① 12-year-old children can participate in the Sunday course at no cost
② Cooking Courses for Fathers will last longer than three months
③ Papa Bear Cooking School requires students to bring ingredients to classes
④ students at Papa Bear Cooking School can eat the food they cook

Papa Bear Cooking School: Cooking Courses for Fathers

Papa Bear Cooking School was established in 1992 by Ralph Bearison. He recognized that many fathers liked to cook but often didn't have enough time to prepare meals. He hoped to share his interest in cooking meals in a short time that would taste good and be good for their families. At Papa Bear Cooking School, you can learn to create a variety of meals under the guidance of professional cooks, making you the envy of your family and friends. The following cooking courses start in the first week of May.

Cooking Course	Day	Time	Course Fee
Italian	Tuesday	10:00 – 12:00	$150
French	Wednesday	9:00 – 12:00	$250
Japanese	Thursday	15:00 – 18:00	$250
Chinese	Saturday	17:00 – 19:00	$200
Sunday Family Breakfast*	Sunday	8:00 – 10:00	$150

*Children aged 10 to 15 are welcome to join their fathers in the Sunday Family Breakfast Course for $100 per child.

➢ All courses are 10 weeks long.
➢ Fees include all ingredients.
➢ Cooking knives, silverware, such as forks and spoons, and plates will be provided by the school.

What to Bring

➢ An apron and towels (You can rent an apron-and-towel set for $6 per week or purchase a new set at our store for $50.)
➢ An empty stomach!

Check out our Papa Bear Cooking School website for details of our facilities and other cooking courses.

```
10% Off
Course Fee
Papa Bear
Cooking School
```

39 次の物語を読み，下の問い（問1〜5）の□□□に入れるのに最も適当なものを，それぞれ下の①〜④のうちから一つずつ選べ。

Ahhhhhhhhhhh!

With a big yawn I woke up. What a fresh morning! I felt very sharp, much sharper than usual. I was able to hear the singing of birds more clearly than ever before. I noticed the smell of coffee coming up from downstairs. I stretched out my arms in front of myself and raised my back; it felt so good. I sat up straight, licked my hand, and started to clean my face with it.... Huh? ... Something was strange. Why was I licking my hand with my tongue? Why was my body covered with fur? I tried to say something, but the sound that came out of my mouth was... "Meow."

It was certainly my bedroom that I was in. It was certainly my bed that I was sitting on. Everything was as usual except that... I seemed to have changed into a different creature. I was so surprised that I couldn't move. I couldn't do anything. I wondered—would I have to spend the rest of my life as an animal? I began to feel afraid.... But after a few moments those feelings passed. So, with a wave of my tail, I started to explore my surroundings. A cat's mind is said to be changeable like that.

As I went down the stairs, the smell of coffee grew stronger and I could tell what was for breakfast. Maybe the senses of a cat are sharper than those of a human. When I got to the dining room, what I saw almost stopped my heart. It was *me*! The human *I* was sitting at the dining table! I couldn't take my eyes off *myself*.

The human *I* was absorbed in a smartphone, maybe writing responses to friends' messages or playing an online game. Bending *my* head down toward the phone, *I* was sitting with rounded shoulders and a curved back. *I* looked very uncomfortable.

I sometimes took a little bite of toast, but it appeared that *I* was not noticing any taste in *my* mouth. Actually, the taste of toast in my memory was vague. I couldn't remember what else had been served for breakfast recently, either. The human *I* was just mindlessly putting in *my* mouth anything that was on the plate while handling the phone. *I* was so focused on the text messages or games that *I* took little interest in what was happening around *me*. In fact, *my* face had no expression on it at all.

"Yuji, you never study these days. Are you ready for your final exams?

You're making me a little bit worried," said Mom.

"Mmm," said *I*. A sign of frustration briefly appeared on *my* face, but it disappeared in an instant. *My* face was again as expressionless as it had been before.

"I don't like this guy," I thought. But this guy was me. I couldn't deny it. For the first time, I realized how I really looked to other people.

Then, as *I* started to leave the table, our eyes met. "Wow! Mom, look! There's a cat in the dining room!"

I didn't know why, but I was running. I felt I had to escape. Running up the stairs, I found the window in my room was open. I jumped! I had a strange feeling. The world suddenly seemed to have shifted. I felt my body falling down and....

Bump!

I was awake, lying on the floor of my room. I slowly sat up and looked around. Everything looked like it usually did. I looked at my hands. I was relieved to see they were no longer covered with fur. I stood up and, with a yawn, extended my arms above my head to stretch my back. Without thinking, as was my usual habit in the morning, I started to walk to my desk where my smartphone had completed charging and... I stopped.

After pausing for a moment, I turned around and went downstairs for breakfast.

問1　When Yuji realized that he had turned into a cat, he first felt ⬚.
① astonished ② embarrassed
③ excited ④ satisfied

問2　When Yuji's mother spoke to him, he was annoyed because ⬚.
① he wanted to please her ② her words disturbed him
③ his mouth was full of food ④ she interrupted his studies

問3　The cat thought, "I don't like this guy," because Yuji ⬚.
① could not recall the taste of food he had eaten at breakfast
② tried to hide his efforts to study for the final exams
③ was making fun of his mother's concern for his future
④ was not showing respect for people or things around him

演習問題　**179**

問4　At the end of the story, Yuji did not pick up his smartphone because he ☐.

① decided it was time to improve his attitude

② realized that it was not yet fully charged

③ wanted to stick to his old priorities

④ was afraid of being scolded by his mother

問5　What is the theme of this story? ☐

① Cats have much better senses than humans.

② Observing yourself can lead to self-change.

③ People using smartphones look strange.

④ Unbelievable things can happen in dreams.

〔2017 年度本試験　第 5 問〕

40 次の文章を読み，下の問い（問 1 ～ 5 ）の☐に入れるのに最も適当なものを，それぞれ下の①～④のうちから一つずつ選べ。なお，文章の左にある(1)～(6)は段落の番号を表している。

(1)　Rats, mice, hamsters, and squirrels belong to a large group of animals called rodents. It is estimated that there are about 2,000 species of rodent, and they are believed to be one of the most successful groups of animals we know. They are considered successful because the rodent group accounts for over 40％ of all mammal species on earth. Of all the rodents, the mouse-like rodents, such as those mentioned above, are probably the most successful, and it has been suggested that what makes them so is their teeth.

(2)　Rodents' teeth enable them to eat a wide range of food, such as leaves, roots, nuts, and seeds. All rodents have four very sharp teeth at the front of their mouths—two at the top and two at the bottom. These teeth are called incisors, but unlike the incisors of most other mammals, they never stop growing. So whatever their age, rodents will always have fresh, sharp teeth to eat with. In addition, they also have extremely strong muscles around their mouths, which enables them to bite through the shells of nuts and seeds. Many other mammals and birds cannot do this, so the seeds they eat pass through their bodies undigested, and the nutrition within them is unused.

(3)　　Nuts and seeds are very nutritious. Some seeds, such as sunflower seeds, sesame seeds, and peanuts, are very high in fat and protein. There are benefits of being able to eat these energy-rich foods : a lot of energy is gained in a short period of time ; spending less time outside the home searching for food reduces the risk of being killed by other animals ; and the time saved can be spent reproducing and looking after their young.

(4)　　Successful reproduction is essential to the survival of a species. However, it can be a double-edged sword. That is, it has good points and bad points. Many rats and mice are eaten by other animals before they die of natural causes, so being able to reproduce quickly is a good thing as it increases the species' chances of survival. For example, a Norwegian rat could have 56 children and over 400 grandchildren within 20 weeks of being born. On the other hand, if reproduction is too successful and there is a huge increase in population in a short time, then there will not be enough food available for all of them to survive. When this happens, thousands and thousands die, resulting in a population crash.

(5)　　The survivors often survive, not always by chance but because they are slightly different from the general population in some way. Perhaps they can run faster or further and so get to food before the others ; or they have a better sense of smell and find food that others cannot ; or they have stronger jaws and sharper teeth and can open nuts that others cannot open. Which of these slight advantages they have over those that die is not clearly understood ; however, those that do survive have the opportunity to reproduce and pass on their advantageous traits to a new generation.

(6)　　So together with their high rates of reproduction and the survival of those that have adapted in some beneficial way, mouse-like rodents are in a strong position to survive well into the future. Ultimately, however, what probably enables these mouse-like rodents to reproduce so successfully is the fact that their teeth allow them to eat highly nutritious nuts and seeds so they do not have to spend most of their time engaged in the dangerous activity of gathering food.

演習問題　181

問1　Paragraph (2) states that _____.
① most birds and mammals can also digest the seeds they eat
② mouse-like rodents are not as successful as other animals
③ mouse-like rodents cannot bite into the center of nuts and seeds
④ rodents have four incisors and powerful muscles around their mouths

問2　In paragraph (3), which of the following is **NOT** mentioned as a benefit of eating energy-rich foods ? _____
① Eating food high in fat and protein helps rodents develop muscular bodies.
② It takes little time to get enough food to satisfy the body's energy requirements.
③ Less time is spent being exposed to the dangers of being eaten by another animal.
④ The time that is not spent searching for food can be used for raising a family.

問3　According to paragraph (4), _____.
① the good point of having many young is that they exhibit different traits
② the increase in the population of a species may lead to food shortages
③ the Norwegian rat is a good example of surviving food shortages
④ the population of rodents is kept down by natural death

問4　Paragraph (5) discusses _____.
① the breeding habits of rodents and other methods of repopulation
② the different kinds of successful rodent subspecies
③ the disadvantages that the surviving rodents face
④ the possible reasons why some rodents survive population crashes

問5　The theme of the passage is about _____.
① the advantages of using incisors for eating high energy food
② the mouse-like rodents and the reasons for their success
③ the relationship between the rodent population and the food supply
④ the rodents which account for the 40 % of mammal species

〔2011 年度本試験　第6問より抜粋〕

You are going to have a debate about students working part-time. In order to prepare for the debate, your group is reading the article below.

Students and Part-Time Jobs

According to a recent survey, about 70% of Japanese high school and university students have worked part-time. The survey also reports that students have part-time jobs because they need money for going out with their friends, buying clothes, and helping their families financially. Even with such common reasons, we should consider the following question: Is it good or bad for students to work part-time?

Some people believe that students learn several things from working part-time. They come to understand the importance and difficulty of working as well as the value of money. Moreover, they learn how to get along with people. Students can improve their communication skills and gain confidence.

Others think that there are negative points about students working part-time. First, it may harm their studies. Students who work too hard are so tired during class that they might receive poor grades in school. Second, it seems difficult for students to balance work and school. This could cause stress. Third, students may develop negative views of work itself by working too much. They may become less motivated to work hard after graduation.

What do you think? In my view, part-time work is not always bad for students. My point is that students shouldn't do too much part-time work. Research suggests that if students work part-time over 20 hours a week, they will probably have some of the negative experiences mentioned above.

演習問題 **183**

問 1　In the survey mentioned in the article, the students were asked, "▢".

① Have you ever worked part-time abroad ?
② How much money per week do you make working part-time ?
③ What kind of part-time jobs would be good for you ?
④ Why do you work part-time ?

問 2　Your group wants to collect opinions **supporting** students working part-time. One such opinion in the article is that students ▢.

① can become good communicators
② mostly have worked part-time
③ will have a better chance of getting a full-time job
④ will learn how to dress appropriately

問 3　Your group wants to collect opinions **opposing** students working part-time. One such opinion in the article is that students ▢.

① cannot be helpful in the workplace
② might perform poorly in class
③ should spend more time with their family
④ work part-time to buy what they want

問 4　If students work over 20 hours a week, they may ▢.

① begin to feel they need a well-paid job
② continue to work hard at part-time jobs
③ lose interest in working hard after leaving school
④ want to be independent of their families

問 5　The writer of this article ▢ students working part-time.

① does not have any particular opinion about
② partly agrees with
③ strongly agrees with
④ strongly disagrees with

〔第 1 回プレテスト　第 2 問 B〕

184 第4章 総合問題

42）You are the editor of your school newspaper. You have been asked to provide comments on an article about origami written by an American student named Mary.

Origami

[1] Many people in Japan have childhood memories of origami, where square sheets of paper are transformed into beautiful shapes such as animals and flowers. Origami has been enjoyed widely by people of all ages for centuries.

[2] A recent event reminded us that origami is viewed as a traditional Japanese art form overseas. When President Barack Obama visited Hiroshima in 2016, he made four origami paper cranes neatly. He then presented them to Hiroshima City. This was seen as a symbol of his commitment to friendship between the two countries and to world peace.

[3] Two positive influences of origami can be seen in care for the elderly and rehabilitation. Origami requires the precise coordination of fingers as well as intense concentration to fold the paper into certain shapes. It is thought to slow the progression of memory loss associated with such medical problems as Alzheimer's disease. It is also believed that origami helps keep motor skills and increases brain activity, which aid a person recovering from injuries. For these reasons, both inside and outside Japan, there are many elderly care and rehabilitation programs in which origami is used.

[4] Children also benefit from origami. It fosters creativity and artistic sense while allowing them to have fun. This has resulted in a large number of associations—both domestic and international—regularly holding events for young children such as origami competitions and exhibits. Isn't it surprising that many organizations that are active in these areas can be found overseas?

[5] A Furthermore, origami paper folding technology has promising applications in medicine. B In 2016, an international team of researchers

developed a tiny paper-thin robot that can be used for medical treatment. The robot, made of material from pigs, is folded like origami paper and covered with a capsule made of ice. When the capsule is swallowed by a patient and reaches the patient's stomach, the capsule melts, and the robot unfolds as it absorbs water from the surrounding area. ☐ C ☐ After this, the robot is controlled from outside of the body to perform an operation. When the task is complete, the robot moves out of the body naturally. ☐ D ☐

[6] As seen in the examples above, origami is no longer merely a traditional Japanese art form that many of us experienced as a leisure activity in childhood. In fact, it is a powerful agent that can bring positive change to the lives of all generations worldwide. While the appreciation of its beauty is likely to continue for generations to come, nowadays origami has come to influence various other aspects of our lives.

問1 Mary's article mainly discusses ☐ .

① the greater importance of origami in medicine than in other fields
② the invention of new types of origami in many foreign countries
③ the major role origami plays in promoting world peace and cooperation
④ the use of origami for cultural, medical, and educational purposes

問2 Mary's intention in Paragraphs [3] and [4] is probably to ☐ .

① describe the history of origami's development outside Japan
② discuss the difficulties of using origami for treating diseases
③ express concerns about using origami for rehabilitation, elderly care, and education
④ introduce some contributions of origami to the lives of people of different ages

186 第4章 総合問題

問3 You found additional information related to this topic and want to suggest that Mary add the sentence below to her article. Where would the sentence best fit among the four locations marked ⬚ A ⬚, ⬚ B ⬚, ⬚ C ⬚, and ⬚ D ⬚ in Paragraph [5]? ⬚

The developers of the robot say that this technology can be used, for instance, to remove a small battery from the stomach of a child who has accidentally swallowed it.

① ⬚ A ⬚
② ⬚ B ⬚
③ ⬚ C ⬚
④ ⬚ D ⬚

〔第1回プレテスト　第5問A〕

演習問題 **187**

43 You are the editor of a magazine for university students. One of the writers submits the following article for you to review before publication.

[1]   A university student has a science test on Monday but spends most of the weekend playing video games and does not start studying until late Sunday night. This kind of avoiding or delaying of work that needs to be done is called procrastination. It has been estimated that up to 95% of people procrastinate at least sometimes, and about 20% of them do it too much. Traditionally, people who procrastinate have been considered lazy, but research tells us that this is not true. Learning about the roots of procrastination can help us understand why most people do it to some extent and also help us decrease our own procrastination. Although researchers do not agree on all the reasons behind procrastination, there is general agreement about some factors that can explain it.

[2]   The first factor is how pleasant or unpleasant people find a task. Research shows that people will put off tasks they find unpleasant. Many university students may delay cleaning their rooms or doing their homework. However, many might not delay doing such tasks as responding to a friend's email. It is important to remember that whether or not a task is pleasant depends on the individual. For example, someone who loves bicycles might not delay fixing a punctured tire while someone who does not may put it off.

[3]   In addition to how people feel about the job at hand, the amount of confidence they have in their ability to do a task is also related to procrastination. For instance, those who have low expectations of success are more likely to postpone starting a particular job. Conversely, those who believe that they can perform well are more likely to take on challenging tasks rather than avoid them. However, in this case, some people overestimate how easily they can do a task and start too late.

[4]   **A**   Another factor is whether or not people can exercise self-control. Those who have less self-control can easily be drawn away from

188 第4章 総合問題

their work. [B] Accepting an invitation to sing karaoke on a night when you planned to start working on a presentation could be one example. Another that may be even more relatable in this day and age is the Internet. Whether you are an employee or a student, you probably do a lot of your work using a computer and having the Internet so close at hand can make it hard for many of us to focus on what we need to get done. Self-control, or the ability to resist temptation and stick to a plan, is something many of us struggle with. [C] Not everyone has the same amount of self-control but it may be something that we can learn to be better at over time. [D]

[5]　　What are the roots of your procrastination? Because the behaviors described here seem common to most people, you do not need to completely change your habits if you only procrastinate once in a while. On the other hand, if you feel that your procrastination is a problem, the first step to reducing it is identifying the reasons behind it. Self-help books and websites give numerous techniques for overcoming procras-tination, but it is only by understanding the roots of the problem that you can choose the appropriate method for yourself.

問1　The article mainly discusses [　　　].

① the ability to forget unpleasant experiences
② the habit of putting off important tasks
③ the popularity of cycling as a pastime
④ the rivalry that exists between researchers

問2　In paragraphs [2] and [3] the writer is explaining [　　　].

① how to become more successful in your job
② how to overcome your dislike for certain activities
③ that people may have different attitudes toward the same task
④ that university students take longer to do things than other people do

演習問題 **189**

問3 You have found some information related to the topic. You want to suggest that the writer add this information to the article. Where would the sentence best fit among the four locations marked ⬚A⬚, ⬚B⬚, ⬚C⬚, and ⬚D⬚ in paragraph [4]? ⬚⬚⬚

Research shows that the older people become, the less likely they are to delay doing their work until the last minute.

① ⬚A⬚
② ⬚B⬚
③ ⬚C⬚
④ ⬚D⬚

〔本書オリジナル（2012年度本試験　第6問　改）〕

190 第4章 総合問題

44

You are preparing for a presentation about the characteristics of spices. You have found an article about black and white pepper. You are going to read the article and take notes.

Black and White Pepper

[Part 1]   Some recent studies have increased our understanding of the role of spices in helping us live longer. There are a variety of spices in the world, but most likely you are familiar with two of them, black and white pepper. Black and white pepper both come from the fruit of the same pepper plant. However, they are processed differently. Black pepper is made from the unripe fruit of the pepper plant. Each piece of fruit looks like a small green ball, just 3 to 6 millimeters across. The harvested fruit turns black when it is dried under the sun. Each piece of dried fruit is called a *peppercorn*. The color of the powdered black pepper comes from the skin of the peppercorn. On the other hand, to get white pepper, the pepper fruit is harvested when it is cherry-red. The skin of the fruit is removed before sun-drying. The color of the seed inside the pepper fruit is white. This is how white peppercorns are processed. Because the skin is very thin, the size of black and white peppercorns is similar. White pepper is usually more expensive than black because there are more steps in processing it.

[Part 2]   Where does the flavor of pepper come from? The sharp spicy taste is caused by a natural compound called *piperine*. Not only the seed but also the outer layer of the peppercorn contains lots of piperine. Therefore, some people say black pepper tastes hotter than white. Black pepper also contains many other substances that make its taste more complex. The unique flavor of black pepper produced by the mixed substances goes well with many kinds of dishes. White pepper's flavor is often regarded as more refined than that of black pepper, but it is too weak to bring out the flavor of meat dishes such as steak. Thanks to its color, white pepper is often used in

演習問題 **191**

light-colored dishes. Mashed potatoes, white sauce, and white fish may look better when they are spiced with white pepper.

[**Part 3**] Historically, people have used pepper as a folk medicine. For instance, it was a popular remedy for coughs and colds. The health effect of pepper is partly caused by piperine. Like vitamin C, piperine is a potent antioxidant. This means that, by eating foods including this compound, we may prevent harmful chemical reactions. Furthermore, recent studies have found that pepper reduces the impact of some types of illnesses. All spices that include piperine have this effect on a person's body. Both black and white pepper have the same health benefits.

Complete the notes by filling in ☐ 1 ☐ to ☐ 6 ☐.

Notes

Outline:

    Part 1: _____ 1 _____

    Part 2: _____ 2 _____

    Part 3: _____ 3 _____

Table: Comparing Black and White Pepper

Common points	Differences
4	5

Main points: _____ 6 _____

192 第4章 総合問題

問1 The best headings for Parts 1, 2, and 3 are ☐ 1 ☐, ☐ 2 ☐, and ☐ 3 ☐, respectively. (You may use an option only once.)

① The characteristics of pepper as a spice
② The effects of pepper on health
③ The place of origin of black and white pepper
④ The production of black and white pepper

問2 Among the following, the common points and differences described in the article are ☐ 4 ☐ and ☐ 5 ☐, respectively. (You may choose more than one option for each box.)

① the amount of vitamin C
② the effect on illnesses
③ the flavor
④ the plant
⑤ the price
⑥ the removal of the skin

問3 This article mainly discusses ☐ 6 ☐.

① the advantages and disadvantages of using black and white pepper compared to other spices
② the reason why people started to make black and white pepper, and why they have lost popularity
③ the reason why white pepper is better than black pepper, and why it is better for us
④ the similarities and differences between white and black pepper, and also the health benefits of both

〔第1回プレテスト　第5問B〕

45

You are going to read the article and take notes.

Wasps

[Part 1]   Wasps are one of the most hated animals on earth. Although they are closely related to bees, they are generally thought to be nothing but trouble for the human race. A recent survey of people's feelings about different types of insects showed that people had a very negative perception of wasps. This is undoubtedly because of their aggressive nature and painful sting. There are many types of wasps, but they can be separated into two categories, social wasps and solitary wasps. This is also true of bees. The social wasps build nests just as social bees do. The majority of them are workers that build the nest and gather food for the queen. They protect their nests by stinging intruders, which is why they have a bad reputation. Solitary wasps, on the other hand, make up 99 percent of wasp species. They do not generally protect a nest as social wasps do and should be considered harmless to humans.

[Part 2]   There are probably a number of factors which cause our dislike of wasps and love of bees. Honey is one, but another is the pain we feel when we are stung. The sting of a wasp is said to be much stronger than that of a bee. Furthermore, bees can sting us only once while wasps have the ability to sting again and again. Another reason is the lack of education about the role that wasps play in the pollination of many plant species. We all know that bees fertilize plants when they take the pollen from flowers, but few of us know that wasps do the same thing. People are also unaware that wasps protect our crops from other insects. Wasps are carnivores. This means that they survive by eating meat and wasps generally eat other insects. By doing so, they reduce the number of insects eating our crops and ensure that the plants grow quickly and provide plenty of fruit. Wasps not only protect our food, but they also protect us from disease. Solitary wasps tend to hunt specific types of animals, such as spiders. The social wasps are usually generalists, which means that they will eat all kinds of bugs and insects. Therefore, it

194 第4章 総合問題

is likely to be the social wasps that are reducing the number of disease-carrying insects around us and along with it, our risk of infection. This is something that bees cannot do.

[Part 3]　The purpose of all this research into people's attitudes toward wasps and the actual potential benefits wasps bring us is to decide whether or not changes need to be made to the public's perception of wasps. In recent years, the population of wasps and other insects has been decreasing. This is a result of climate change and the use of poisons to control them on farms. Through a better understanding of the value of these creatures, we may be able to find ways to conserve them for the benefit of future generations of humans.

Complete the notes by filling in [1] to [6].

Notes

Outline:
　Part 1: _____ [1] _____

　Part 2: _____ [2] _____

　Part 3: _____ [3] _____

Table: Comparing Bees and Wasps

Common points	Differences
[4]	[5]

Main points: _____ [6] _____

演習問題　**195**

問1　The best headings for Parts 1, 2, and 3 are ☐ 1 ☐, ☐ 2 ☐, and ☐ 3 ☐, respectively. (You may use an option only once.)

①　The differences between wasps and bees

②　The potential uses of wasps in medicine

③　People's attitude toward wasps

④　The importance of preserving wasps

問2　Among the following, the common points and differences described in the article are ☐ 4 ☐ and ☐ 5 ☐, respectively. (You may choose more than one option for each box.)

①　their ability to make honey

②　the amount of money being spent on research

③　the strength of their sting

④　their classification as solitary and social

⑤　the food they prefer to eat

⑥　the recent decline in their numbers

問3　This article mainly discusses ☐ 6 ☐.

①　the work being done by scientists to better investigate wasps

②　the misunderstandings people have when it comes to wasps

③　the advantages of raising wasps over those of bees

④　the ways in which wasps are being used to improve agriculture

〔本書オリジナル〕

46 You are writing a review of the story, "Oscar's Camp Canyon Experience," in class.

Oscar's Camp Canyon Experience

Twelve-year-old Oscar has just finished a wonderful week at Camp Canyon. He had the time of his life—making new friends, developing new skills, and discovering a love for science among many other things. And Oscar learned an important lesson: Sometimes, when faced with a difficult situation, it's best just to let it go. He learned, too, that things are not always what they seem.

Camp Canyon is a summer camp for boys and girls from eight to sixteen. In the U.S., there are many kinds of camps. Often, kids focus on particular skills or learn values from religious books and traditions. Camp Canyon, though, is different. Its main aim is for the kids to discover for themselves how to deal with difficult situations using ideas based on the importance of communication and mutual respect. During their week at the camp, the kids develop their powers of judgment and sense of right and wrong—all while having fun swimming, playing games, and doing hands-on science and nature projects.

This was Oscar's second summer at Camp Canyon, and he enjoyed showing newcomers around. On the first day, he introduced himself to Dylan, a boy of his age attending the camp for the first time. Oscar spent a lot of time helping Dylan get used to his new circumstances, and they quickly became close friends. They both enjoyed playing video games and climbing trees, and at the camp they discovered a shared love of Gaga Ball, a form of dodgeball. Oscar and Dylan played Gaga Ball until they were exhausted, throwing the ball at the other kids and screaming with laughter. Afterward, sitting on their bunk beds, they would talk for hours about their home and school lives, and how much they were enjoying Camp Canyon.

One of the other campers was a boy named Christopher. Initially, Christopher seemed like a well-behaved, fun-loving boy. Oscar couldn't wait to get to know him. However, it wasn't long before Christopher's behavior started to change. He didn't bother to make his bed. He left games and other belongings lying around on the floor. He was inconsiderate and self-centered. And he was mean, as Oscar and Dylan soon found out.

"Dylan didn't brush his teeth. And he's smelly! He didn't take a shower today," shouted Christopher at breakfast, making sure all the other kids could hear.

Oscar and Dylan were shocked to hear Christopher's comments. Oscar had always tried his hardest to make everyone feel welcome. Christopher seemed to take great delight in saying things that upset the other two boys. He even pushed in front of Oscar when they were lining up for lunch. He just laughed when Oscar angrily protested.

Oscar consulted the camp counselor about their problems with Christopher. She gave Christopher a strong warning, but, if anything, his behavior got worse. The other kids just kept out of his way, determined not to let anything spoil their fun activities at camp.

One of these activities was a discussion session with a science teacher. Although Oscar had shown little interest in science at school, this was something he really enjoyed at the camp. The kids talked with the teacher, growing increasingly excited with each new scientific fact they discovered. Oscar was particularly fascinated to learn about reflected light and how we see certain colors. A red object, for example, absorbs every color of the rainbow, but reflects only red light to our eyes.

"So," Oscar reported breathlessly to Dylan, "a red object is actually every color EXCEPT red — which is reflected! Isn't that amazing? I just love science!" Things, he had come to realize, are not always what they seem.

The campers also discussed ethics and the rules that would be best for the group as they experienced their week together. Whenever there was a disagreement, they stopped to consider what might be the right or wrong thing to do according to each situation. In this way, they learned to function together as a harmonious group.

Through these discussions, Oscar learned that there is not always an obvious solution to a problem. Sometimes, as with the case of Christopher's bad behavior, the answer might just be to let it go. Oscar realized that getting upset wasn't going to change anything, and that the best way to resolve the situation without drama would be to walk away from it. He and Dylan stayed calm, and stopped reacting to Christopher's insults. This seemed to work. Soon, Christopher lost interest in bothering the boys.

The end of the week came far too quickly for Oscar. His memories of the camp were still fresh when, a few days after returning home, he received a postcard from Christopher.

198 第 4 章 総合問題

Dear Oscar,

I'm really sorry for the way I behaved at camp. You and Dylan seemed to be having so much fun! I felt left out, because I'm not very good at sports. Later, when you stopped paying attention to my bad behavior, I realized how silly I was being. I wanted to apologize then, but was too embarrassed. Are you going to the camp again next year? I'll be there, and I hope we can be friends!

So long,
Christopher

Yes, thought Oscar, when he had recovered from his surprise, with Christopher, he had been right to let it go. Putting down the postcard, he remembered something else he had learned at camp: Sometimes, things are not what they seem.

演習問題　199

Complete the review by filling in ⬚ 1 ⬚ to ⬚ 5 ⬚.

Story Review	Title: Oscar's Camp Canyon Experience

Outline

Beginning		Middle		Ending
Oscar's second time at Camp Canyon started with him welcoming newcomers.	→	⬚ 1 ⬚ → ⬚ 2 ⬚	→	Oscar applied what he had learned at camp to find a solution to the problem.

Main characters

- Oscar was active and sociable.
- Christopher might have seemed unfriendly, but actually he was ⬚ 3 ⬚.

Your opinions

I don't think Oscar really knew how to deal with the problem. All he did was ⬚ 4 ⬚. He was lucky Christopher's behavior didn't get worse.

This story would most likely appeal to...

Readers who want to ⬚ 5 ⬚.

問1　(a)　⬚ 1 ⬚

① All the camp participants quickly became good friends.
② Most campers stopped enjoying the fun activities.
③ One of the campers surprisingly changed his attitude.
④ The camp counselor managed to solve a serious problem.

200 第4章 総合問題

問1 (b) [2]

① Christopher continued to behave very badly.
② Dylan could understand how light is reflected.
③ Oscar played a leading role in group discussions.
④ The counselor reconsidered her viewpoint.

問2 [3]

① just unhappy because he was unable to take part in all the activities
② probably nervous as he was staying away from home for the first time
③ smarter than most campers since he tried to hide his honest opinions
④ thoughtful enough to have brought games to share with his friends

問3 [4]

① avoid a difficult situation
② discuss ethics and rules
③ embarrass the others
④ try to be even friendlier

問4 [5]

① get detailed information about summer outdoor activities
② read a moving story about kids' success in various sports
③ remember their own childhood experiences with friends
④ understand the relationship between children and adults

〔第1回プレテスト　第6問〕

解答解説

38　問1　正解は④　　問2　正解は②　　問3　正解は③
　　　問4　正解は④

訳 《料理学校の広告》

パパ・ベア料理学校
お父さんたちのための料理講座

パパ・ベア料理学校は1992年にラルフ=ベアリソンによって創立されました。彼は，料理が好きなお父さんたちはたくさんいるのに，食事を準備するための時間がないことが多いことに気づいていました。彼は，おいしくて家族のためによい食事を，短時間で料理することに対する関心を共有したいと思いました。パパ・ベア料理学校では，プロの調理師の指導のもとで，さまざまな料理を作ることが学べます。これであなたは，あなたの家族や友人のあこがれの的となるでしょう。以下の料理講座は，5月の第1週から始まります。

料理講座	曜日	時間	講座料金
イタリア料理	火曜日	10：00－12：00	150ドル
フランス料理	水曜日	9：00－12：00	250ドル
日本料理	木曜日	15：00－18：00	250ドル
中華料理	土曜日	17：00－19：00	200ドル
日曜の家族朝ごはん*	日曜日	8：00－10：00	150ドル

＊10歳から15歳のお子さんは，お一人様100ドルで，日曜の家族朝ごはんの講座にお父様と一緒の参加を歓迎いたします。

➤ 講座はすべて10週あります。
➤ 料金には材料費がすべて含まれます。
➤ 料理包丁やフォーク，スプーンなどのカトラリー，お皿は学校でご用意いたします。

202　第4章　総合問題

持ち物

➤ エプロンとタオル（エプロンとタオルのセットは1週につき6ドルで借りることができます。あるいは学校のストアで新しいセットを50ドルで購入できます。）

➤ ペコペコのお腹！

設備やその他の料理講座の詳細については，パパ・ベア料理学校のウェブサイトをご覧ください。

> ✂
> 講座料金
> 10パーセント割引
> パパ・ベア料理学校

問1　正解は④

「ラルフ=ベアリソンにパパ・ベア料理学校を始めることを促したのは何か」

表の上にある学校の紹介文第2・3文（He recognized that …）に「彼は，料理が好きなお父さんたちはたくさんいるのに，食事を準備するための時間がないことが多いことに気づいていた。彼は，おいしくて家族のためによい食事を，短時間で料理することに対する関心を共有したいと思った」とある。④「**彼は，手早く，おいしくて健康によい食事を作ることを父親たちに教えたかった**」が正解。

① 「彼は，家族や友人が，自分の料理の腕前をうらやましがっていることを知っていた」

② 「彼は，父親たちが十分には料理に関心を抱いていないと知っていた」

③ 「彼は，父親たちにプロの調理師になる機会を与えたかった」

問2　正解は②

「トニーは，フランス料理の講座に参加する予定で，ついていた割引クーポンを使うつもりである。彼はまた，エプロンとタオルのセットを学校から購入する予定である。彼は合計でいくら支払うことになるか」

フランス料理の講座料金は250ドル。10パーセントの割引で225ドルになる。エプロンとタオルのセットを購入すると50ドルなので，225＋50＝275ドル。②が正解。

① 「270ドル」　　③ 「285ドル」　　④ 「300ドル」

問3　正解は③

「エドは家族のために作れる料理の種類を増やしたいと思っている。彼は週末と午前中には空いている時間がない。彼はどの料理講座を選ぶ可能性が最も高いか」

土曜日の中華料理，日曜日の日曜の家族朝ごはんの講座は除外。イタリア料理とフランス料理は午前中に開かれる講座なので除外。残る日本料理の講座が木曜日の15時から18時に開かれることになっており，条件に合う。③「**日本料理**」が正解。

① 「中華料理」　　② 「イタリア料理」　　④ 「日曜の家族朝ごはん」

解答解説 **203**

問4　正解は④

「この広告は，□□□ことを示唆している」

① 「12歳の子どもは，費用なしで日曜の講座に参加できる」　表の下の＊の部分に「一人100ドルで」とあることと一致しない。

② 「父親のための料理講座は3カ月以上続く」　表に続く➤の1つ目の項目に「講座はすべて10週間の長さ」とある。約2カ月半にあたるので一致しない。

③ 「パパ・ベア料理学校は生徒に，食材を授業に持ってくるように求めている」　表に続く➤の2つ目の項目に「材料費はすべて講座料金に含まれている」とあることと一致しない。

④ 「パパ・ベア料理学校の生徒は自分で作った料理を食べることができる」　「持ち物」の項の2つ目に「ペコペコのお腹」とあることから，作った料理を食べると考えられる。これが正解。

39　問1　正解は①　　問2　正解は②　　問3　正解は④

　　　問4　正解は①　　問5　正解は②

訳 《猫になった少年が見た自分自身》

[第1段]　あーーーーーー！

[第2段]　大きなあくびとともに，僕は目を覚ました。なんて気持ちのいい朝なんだろう！　すごく鋭敏な感じがした。いつもよりずっとさえている。かつてないほどにくっきりと鳥のさえずりが聞こえた。階下から漂ってくるコーヒーの香りに気づいた。体の前に両腕を伸ばし，背中を持ち上げた。すごく気持ちがよかった。体を起こして座り，手をなめて，その手で顔を拭い始めた…。あれ？…　何か変だ。なんで舌で手をなめているんだろう？　なんで体が毛で覆われているんだろう？　何か言おうとしたが，僕の口から出てきた音は…「にゃー」だった。

[第3段]　僕がいるのは間違いなく自分の寝室だった。僕が座っているのは確かに僕のベッドだ。何もかも普段通りだった…違う生き物に変身してしまったらしいこと以外は。びっくりしすぎて動けなかった。何もできなかった。僕は思った——これからの人生ずっと動物として過ごさなくちゃいけないんだろうか？　心配になりだした…。でもしばらくすると，そんな気持ちはどこかへ行ってしまった。それで，しっぽを揺らしながら，僕は自分の身の周りを探検し始めた。猫の気持ちはこんなふうに変わりやすいと言われている。

[第4段]　階段を下りていくと，コーヒーの香りが強くなり，朝食が何なのかにおいでわかった。たぶん，猫の感覚は人間よりも鋭いのだろう。食堂に着いたとき，目にしたもののせいで，心臓が止まるところだった。そこにいたのは「僕」だっ

た！ 人間の「僕」が食卓についていたのだ！ 僕は「僕自身」から目が離せなかった。

［第5段］ 人間の「僕」はスマートフォンに夢中だった。たぶん友達のメッセージに返信を書いているか，オンラインゲームをしているのだろう。「僕」の頭をスマホのほうにうつむけ，猫背で肩を丸めて「僕」は座っていた。「僕」はとても不快そうに見えた。

［第6段］ 「僕」はときどきトーストをちょっとかじったが，「僕」の口の中の味に「僕」はちっとも気づいていないようだった。実際，僕の記憶の中のトーストの味はぼんやりしていた。他に何が最近朝食に出されていたかも思い出せなかった。人間の「僕」は，スマホをいじりながら，お皿に載っているものが何でも，気にもかけずにただ「僕」の口に入れていただけだった。「僕」はメールやゲームにあまりに集中していたから，「僕」の周りで起きていることには，ほとんど関心を払っていなかった。実際，「僕」の顔には，まったく何の表情もなかった。

［第7段］ 「ユウジ，ここのところ全然勉強していないでしょ。期末試験の準備はできているの？ ちょっと心配だわ」と，母さんが言った。

［第8段］ 「うーん」と「僕」は言った。いらいらしている気配がちょっと「僕」の顔に現れたけれども，すぐに消えた。「僕」の顔は，また前のように無表情になった。

［第9段］ 「こいつ，気に入らないな」と僕は思った。でもこいつは僕なのだ。それは否定できなかった。初めて，僕は自分が他の人たちに実際どんなふうに見えているのか気づいた。

［第10段］ そのとき，「僕」が食卓を離れようとして，僕たちの目が合った。「わあ！ 母さん，見て！ 食堂に猫がいる！」

［第11段］ なぜかはわからないけれども，僕は走っていた。逃げなくてはと感じた。階段を駆け上がって，自分の部屋の窓が開いているのに気づいた。僕は跳んだ！ 変な感じがした。世界が突然すり替わったみたいだった。自分の体が落下していくのを感じて…。

［第12段］ どすん！

［第13段］ 目が覚めた。僕は自分の部屋の床に横たわっていた。ゆっくりと体を起こして，あたりを見まわした。すべてがいつも通りに見えた。僕は自分の手を見た。もう毛で覆われていないのを見てほっとした。立ち上がって，あくびをしながら，背中を伸ばすために両腕を頭の上に伸ばした。いつもの朝の習慣通り，何も考えずに，スマホの充電が完了している机のほうに歩きだし，そして…足を止めた。

［第14段］ 少しの間立ち止まってから，僕は背を向けて，朝食をとりに階下へ下りた。

解答解説　205

語句・構文

［第2段］▶ yawn「あくび」［jɔ́:n］発音に注意。

［第3段］▶ It was (certainly) my bedroom that I was in.「僕がいたのは（間違
いなく）自分の寝室だった」 It is … that ～「～（なの）は…だ」は強
調構文。同段第2文も同様。
　　　　 ▶ as usual「いつも通り」

［第4段］▶ the senses of a cat are sharper than those of a human「猫の感覚は
人間のそれらよりも鋭い」 those は the senses を受ける代名詞。

［第5段］▶ be absorbed in ～「～に夢中になる，～に没頭する」

［第6段］▶ take a (little) bite of ～「～を（ちょっと）かじる」

［第8段］▶ in an instant「瞬時に」

［第9段］▶ for the first time「初めて」

［第13段］▶ as was my usual habit in the morning「いつもの朝の習慣通りに
〔習慣なのだが〕」 as は主節の内容を先行詞とする疑似関係代名詞で，
主節は I started to 以下の部分。

問1　正解は①

「自分が猫になってしまったことに気づいたとき，ユウジは最初［　　　　］」

第3段第4文（I was so surprised …）に「びっくりしすぎて動けなかった」と
ある。①「驚いた」が正解。

②「当惑した」

③「興奮した」

④「満足した」

問2　正解は②

「ユウジの母親が彼に話しかけたとき，彼がいらいらしたのは［　　　］からだ」

第6段第5文（I was so focused …）に「メールやゲームにあまりに集中してい
たから，『僕』の周りで起きていることには，ほとんど関心を払っていなかった」
とあるように，ユウジがスマートフォンの操作に夢中になっているところへ母親が
話しかけた上に，第7段の母親の言葉（"Yuji, you never … worried,"）は彼が勉
強していないことに対する小言である。②「彼女の言葉が彼の邪魔をした」が正解。

①「彼が彼女を喜ばせたかった」

③「彼が口に食べ物をほおばっていた」

④「彼女が彼の勉強の邪魔をした」

206　第4章　総合問題

問3　正解は④

「猫が『こいつ，気に入らないな』と思ったのは，ユウジが[　　　]からだ」

第6段第1文（I sometimes took …）に，食べているトーストの味を感じていない様子，第8段第1文に母親が話しかけても "Mmm,"「うーん」と言うだけである様子が述べられている。④「**周りの人や物事に敬意を示していなかった**」が正解。

① 「朝食で食べたものの味を思い出せなかった」

② 「期末試験のための勉強をしている努力を隠そうとした」

③ 「彼の将来に対する母親の心配をからかっていた」

問4　正解は①

「物語の最後で，ユウジがスマートフォンを手に取らなかったのは，彼が[　　　]からだ」

第5～9段（The human I … to other people.）より，第三者的な目で見ることで，スマートフォンに夢中で，周りのことに注意を払わない無表情な自分の姿に初めて気づいたとわかる。①「**自分の態度を改めるべき時期だと判断した**」が正解。

② 「まだスマートフォンが完全に充電できていないと気づいた」

③ 「以前の優先事項に従いたかった」

④ 「母親に叱られるのが怖かった」

問5　正解は②

「この物語の主題は何か」

猫に変身した主人公が，自分を客観的に観察するという設定であり，第9段最終文（For the first time, …）に「初めて，僕は自分が他の人たちに実際どんなふうに見えているのか気づいた」と述べられている。それまでスマートフォンの操作に熱中していた主人公が，物語の最後でスマートフォンを手に取らなかったことから，②「**自分自身を観察することは自己変革につながることがある**」が正解。

① 「猫は人間よりもずっと優れた感覚を持っている」

③ 「スマートフォンを使っている人たちは奇妙に見える」

④ 「夢の中では信じられないことが起こりうる」

解答解説 207

40 問1 正解は④　問2 正解は①　問3 正解は②
問4 正解は④　問5 正解は②

訳 《げっ歯類が種の生存に成功している理由》

(1) ドブネズミ，ハツカネズミ，ハムスター，リスは，げっ歯類と呼ばれる動物の大きなグループに属する。げっ歯類にはおよそ2,000種あると見積もられており，私たちが知っている中では最も適応に成功している動物の一つであると考えられている。げっ歯類が成功していると見なされているのは，彼らが地球上の全ほ乳類の40パーセント以上を占めているからである。すべてのげっ歯類のうち，ハツカネズミに似た，上記のようなげっ歯類がおそらく最も成功しており，それは彼らの歯のおかげであると考えられてきた。

(2) その歯のおかげで，げっ歯類は葉，根，木の実，種といった幅広いエサを食べることができる。げっ歯類にはすべて，上に2本，下に2本の非常に鋭い4本の前歯がある。これらの歯は門歯と呼ばれているが，他のほとんどのほ乳類の門歯と違って，げっ歯類の門歯は決して伸びるのが止まることがない。したがって，何歳になっても，げっ歯類はエサを食べるのに常に新しく鋭い歯を持っていることになる。その上，口の周りには非常に強い筋肉があり，そのため木の実や種の殻をかみ破ることができるのである。他の多くのほ乳類や鳥類にはこのようなことはできないので，こうした動物が食べる種は消化されずに体内を通過し，その内部の栄養分は使われない。

(3) 木の実や種は非常に栄養分が豊富である。ヒマワリの種，ゴマ，ピーナッツのように，脂肪分やたんぱく質の含有量が非常に高いものもある。こうしたエネルギーの豊富なエサを食べられることにはさまざまな利点がある。短時間で多くのエネルギーを得られる，エサを探すのに巣を離れる時間が少なくてすむことで，他の動物に命を奪われる危険を減らせる，節約できた時間を子どもを産んだりその世話をしたりするのに使えるといったことである。

(4) うまく繁殖できることは，種の生存には欠かせない。しかし，それは諸刃の剣にもなりうる。つまり，利点もあれば欠点もあるということである。多くのドブネズミやハツカネズミは自然死する前に他の動物に食べられるので，すばやく繁殖できるのはよいことだ。種が生存する可能性を高めるからである。たとえば，ノルウェードブネズミは生後20週のうちに，56匹の子，400を超える孫を持つこともありうる。一方で，繁殖があまりにもうまくいき，短期間で数が大きく増加すると，その全部が生き延びるのに十分なエサが得られなくなる。こうしたことが起こると，数多くの個体が死ぬことになり，個体群が壊滅する結果になる。

(5) 生き延びることになる個体は，必ずしも偶然によってではなく，一般的な個体

208　第4章　総合問題

とは何らかの点でわずかに違いがあるから生き残る場合が多い。おそらく，そうし
た個体はより速く，あるいはより遠くまで走ることができ，そのため他の個体より
も先にエサにありつけるかもしれない。あるいは，嗅覚がより鋭く，他の個体が見
つけられないエサを見つけることができたり，あるいは，より強いあごと鋭い歯を
持ち，他の個体が開けられない木の実を割ったりすることができるのかもしれない。
このような，命を落とす個体に比べわずかに有利な点のうちのどれを，生き延びる
個体が持っているのかははっきりとはわからない。しかし，実際に生き延びる個体
には，子を残し，彼らが持っている有利な特徴を新しい世代に伝えるチャンスがあ
るのだ。

(6)　したがって，げっ歯類の繁殖率の高さや，何らかの有利な点で適応したものが
生き延びたことが合わさって，ハツカネズミ型のげっ歯類は今後もずっと生き残る
ことができる，有利な立場にある。しかし，究極的には，ハツカネズミ型のげっ歯
類がそれほどうまく繁殖できる理由はおそらく，その歯のおかげで栄養価の高い木
の実や種を食べることができ，時間の大半を，エサを集めるという危険な活動に携
わるのに使わなくてもよいということである。

語句・構文

［第(1)段］　▶ rodent「げっ歯類」
　　　　　　▶ account for ～「～（という割合）を占める」

［第(2)段］　▶ incisor「門歯，切歯」
　　　　　　▶ whatever *one's* age「年齢が何であっても」＝「何歳でも」 age のあと
　　　　　　　に may be〔is〕が省略されている。
　　　　　　▶ undigested「消化されていない」 前にある pass は第1文型（SV）を
　　　　　　　とっているが，そのときの主語の状態を表す補語として使われている過
　　　　　　　去分詞。

［第(3)段］　▶ reproduce「子を産む，繁殖する」

［第(4)段］　▶ sword「剣」〔sɔ́ːrd〕発音に注意。
　　　　　　▶ die of natural causes「自然死する，老衰で死ぬ」
　　　　　　▶ …, resulting in ～ ＝ … and result in ～「…して～という結果になる」
　　　　　　　付帯状況を表す分詞構文。

［第(5)段］　▶ pass on A to B「A を B に伝える」

［第(6)段］　▶ well into the future「将来長きにわたって」
　　　　　　▶ … so they do not have to ～「…してその結果彼らは～しなくてもよ
　　　　　　　い」 so that の that が省略されている。また，so の前にカンマがない
　　　　　　　場合は通常「～するために」という目的構文であることが多いが，本文
　　　　　　　では内容上「結果」として解釈すべきである。

解答解説　209

問1　正解は④

「第(2)段では◻︎◻︎◻︎ことが述べられている」

第(2)段第2・3文（All rodents have …）に「げっ歯類はすべて，上に2本，下に2本の非常に鋭い4本の前歯がある。これらの歯は門歯と呼ばれている」，同段第5文（In addition, they …）に「その上，口の周りには非常に強い筋肉があり」と述べられていることから，④「げっ歯類は，4本の門歯を持ち，口の周りに強い筋肉がある」が正解。

① 「ほとんどの鳥類，ほ乳類も，摂取する種を消化できる」　同段最終文の「他の多くのほ乳類や鳥類…が食べる種は消化されずに体内を通過し」に矛盾する。

② 「ハッカネズミ型のげっ歯類は，他の動物ほど成功していない」　げっ歯類が種として成功していることは第(1)段第2文（It is estimated …）に述べられており，この選択肢は本文の内容と一致しない。

③ 「ハッカネズミ型のげっ歯類は，木の実や種の中心部まで歯を食い込ませることはできない」　同段第5文に「口の周りには非常に強い筋肉があり，そのため木の実や種の殻をかみ破ることができる」とあることと矛盾する。

問2　正解は①

「第(3)段において，エネルギーの豊富なエサを食べることの利点として述べられていないのは以下のどれか」

① 「脂肪分やたんぱく質の豊富なエサを食べることは，げっ歯類が筋肉質な体を発達させるのに役立っている」　本文中にこのような記述はない。これが正解。

② 「体が必要とするエネルギーを満たすのに十分なエサをとるのに時間がわずかしかかからない」　同段第3文のコロンのあと（a lot of …）に「短時間で多くのエネルギーを得られる」とあることと一致する。

③ 「他の動物に食べられる危険にさらされる時間がより少ない」　同段第3文のひとつ目のセミコロンのあと（spending less time …）に「エサを探すのに巣を離れる時間が少なくてすむことで，他の動物に命を奪われる危険を減らせる」とあることと一致する。

④ 「エサを探すのに使わなかった時間を子どもを育てるのに使える」　同段第3文の最終部分（and the time …）に「節約できた時間を子どもを産んだりその世話をしたりするのに使える」とあることと一致する。

問3　正解は②

「第(4)段によると◻︎◻︎◻︎」

第(4)段第6文（On the other hand, …）に「繁殖があまりにもうまくいき，短期間で数が大きく増加すると，その全部が生き延びるのに十分なエサが得られなくな

210 第4章　総合問題

る」とある。②「種の数が増加すると，エサ不足につながるかもしれない」がこれと一致する。

① 「多くの子を持つことの利点は，子どもたちが異なる特徴を呈することである」このような記述はない。

③ 「ノルウェードブネズミは，食糧不足を生き延びるということの好例である」ノルウェードブネズミは，同段第4文後半（so being able …）に述べられている「種が生存する可能性を高めるので，すばやく繁殖できるのはよいことである」ということの例である。

④ 「げっ歯類の数は，自然死で抑えられている」　同段第4文前半（Many rats and …）に「多くのドブネズミやハツカネズミは自然死する前に他の動物に食われる」とある。数が抑えられているのは他の動物に食べられるためである。

問4　正解は④

「第(5)段では□□□□を論じている」

第(5)段第1文に「生き延びることになる個体は…一般的な個体とは何らかの点でわずかに違いがあるから生き残る場合が多い」とあり，以下に推測される違いが述べられている。④「一部のげっ歯類が個体群壊滅を生き延びる理由として，可能性のあるもの」が正解。

① 「げっ歯類の繁殖の習性とその他の再繁殖の方法」

② 「他の種類の成功しているげっ歯類の亜種」

③ 「生き延びたげっ歯類が直面する不利益」

問5　正解は②

「この文章のテーマは□□□□に関するものである」

第(1)段第1文のげっ歯類の紹介のあと，同段第2文に「げっ歯類は…最も適応に成功している動物の1つであると考えられている」とある。最終段最終文は「究極的には，ハツカネズミ型のげっ歯類がそれほどうまく繁殖できる理由は…」と締めくくられている。よって，②「ハツカネズミ型のげっ歯類と，それらの成功の理由」が適切。

① 「エネルギーの高いエサを食べるために門歯を使う利点」　第(2)段の内容とは一致するが，全体のテーマとは言えない。

③ 「げっ歯類の数とエサの供給量の関係」　第(4)段の内容とは一致するが，全体のテーマとは言えない。

④ 「ほ乳類の種の40パーセントを占めるげっ歯類」　第(1)段の内容とは一致するが，全体のテーマとは言えない。

41　問1　正解は④　　問2　正解は①　　問3　正解は②
　　　　問4　正解は③　　問5　正解は②

訳 《学生がアルバイトをすることの是非》
あなたはアルバイトをしている学生に関する討論をする予定です。討論の準備をするために，あなたのグループは下の記事を読んでいます。

学生とアルバイト

［第1段］　最近の調査によると，日本の高校生と大学生のおよそ70パーセントがアルバイトをした経験がある。調査はまた，学生がアルバイトをする理由は，友人と出かけるため，洋服を買うため，家族を経済的に助けるためにお金がいるからであるということも報告している。このような一般的な理由があってさえも，私たちは以下の疑問を考えるべきである：学生がアルバイトをするのはよいことか悪いことか？

［第2段］　学生はアルバイトで働くことからいくつかのことを学ぶと思っている人もいる。彼らはお金の価値と同様に働くことの重要性と難しさを理解するようになる。さらには，彼らは人々とうまくやっていく方法を学ぶ。学生は彼らのコミュニケーション技術を向上させ自信を得ることができる。

［第3段］　学生がアルバイトをすることに関して否定的な点があると思っている人もいる。まず，それは彼らの学業を損なうかもしれない。働きすぎる学生は授業中あまりに疲れていて学校での成績が悪くなるかもしれない。第二に，学生が仕事と学業を両立させるのは難しいように思える。これはストレスを引き起こしうる。第三に，学生は働きすぎることにより働くこと自体への否定的な見解を抱くようになるかもしれない。彼らは卒業後一生懸命働くことへの意欲が少なくなるかもしれない。

［第4段］　あなたはどう思いますか？　私の意見では，アルバイトは常に学生に悪いとは限らない。私が言いたいことは，学生はアルバイトをしすぎるべきではないということである。学生が週に20時間以上アルバイトをすると，彼らはおそらく上で述べられたような否定的な体験をいくつかするだろうということを研究は示唆している。

語句・構文

［第1段］▶ according to ～「～によると」
［第2段］▶ as well as ～「～と同様に」
［第3段］▶ become less motivated to *do*「～することへの意欲が少なくなる」
［第4段］▶ mentioned above「上で述べられた」

212　第4章　総合問題

問1　正解は④

「記事の中で言及された調査において，学生たちは『□□□□□』と聞かれた」

文中に出てくる調査結果から聞かれた質問がわかる。第1段に「調査はまた，学生がアルバイトをする理由は，友人と出かけるため，洋服を買うため，家族を経済的に助けるためにお金がいるからであるということも報告している」とあるため，アルバイトをする理由が聞かれたことがわかる。したがって正解は④**「どうしてあなたはアルバイトをするのですか」**。

① 「あなたはこれまで海外でアルバイトをしたことがありますか」

② 「あなたは1週間にアルバイトをしてどれだけのお金を稼ぎますか」

③ 「どんな種類のアルバイトがあなたにとってよいでしょうか」

問2　正解は①

「あなたのグループはアルバイトをしている学生を支持するような意見を集めたいと思っている。記事中のこのような意見の一つは学生が□□□□□ということである」

学生がアルバイトをすることに対して肯定的な意見は第2段に書かれている。第2段最終文に「学生は彼らのコミュニケーション技術を向上させ自信を得ることができる」とあることから，正解は①**「意思疎通の上手な人になることができる」**。

② 「たいていアルバイトをしたことがある」

③ 「正規の仕事を得るよりよい機会を持つだろう」

④ 「適切な身だしなみを学ぶだろう」

問3　正解は②

「あなたのグループはアルバイトをしている学生に反対するような意見を集めたいと思っている。記事中のこのような意見の一つは学生が□□□□□ということである」

学生がアルバイトをすることに対して否定的な意見は第3段に書かれている。第3段第3文（Students who work …）に「働きすぎる学生は授業中あまりに疲れていて学校での成績が悪くなるかもしれない」とあることから，正解は②**「授業での成績が悪くなるかもしれない」**。

① 「職場で役に立つことができない」

③ 「家族とより多くの時間を過ごすべきである」

④ 「欲しいものを買うためにアルバイトをする」

解答解説　213

問4　正解は③

「もし学生が週に 20 時間以上働けば，彼らは[　　　]かもしれない」

第4段に「学生が週に 20 時間以上アルバイトをすると，彼らはおそらく上で述べられたような否定的な体験をいくつかするだろうということを研究は示唆している」とあり，その否定的な体験とは第3段の内容である。第3段を見ると，「彼らは卒業後一生懸命働くことへの意欲が少なくなるかもしれない」と書かれていることから，正解は③「学校を出た後に一生懸命働くことに興味を失う」。

①「給料のよい仕事が必要であると感じ始める」

②「アルバイトで一生懸命働き続ける」

④「家族から独立したいと思う」

問5　正解は②

「この記事の筆者は学生がアルバイトをすること[　　　]」

筆者の意見は第4段で述べられており，「私の意見では，アルバイトは常に学生に悪いとは限らない。私が言いたいことは，学生はアルバイトをしすぎるべきではないということである」とある。筆者は，学生は過度でなければアルバイトをしてもよいと考えていることがわかるので，正解は②「に部分的に賛同している」。

①「について特定の意見を持っていない」

③「に強く賛同している」

④「に強く反対している」

214 第4章 総合問題

42 問1 正解は④   問2 正解は④   問3 正解は④

訳 《折り紙がもたらす好ましい影響》
あなたは学校新聞の編集者です。あなたはメアリーというアメリカ人の学生が書いた折り紙に関する記事についてコメントを求められています。

折り紙

[1] 日本に暮らす多くの人々は，正方形の紙が動物や花のような美しい形に変わる折り紙に関する幼少期の記憶を持っている。折り紙は何世紀にもわたり，あらゆる年代の人たちに幅広く楽しまれてきた。

[2] 最近のある出来事で，海外では折り紙が日本の伝統的な芸術形態だと考えられていることに気づかされた。2016年にバラク=オバマ大統領が広島を訪れたとき，彼は4羽の折り鶴を丁寧に折っていた。そして彼はその折り鶴を広島市に贈った。これは両国の友好と世界平和への誓いの象徴と見なされた。

[3] 高齢者向けのケアやリハビリにおいて，折り紙には2つの好ましい影響が見られる。折り紙で，紙をある形に折るためには，高い集中力に加え，正確に指の動きを調整することも求められる。これはアルツハイマー病のような疾患と関連する記憶障害の進行を遅らせると考えられている。また折り紙は運動技能の維持と，脳の活動の向上を促すため，ケガから回復しつつある人の助けになると考えられている。これらの理由から，日本国内および国外の両方において，折り紙を使った高齢者ケアとリハビリテーションプログラムが数多くあるのだ。

[4] 子供たちもまた折り紙から恩恵を受けている。折り紙は楽しみながら，創造性と芸術的感覚を育てることができる。このことが理由で，非常に多くの団体（国内および海外の）が，折り紙のコンテストや展示会のような幼児向けのイベントを定期的に開催することになった。この分野で積極的に活動している団体が海外で数多く見られるのは驚くべきことではないだろうか？

[5] ┃ A ┃ さらに折り紙を折る技術的方法には，医療での応用が期待できる。┃ B ┃ 2016年，ある国際研究チームが，治療に利用できる非常に小さくて紙のように薄いロボットを開発した。そのロボットはブタ由来の物質から作られており，折り紙のように折りたたまれ，氷でできたカプセルに入っている。患者がそのカプセルを飲み込み，患者の胃に到達すると，カプセルが溶け，ロボットは周囲から水を吸収して広がる。┃ C ┃ この後，ロボットは体の外から操作されて作業を行う。作業が完了すると，ロボットは自然に体外へと排出される。┃ D ┃ このロボットの開発者たちは，たとえば，偶然小さな電池を飲み込んでしまった子供の胃から，

その電池を取り出す際にこの技術を利用できると語っている。

［6］　上記の例に見られるように，もはや折り紙は，多くの人が幼少期に余暇の活動として経験した単なる伝統的な日本の芸術形態ではない。実際のところ，折り紙は世界中であらゆる世代の人々の生活に好ましい変化をもたらしうる影響力の強いものとなっている。折り紙の美しさの評価は来たる世代にも続いていくだろうが，今日では，折り紙は私たちの生活のさまざまな側面に影響を及ぼすようになっているのだ。

語句・構文

［第［1］段］ ▶ be transformed into ～「～に変わる」
［第［2］段］ ▶ paper crane「折り鶴」
　　　　　　 ▶ commitment「誓約，約束」
［第［3］段］ ▶ rehabilitation「リハビリ」
　　　　　　 ▶ coordination「調整」
　　　　　　 ▶ intense「極度の」
　　　　　　 ▶ Alzheimer's disease「アルツハイマー病」
［第［4］段］ ▶ foster「～を育てる」
　　　　　　 ▶ association「団体，協会」
［第［5］段］ ▶ promising「有望な，期待できる」
　　　　　　 ▶ application「応用」
　　　　　　 ▶ swallow「～を飲み込む」
［第［6］段］ ▶ as seen in ～「～に見られるように」
　　　　　　 ▶ agent「ある作用を持つもの，仲介者」
　　　　　　 ▶ appreciation「評価，理解」

問1　正解は④

「メアリーの記事は主に[　　　　]について論じている」

記事全体を通して，折り紙がもたらす好ましい影響について論じられており，第［2］段では，折り紙が日本の伝統的な芸術形態であると述べられ，第［3］段および第［5］段では医療分野での折り紙の利用例や応用例が示されている。また第［4］段では子供にとっての折り紙の効用についても述べられているので④「文化的，医学的，教育的目的での折り紙の利用」が正解。

① 「他の分野よりも医療における折り紙の重要性」
② 「多くの諸外国における新しい種類の折り紙の考案」
③ 「世界の平和と協力を促進する際に折り紙が果たしている主な役割」

216　第4章　総合問題

問2　正解は④

「第[3]段および第[4]段におけるメアリーの意図はおそらく□□□ことである」

第[3]段では高齢者向けのケアやリハビリにおける折り紙の効用について述べられ，第[4]段では子供の教育における折り紙の効用について述べられているので④「異なる年代の人々の生活に対する折り紙の貢献を紹介する」が正解。

①「日本の外で折り紙が発展した歴史を説明する」

②「病気の治療に折り紙を使うことの難しさについて議論する」

③「リハビリ，高齢者のケア，教育のために折り紙を使うことに関する懸念を表明する」

問3　正解は④

「あなたはこの話題に関連する追加情報を見つけ，メアリーに下記の文を記事に付け加えるよう提案したい。第[5]段の A ， B ， C ， D の4カ所の中で，その文を挿入する最も適切な場所はどこか」

挿入する文は「このロボットの開発者たちは，たとえば，偶然小さな電池を飲み込んでしまった子供の胃から，その電池を取り出す際に，この技術を利用できると語っている」という意味。the はすでに出た名詞に付くため，文中にある the robot は第[5]段第2文の a tiny paper-thin robot を指す。この表現が出てくる前の A と B は不適。また，for instance「たとえば」という表現と this technology「この技術」が指している内容に着目すると，この挿入する文がロボットの技術の具体的な利用場面の説明であると判断できるため，ロボットの説明がまだ途中である C ではなく，一通りの説明が終わった D が適切だと判断できる。したがって④が正解。

解答解説　217

43 問1　正解は②　　問2　正解は③　　問3　正解は④

訳 《先延ばしという現象》
あなたは大学生のための雑誌の編集者です。執筆者の一人が出版の前にあなたに確認してもらうために以下の記事を提出しています。

[1]　ある大学生が月曜日に科学のテストを控えているが，週末のほとんどをテレビゲームをすることに費やし，日曜の夜遅くまで勉強し始めない。このように，しなくてはいけない仕事を避けたり先送りにしたりすることを先延ばしと言う。95％にのぼる人々が少なくとも時々先延ばしを行い，彼らのうちおよそ20％が過度にそれを行っていると見られている。従来，先延ばしを行う人は怠慢であると考えられてきたが，研究が私たちに示すところではこれは正しくない。先延ばしの原因について学ぶことで，私たちはなぜたいていの人々がある程度それを行うのかを理解することができ，そしてまた自分自身の先延ばしを減らすこともできるだろう。研究者たちは先延ばしの背後にあるすべての理由について同意しているわけではないが，それを説明することのできるいくつかの要因については一般的な同意がある。
[2]　一つ目の要因は人々がある課題をどのくらい快適または不快だと思うかである。研究によると人々は不快だと思う課題を延期する。多くの大学生が自分の部屋を掃除することや宿題をすることを延期するかもしれない。しかしながら，多くの学生は友達のEメールに返信することのような課題をすることは延期しないかもしれない。ある課題が快適であるかどうかは個人によって異なるということを覚えておくことが重要である。たとえば，自転車が大好きな人はパンクしたタイヤを修理することを延期しないかもしれないが，一方でそうでもない人はそれを延期するかもしれない。
[3]　人々が目の前の仕事に関してどう感じているかに加え，ある課題を行う能力に彼らがどれだけの自信を持っているかもまた先延ばしに関係している。たとえば，成功への期待が低い人々はある特定の仕事を始めることを延期する傾向がより強い。反対に，うまく行うことができると信じている人々は大変な課題を避けるよりもむしろ引き受ける傾向がより強い。しかしながら，この場合においては，ある特定の課題をいかに簡単に行うことができるかを過大評価し，始めるのが遅くなりすぎる人もいる。
[4]　 A もう一つの要因は人々が自制心を発揮することができるかどうかである。自制心が低い人々は自分の仕事から簡単に気がそれてしまう。 B プレゼンテーションの準備に取り掛かり始める予定だった夜にカラオケの誘いに乗って

218 第4章 総合問題

しまうことは一つの例となり得る。今日そしてこの時代に，より一層関係の深い別の例はインターネットである。あなたが会社員であろうと学生であろうと，おそらくあなたは仕事の多くをコンピュータを使って行い，そしてインターネットが手の届くすぐ近くにあることは，私たちの多くがしなくてはならないことに集中するのを難しくさせる。自制心，つまり誘惑を拒み計画に従う能力は，私たちの多くが苦労するものである。[C] 全員が同じ量の自制心を持っているわけではないが，それは私たちが時間をかけて習得することができるものである。[D] 研究によると，人は歳をとるほど，仕事をするのを最後の最後まで延期する傾向は低くなる。[5] あなたの先延ばしの原因はなんであるか？ ここで述べられた行動はたいていの人々に共通しているようなので，もしあなたがほんのたまに先延ばしを行うのであれば，習慣を一変させる必要はないだろう。一方，もしあなたが先延ばしを問題であると感じるのであれば，それを減らすための最初の一歩はその背後にある理由を特定することである。自己啓発の本やウェブサイトは先延ばしを克服するためのたくさんの技術を与えるが，自分自身にふさわしい方法を選択することができるのは，問題の根源を理解することによってのみなのである。

語句・構文

[第1段] ▶ procrastination「延期，遅延，先延ばし，ぐずぐずすること」
    ▶ up to ~「~にのぼる」
    ▶ at least「少なくとも」
    ▶ to some extent「ある程度」
[第2段] ▶ put off ~「~を延期する」
    ▶ depend on ~「~次第である」
[第3段] ▶ in addition to ~「~に加えて」
    ▶ the job at hand「目の前の仕事」
    ▶ be likely to ~「~する傾向にある」
    ▶ postpone「~を延期する」
    ▶ conversely「反対に」
[第4段] ▶ be better at ~ は，be good at ~「~が得意である」の比較級。
[第5段] ▶ once in a while「たまに」

問1　正解は②

「記事が主に議論しているのは＿＿＿＿」

第1段第1・2文に「ある大学生が月曜日に科学のテストを控えているが，週末のほとんどをテレビゲームをすることに費やし，日曜の夜遅くまで勉強し始めない。このように，しなくてはいけない仕事を避けたり先送りにしたりすることを先延ば

しと言う」とあり，それ以降この文章のテーマはやらなければならない仕事を延期することについてである。したがって，② **「重要な課題を延期する癖」** が正解。

① 「不快な経験を忘れる能力」

③ 「趣味としてのサイクリングの人気」

④ 「研究者の間にある競争意識」

問2　正解は③

「第［2］段および第［3］段で，筆者が説明しているのは＿＿＿＿」

第［2］段第5文（It is important …）「ある課題が快適であるかどうかは個人によって異なるということを覚えておくことが重要である」や，第［3］段第1文「人々が目の前の仕事に関してどう感じているかに加え，ある課題を行う能力に彼らがどれだけの自信を持っているかもまた先延ばしに関係している」とあることから，これらの段落の要点は，同じ課題であってもその人の好みや適性によって取り組み方は異なるということである。したがって，③ **「人々が同じ課題に対して異なった態度を持つかもしれないということ」** が正解。

① 「いかにして仕事でより成功を収めるか」

② 「いかにしてある活動への苦手意識を克服するか」

④ 「大学生が他の人々よりも物事を行うのに時間がかかるということ」

問3　正解は④

「あなたはこの話題に関連したある情報を見つけた。あなたは筆者にこの情報を記事に加えるよう提案したい。第［4］段の　A　，　B　，　C　，　D　の4カ所の中で，その文を挿入する最も適切な場所はどこか」

挿入する文は「研究によると，人は歳をとるほど，仕事をするのを最後の最後まで延期する傾向は低くなる」という意味。第［4］段の最終文に「全員が同じ量の自制心を持っているわけではないが，それは私たちが時間をかけて習得することができるものである」とあり，「時間をかけて」とあることから年長者のほうが自制心を持っているという主張が成り立つ。したがって問題の文はこの後に挿入されるのが適切であるから，正解は④。

44 問1 | 1 | 2 | 3 | 正解は④, ①, ②
問2 | 4 | 正解は②, ④ | 5 | 正解は③, ⑤, ⑥　　問3　正解は④

訳 《黒コショウと白コショウの比較》

あなたは香辛料の特徴に関するプレゼンテーションの準備をしています。あなたは黒コショウと白コショウに関する記事を見つけました。その記事を読んでメモを取ることにしました。

黒コショウと白コショウ

[Part 1] 最近のいくつかの研究から，香辛料には私たちが長生きをする手助けとなる働きがあることがわかってきた。世界にはさまざまな香辛料があるが，おそらく馴染み深いのは黒コショウと白コショウの2つだろう。黒コショウと白コショウの両方とも同じコショウの植物の実からとれる。しかし，両者ではその製造工程が異なる。黒コショウはコショウの植物の熟す前の実から作られる。一つ一つの実は，小さな緑色のボールのような形で，直径は3～6ミリほどの大きさである。収穫された実は，太陽の下で乾燥させられると黒くなる。乾燥した実は「コショウの実」と呼ばれる。粉末の黒コショウの色はコショウの実の皮の色から生じたものなのだ。一方，白コショウを作るには，コショウの実がサクランボ色になってから収穫される。その実の皮は天日干しする前に取り除かれる。その実の中の種の色が白色なのだ。これが白コショウの実の製造工程である。皮が非常に薄いため，黒コショウの実と白コショウの実の大きさはよく似ている。通常，黒コショウよりも白コショウのほうが値段が高いのだが，これは白コショウの製造のほうが多くの処理工程を経るためである。

[Part 2] コショウの風味は何から生じているのであろう？ コショウの辛くてスパイシーな味は「ピペリン」と呼ばれる天然化合物によるものである。コショウの実の種だけではなく外側の皮の部分にも多くのピペリンが含まれている。したがって，黒コショウのほうが白コショウよりも辛いと言われている。また黒コショウには，その味をより複雑なものにしているその他の物質が数多く含まれている。さまざまな物質が混ざることで生み出される黒コショウ独特の風味は，多くの種類の料理に合う。白コショウの風味は黒コショウよりも上品だと評価されることが多いが，ステーキのような肉料理の味を引き立てるには風味が弱すぎる。その色のおかげで，白コショウは淡い色の料理に使われることが多い。マッシュポテト，ホワイトソース，白身魚は，白コショウで味付けされれば，見た目がよりよくなるだろう。

[Part 3] 歴史的に見ると，コショウは民間療法に使われてきた。たとえば，咳や風邪の治療法としてよく知られていた。コショウの健康への影響はピペリンに起

因するところがある。ビタミンCのように，ピペリンは強力な抗酸化物質である。これは，この化合物を含む食べ物を食べることで，有害な化学反応を防ぐ可能性があることを意味する。さらに，最近の研究から，コショウはいくつかの種類の病気の影響を軽減することもわかっている。ピペリンを含むあらゆる香辛料には人間の体に対するこの効果が見られる。黒コショウと白コショウの両方に同じ健康上の効果があるのだ。

語句・構文

[**Part 1**] ▶ fruit「実，果実」
　　　　　　▶ process「～を加工処理する」
　　　　　　▶ unripe「熟していない」
　　　　　　▶ peppercorn「コショウの実」
　　　　　　▶ skin「皮」
[**Part 2**] ▶ compound「化合物」
　　　　　　▶ layer「皮，層」
　　　　　　▶ substance「物質」
　　　　　　▶ refined「上品な」
[**Part 3**] ▶ folk medicine「民間療法」
　　　　　　▶ remedy「治療法」
　　　　　　▶ potent「強力な」
　　　　　　▶ antioxidant「抗酸化物質」

222　第4章　総合問題

「　1　から　6　を埋めてメモを完成させなさい」

メモ

概要：
Part 1: _____　1　_____

Part 2: _____　2　_____

Part 3: _____　3　_____

表：黒コショウと白コショウの比較

共通点	相違点
4	5

主なポイント：　_____　6　_____

問1　　1　　2　　3　　正解は④, ①, ②

「Part 1, 2, 3の最も適切な見出しはそれぞれ　1　　2　　3　である（各選択肢は1度のみ使える）」

各パートの要旨を理解し，適切な見出しをそれぞれ選ぶ問題。

Part 1では黒コショウおよび白コショウの製造工程について述べられているので，　1　は④「**黒コショウと白コショウの製造**」が適切。

Part 2では黒コショウと白コショウの風味の特徴について対比的に説明されているので，　2　は①「**香辛料としてのコショウの特徴**」が適切。

Part 3では人間の体の健康に対するコショウの効果について説明されているので，　3　は②「**健康に対するコショウの効果**」が適切。

なお③「黒コショウと白コショウの原産地」について述べられている部分はない。

解答解説　223

問2　　4　　正解は②, ④　　5　　正解は③, ⑤, ⑥

「以下の中で，記事で述べられた共通点と相違点はそれぞれ　4　　5　である（複数選択可）」

黒コショウと白コショウを比較し，その共通点と相違点を選ぶ問題で，それぞれに2つ以上の選択肢が当てはまる可能性がある。

① 「ビタミンCの量」　本文中で黒コショウと白コショウのビタミンCの含有量について述べられている部分はない。

② 「病気に対する効果」　Part 3最終文で黒コショウと白コショウの両方に同じ健康上の効果があると述べられている。

③ 「風味」　Part 2の第4文（Therefore, some people …）で白コショウよりも黒コショウのほうが辛いとあり，第5文以降（Black pepper also …）でも両者の違いが説明されている。

④ 「植物」　Part 1の第3文（Black and white …）で黒コショウと白コショウの両方が同じコショウの植物の実からとれると述べられている。

⑤ 「価格」　Part 1の最終文で，黒コショウよりも白コショウのほうが値段が高いと述べられている。

⑥ 「皮の除去」　Part 1の第9文（The color of the powdered …）で黒コショウの色はコショウの実の皮の色から生じるものだとあるので，皮が除去されていないことがわかる。第10文（On the other …）から白コショウの製造方法の説明がされ，続く第11文（The skin of …）では白コショウの実の皮は天日干しをする前に取り除かれると述べられている。

問3　正解は④

「この記事は主に　　　　　について論じている」

Part 1では黒コショウと白コショウが同じ植物の実から作られることと，その製造工程の違いが述べられ，Part 2では両者の風味の違いが対比的に説明されている。またPart 3では両者の健康に対する効果が述べられているので，④ 「白コショウと黒コショウの類似点と相違点および両者の健康に対する効果」 が正解。

① 「他の香辛料と比較し，黒コショウと白コショウを使うことの長所と短所」

② 「人々が黒コショウと白コショウを作り始めた理由とその人気がなくなった理由」

③ 「白コショウが黒コショウよりも優れている理由と，白コショウのほうが私たちにとってよい理由」

224　第4章　総合問題

45 問1　1 　 2 　 3 　正解は③，①，④
問2　4 　正解は④，⑥　 5 　正解は①，③，⑤　　問3　正解は②

訳 《ワスプに関して人々が持っている誤解》
あなたは以下の記事を読んでメモを取ることにしました。

ワスプ

[Part 1]　ワスプ（[注] スズメバチやジガバチなどを含む，攻撃バチのこと）は地球上で最も嫌われている動物の一つである。ワスプはミツバチと同族であるにもかかわらず，一般的に人類にとっては迷惑なものでしかないと考えられている。さまざまな昆虫に対する人々の印象についての最近の調査では，人々がワスプに対して非常に否定的な認識を持っていることがわかった。ワスプの攻撃的な気質と刺されたときの痛みがこの理由であることは疑いの余地がない。ワスプには多くの種類が存在するが，社会性ワスプと単独行動をするワスプという2つの種類に区分することができる。この分類はミツバチにも当てはまる。社会性ワスプは社会性ミツバチと同じように巣を作る。その大部分は巣を作り，女王バチのために食料を調達してくる働きバチである。社会性ワスプは侵入者を刺して攻撃することで，自分たちの巣を守っているのだが，これが悪評の原因となっているのだ。一方，単独行動をするワスプは，種全体の99パーセントを占めている。一般的に彼らは社会性ワスプのように巣を守ったりすることはなく，人間にとっては無害であるとみなされるはずだ。

[Part 2]　ワスプが嫌いでミツバチは好きになってしまう要因はおそらく数多く存在するだろう。一つにはハチミツがあるが，刺されたときに感じる痛みがもう一つの要因となっている。ワスプの針は，ミツバチの針よりもはるかに強力だと言われている。さらに，ミツバチは1回しか刺すことができないが，ワスプは何度も刺す能力を持っている。もう一つの理由は，多くの植物種の受粉においてワスプが果たしている役割についての知識が不足しているという点である。私たちは皆，ミツバチが花から花粉を運んで植物を受精させていることを知っているが，ほとんどの人はワスプも同じことを行っていることを知らない。またワスプが他の昆虫から農作物を守っていることも人々は知らない。ワスプは食虫動物である。これはワスプが肉を食べて生きているということで，一般的には他の昆虫を食べている。それによって，彼らは農作物を食べる昆虫の数を減らし，確実に植物が早く成長し，多くの実がなるようにしてくれているのだ。ワスプは私たちの食べ物を守っているだけではなく，病気からも私たちを守ってくれている。単独行動をするワスプはクモのような特定の種類の動物を狩る傾向がある。社会性ワスプは通常は何でも屋で，こ

れは彼らがあらゆる種類の虫や昆虫を食べることを意味する。したがって，社会性ワスプは私たちの周りにいる病気を媒介する昆虫の数を減らし，それによって私たちが感染症になるリスクを減らしてくれている可能性が高いのだ。これはミツバチにはできないことである。

［Part 3］ ワスプに対する人々の考え方やワスプがもたらしてくれる実際の潜在的な恩恵に関するこれらすべての調査の目的は，ワスプに対する一般大衆の認識を変える必要があるかどうかを判断することである。近年，ワスプやその他の昆虫の数が減りつつある。これは気候変動や昆虫の数を抑制するため農場で毒薬を使ったことの結果である。これらの生物の価値をより適切に理解することで，次世代の人々に恩恵がもたらされるように彼らを保護する方法を見つけられるかもしれない。

語句・構文

［Part 1］ ▶ wasp「ワスプ（スズメバチやジガバチなどを含む，攻撃バチ）」
　　　　　 ▶ nothing but ～「～にすぎない」
　　　　　 ▶ perception「認識」
　　　　　 ▶ sting「刺すこと」
　　　　　 ▶ intruder「侵入者」
　　　　　 ▶ reputation「評判」
［Part 2］ ▶ pollination「受粉」
　　　　　 ▶ fertilize「～を受精させる」
　　　　　 ▶ pollen「花粉」
　　　　　 ▶ carnivore「食虫動物，肉食動物」
　　　　　 ▶ generalist「何でも屋，万能家，ジェネラリスト」
　　　　　 ▶ bug「虫」
　　　　　 ▶ disease-carrying「病気を媒介する」
　　　　　 ▶ infection「感染症」
［Part 3］ ▶ conserve「～を保護する」

226 第4章 総合問題

「 1 から 6 を埋めてメモを完成させなさい」

メモ

概要：
 Part 1:   1 _____

 Part 2:   2 _____

 Part 3:   3 _____

表：ミツバチとワスプの比較

共通点	相違点
4	5

主なポイント：   6 _____

問1   1   2   3   正解は③，①，④

「Part 1，2，3の最も適切な見出しはそれぞれ 1 2 3 である（各選択肢は1度のみ使える）」

各パートの要旨を理解し，適切な見出しをそれぞれ選ぶ問題。

Part 1 ではワスプに対する人々の否定的な認識について説明されているので， 1 は③「ワスプに対する人々の考え方」が適切。

Part 2 ではワスプとミツバチが対比的に説明されているので， 2 は①「ワスプとミツバチの違い」が適切。

Part 3 では，昆虫の価値をより適切に理解して次世代の人にその恩恵をもたらすことが重要であると述べられており，ワスプもその一例であると考えられることから， 3 は④「ワスプを保護する重要性」が適切。

なお，②「薬におけるワスプの潜在的利用」について述べられている部分はない。

問2   4   正解は④，⑥   5   正解は①，③，⑤

「以下の中で，記事で述べられた共通点と相違点はそれぞれ 4 5 である（複数選択可）」

ワスプとミツバチを比較してその共通点と相違点を選ぶ問題。それぞれに2つ以上

の選択肢が当てはまる可能性がある。

① **「ハチミツを作る能力」** Part 2 の第 1・2 文で人々がワスプは嫌いでミツバチが好きな要因として，ハチミツが挙げられている。

② **「調査で使われている金額」** 本文中に調査で使われた金額が述べられている部分はない。

③ **「刺す力」** Part 2 の第 3 文（The sting of …）でワスプの針はミツバチの針よりもはるかに強力だと述べられている。

④ **「単独行動をするか社会性があるかの分類」** Part 1 の第 5・6 文（There are many …）で，ワスプは社会性ワスプと単独行動をするワスプに区分することができるが，これはミツバチにも当てはまると述べられている。

⑤ **「好んで食べるもの」** Part 2 の第 8 文（Wasps are carnivores.）以降では，ワスプが肉を食べる食虫動物であり，彼らのおかげで農作物が守られ，病気を媒介する昆虫の数が減り，人間が感染症になるリスクを減らしてくれているという内容が述べられている。最終文ではミツバチにはそのようなことはできないとあるので，両者の食べるものが違うと推測できる。

⑥ **「近年における数の減少」** Part 3 の第 2 文（In recent years, …）で近年，あらゆる昆虫の数が減っているとある。

問3　正解は②

「この記事は主に [＿＿＿] について論じている」

Part 1 では，社会性ワスプは人を刺すことがあるので，ワスプに否定的な認識を持っている人が多いが，種全体の 99 パーセントを占める単独行動をするワスプは人間にとって無害であると述べられている。さらに Part 2 ではワスプが農作物を守り，人間が感染症にかかるリスクも減らす可能性について説明され，Part 3 でもワスプなどの生物の価値を適切に理解する必要があるという内容が述べられている。したがって② **「ワスプに関して人々が持っている誤解」** が正解。

① 「ワスプを詳しく調べるために科学者たちが行っている研究」

③ 「ミツバチよりもワスプを飼育することの利点」

④ 「農業を改善するためにワスプが利用されている方法」

228　第4章　総合問題

46 問1(a)　正解は③　　問1(b)　正解は①
　　　問2　正解は①　　問3　正解は①　　問4　正解は③

訳 《『オスカーのキャンプ・キャニオンでの経験』という物語の感想》
あなたは授業で『オスカーのキャンプ・キャニオンでの経験』という物語の感想を書いています。

オスカーのキャンプ・キャニオンでの経験

[第1段]　12歳のオスカーはキャンプ・キャニオンでの素晴らしい1週間を終えたところだ。新しい友達を作り，新たなスキルを磨き，数ある中でも特に科学の楽しさに気づくなど，彼はとても楽しいときを過ごした。そしてオスカーはある大切な教訓を学んだ：困難な状況に直面したとき，時にはただ何も反応しないことが最善の策になることもあるのだ。また彼は物事が必ずしも見かけどおりとは限らないことも学んだ。

[第2段]　キャンプ・キャニオンは8歳から16歳の少年少女を対象としたサマーキャンプだ。アメリカには数多くの種類のキャンプがある。そこでは子供たちが特定の技術の習得に重点的に取り組んだり，宗教的な本や伝統から価値観を学んだりすることが多い。しかし，キャンプ・キャニオンは違う。その主な目的は，子供たちが，コミュニケーションとお互いを尊重することの大切さに基づいた考えを働かせて，困難な状況の対処法を自分たち自身で発見することである。キャンプでの1週間の間，泳いだり，遊んだり，科学体験や自然に関する学習課題に取り組みながら，子供たちは判断力と善悪を分別する力を高めていくのだ。

[第3段]　今回はオスカーにとってキャンプ・キャニオンでの2度目の夏だったので，彼は新しく参加した人たちを案内して楽しんでいた。彼は初日に，同い年の男の子で，初めてこのキャンプに参加したディランに自己紹介をした。オスカーはディランが新しい環境に慣れる手助けをして多くの時間を過ごしていたので，彼らはすぐに親しい友達になった。二人でテレビゲームをしたり木に登ったりして楽しみ，このキャンプで，ドッジボールの一種であるガガボールが二人とも大好きだと気づいた。オスカーとディランは他の子たちめがけてボールを投げ，笑いながら大声を上げ，クタクタになるまでガガボールをしていた。その後，二段ベッドの上に座って，自分たちの家庭や学校生活，そしてキャンプ・キャニオンをどれだけ楽しんでいるのか何時間も語り合ったものだ。

[第4段]　キャンプの他の参加者の一人にクリストファーという名の男の子がいた。最初，クリストファーは行儀がよく，楽しいことが好きな男の子のように思えた。オスカーは彼と知り合いになることが待ち遠しかった。しかしクリストファーの態

度が変わり始めるのにさほど時間はかからなかった。彼はわざわざベッドを整えたりもしなかった。彼はゲームや他の持ち物も床に散らかしたままだった。彼は思いやりがなく、自己中心的だった。そして程なくしてオスカーとディランが気づくように、彼は意地悪だったのだ。

[第5段]　朝食のとき、「ディランは歯を磨かなかったんだ。それに臭いんだ！今日はシャワーも浴びてないんだ」とクリストファーは他の子供たち全員に聞こえるように大声で言った。

[第6段]　オスカーとディランはクリストファーの言葉を聞いてショックを受けた。オスカーは常にみんなが歓迎されていると感じるようにしようと最善を尽くしてきた。クリストファーは二人を動揺させるようなことを言うのをとても楽しんでいるようだった。昼食のときに列に並んでいると、彼はオスカーの前に割り込んでくることさえあった。オスカーが怒って抗議をしても、彼はただ笑っているだけだった。

[第7段]　オスカーはクリストファーの問題についてキャンプのカウンセラーに相談した。彼女はクリストファーに厳しく注意をしたが、むしろ彼の態度はさらに悪くなっていった。他の子供たちも彼を避け、キャンプでの楽しい活動を台無しにしないように決めていた。

[第8段]　キャンプでの楽しい活動の一つに科学の先生とのディスカッションの時間があった。オスカーは学校では科学にほとんど興味を示さなかったが、キャンプで彼はこのディスカッションを本当に楽しんでいた。子供たちは先生と語り合い、自分たちが新しく知る科学的真理にますます興奮していった。オスカーは特に反射光と色がどのように見えるのかについて学ぶことに夢中になった。たとえば、赤色の物体は、虹のあらゆる色を吸収するが、私たちの目に赤の光だけを反射するのだ。

[第9段]　「だからね」とオスカーは息をはずませてディランに語りかけ、「赤い物は、実際は反射されている赤色以外のあらゆる色なんだよ！　これってすごくない？　科学が大好きになったよ！」と続けた。彼は物事が必ずしも見かけどおりとは限らないことに気づいたのである。

[第10段]　またキャンプの参加者たちは、1週間をともに過ごし、自分たちのグループにとって最善の倫理と規則についても議論した。意見の相違があるときにはいつでも立ち止まって、それぞれの状況に応じて、何が正しくて、何が間違っているのかを考えてみた。こうして、彼らは仲のいい集団として、協力しながら活動することを学んだのである。

[第11段]　こうした議論を通して、オスカーはある問題に対して一つの明確な解決法があるとは限らないことを学んだ。クリストファーのひどい振る舞いのケースのように、時として何も反応しないことが解決策になることもあるのかもしれない。取り乱しても何も変わらず、劇的なことを起こさず事態を解決する最善の方法は、その場から離れることだとオスカーは気づいた。彼とディランは冷静になり、クリ

230 第4章 総合問題

ストファーの侮辱に反応するのをやめた。これはうまくいったようだった。程なくして，クリストファーは彼らに嫌な思いをさせることに興味を失ったのである。

[**第12段**] オスカーにとって1週間の終わりはあまりにも早くやってきた。家に戻って数日後にクリストファーからハガキが届いたとき，彼のキャンプの記憶はまだ鮮明に残っていた。

オスカーへ

キャンプでの僕の振る舞いについては本当にごめんなさい。君とディランが本当に楽しそうに見えたんだ！　僕はスポーツが得意じゃないから，仲間外れにされているように感じたんだ。しばらくして君たちが僕のひどい振る舞いを気にしなくなったとき，自分がなんてバカだったのかに気づいたよ。だから君に謝りたかったけど，本当に恥ずかしかったんだ。来年もキャンプに参加するのかい？　僕は参加するつもりなので，友達になれたらいいなと思っています！

さようなら

クリストファー

[**第13段**] 「そうか」驚きから落ち着きを取り戻したとき，オスカーは思った。「クリストファーには何も反応しないことが正しかったんだ」　彼はハガキを置くと，キャンプで学んだ別のことも思い出した：時として物事は見かけどおりとは限らない。

■ 語句・構文 ▶

[第1段] ▶ have the time of *one's* life「楽しく過ごす」
　　　　　▶ let it go「何も反応しない，放っておく」
　　　　　▶ what S seem「Sの見かけ」
[第2段] ▶ mutual「相互の」
　　　　　▶ hands-on「実際に体験できる」
[第3段] ▶ newcomer「新人」
　　　　　▶ get used to ～「～に慣れる」
　　　　　▶ bunk beds「二段ベッド」
[第4段] ▶ initially「最初は」
　　　　　▶ belonging「持ち物」
　　　　　▶ inconsiderate「思いやりのない」
　　　　　▶ mean「意地悪な」
[第6段] ▶ take great delight in ～「～を大いに喜ぶ」

▶ upset「〜を動揺させる」

[第7段] ▶ if anything「それどころか」

[第8段] ▶ reflect「〜を反射する」

[第9段] ▶ breathlessly「息をはずませて」

[第10段] ▶ ethic「倫理，道徳」

▶ according to 〜「〜に応じて」

[第11段] ▶ as with 〜「〜のように」

▶ drama「劇的な事態」

「 1 から 5 を埋めて感想を完成させなさい」

物語の感想	題名： オスカーのキャンプ・キャニオンでの経験

概要

冒頭	中間部	結末
オスカーの2度目のキャンプ・キャニオンは新しい参加者を歓迎することで始まった。 →	1 → 2 →	オスカーは問題の解決策を見つけるためにキャンプで学んだことを用いた。

主な登場人物

- オスカーは活発で社交的である。
- クリストファーは友好的ではないように見えたかもしれないが，実際は 3 であった。

あなたの意見

私はオスカーが問題の解決方法を本当に理解したとは思えない。彼がしたのは 4 ことだけであった。クリストファーの振る舞いがさらに悪くならなくて彼は運がよかった。

この物語を最も気に入りそうなのは…

5 したいと思っている読者。

232　第4章　総合問題

問1(a)　1　正解は③

物語の Middle「中間部」の概要について述べられている選択肢を選ぶ問題。Beginning「冒頭」では，オスカーの2度目のキャンプ・キャニオンは新しい参加者を歓迎することで始まったという内容が述べられており，これは第3段第1文の内容と一致するので，それよりも後ろに書かれている内容を選べばよい。第4段第4文（However, it wasn't …）では，キャンプの参加者であるクリストファーの態度が変わったと述べられているので③「キャンプの参加者の一人が驚いたことにその態度を変えた」が適切。

① 「キャンプの参加者全員がすぐに仲のいい友達になった」

② 「たいていのキャンプの参加者が楽しい活動を楽しまなくなった」

④ 「キャンプのカウンセラーは何とか深刻な問題を解決した」

問1(b)　2　正解は①

1　に続く Middle「中間部」の概要について述べられている選択肢を選ぶ問題。第5段および第6段では，クリストファーのひどい振る舞いについて述べられ，第7段では，オスカーがクリストファーの問題についてカウンセラーに相談したが，彼の態度はさらに悪くなったと続いているので，①「クリストファーはとてもひどく振る舞い続けた」が適切。

② 「ディランは光がどのように反射するのかを理解することができた」

③ 「オスカーはグループディスカッションで指導的な役割を果たした」

④ 「カウンセラーは自分の見解を再検討した」

問2　3　正解は①

物語の登場人物であるクリストファーに関する説明で，空所を含む文は「クリストファーは友好的ではないように見えたかもしれないが，実際は　　　　であった」という意味。キャンプ終了後，オスカーに届いたクリストファーからのハガキには，自分の振る舞いについての謝罪が述べられ，オスカーとディランの楽しそうな様子を見て，スポーツが苦手な自分が仲間外れにされているように感じたという内容が述べられている。したがって①「すべての活動には参加できなかったので，不満があっただけ」が適切。

② 「初めて家を離れたのでおそらく不安になった」

③ 「自分の正直な意見を隠そうとしていたので，たいていのキャンプの参加者より賢い」

④ 「友達と一緒に使うためのゲームを持ってきたほど思いやりがある」

解答解説　233

問3　　4　　正解は①

Your opinions「あなたの意見」の空所を含む文は「私はオスカーが問題の解決方法を本当に理解したとは思えない。彼がしたのは□□□ことだけであった。クリストファーの振る舞いがさらに悪くならなくて彼は運がよかった」という意味。第11段第3・4文（Oscar realized that …）では，クリストファーの問題に関して，最善の解決法は to walk away from it「その場から離れること」であると気づいたとあり，オスカーとディランはクリストファーの侮辱に反応するのをやめたという内容が述べられている。したがって①「厄介な状況を避ける」が適切。

②「倫理と規則について議論する」

③「他人を困らせる」

④「さらに親切になろうとする」

問4　　5　　正解は③

この物語に最も興味を持ちそうなのは，どのようなことを望んでいる読者なのかを答える問題。タイトルにもあるように，この物語はキャンプでの子供たちの経験について書かれたものなので③「自分の子供時代の友達との経験を思い出す」が適切。

①「夏の野外活動について詳細な情報を得る」

②「さまざまなスポーツで子供たちが成功する感動的な物語を読む」

④「子供と大人の関係を理解する」

実戦問題
2021年度 共通テスト 本試験（第1日程）

解答時間 80 分　配点 100 点

 音声について

本章に収載している英文の音声を，下記の音声専用サイトで配信しております。問題を解いた後に，英文の音声を聞き，学習に役立てましょう。音読・シャドウイング・ディクテーション・リスニングの訓練として使うなど，自由にご活用ください。

http://akahon.net/smart-start/

236 英語(リーディング) 実戦問題

英　語(リーディング)

各大問の英文や図表を読み，解答番号　1　～　47　にあてはまるものとして
最も適当な選択肢を選びなさい。

第1問 (配点 10)

A Your dormitory roommate Julie has sent a text message to your mobile
phone with a request.

Help!!!
Last night I saved my history homework on a USB memory
stick. I was going to print it in the university library this
afternoon, but I forgot to bring the USB with me. I need to
give a copy to my teacher by 4 p.m. today. Can you bring my
USB to the library? I think it's on top of my history book on
my desk. I don't need the book, just the USB. ♡

Sorry Julie, I couldn't find it. The history book was there, but
there was no USB memory stick. I looked for it everywhere,
even under your desk. Are you sure you don't have it with
you? I'll bring your laptop computer with me, just in case.

You were right! I did have it. It was at the bottom of my bag.
What a relief!
Thanks anyway. ☺

問 1　What was Julie's request?　　1

- ① To bring her USB memory stick
- ② To hand in her history homework
- ③ To lend her a USB memory stick
- ④ To print out her history homework

問 2　How will you reply to Julie's second text message?　　2

- ① Don't worry. You'll find it.
- ② I'm really glad to hear that.
- ③ Look in your bag again.
- ④ You must be disappointed.

B Your favorite musician will have a concert tour in Japan, and you are thinking of joining the fan club. You visit the official fan club website.

TYLER QUICK FAN CLUB

Being a member of the **TYLER QUICK** (**TQ**) fan club is so much fun! You can keep up with the latest news, and take part in many exciting fan club member events. All new members will receive our New Member's Pack. It contains a membership card, a free signed poster, and a copy of **TQ**'s third album *Speeding Up*. The New Member's Pack will be delivered to your home, and will arrive a week or so after you join the fan club.

TQ is loved all around the world. You can join from any country, and you can use the membership card for one year. The **TQ** fan club has three types of membership: Pacer, Speeder, and Zoomer.

Please choose from the membership options below.

What you get (♫)	Membership Options		
	Pacer ($20)	Speeder ($40)	Zoomer ($60)
Regular emails and online magazine password	♫	♫	♫
Early information on concert tour dates	♫	♫	♫
TQ's weekly video messages	♫	♫	♫
Monthly picture postcards		♫	♫
TQ fan club calendar		♫	♫
Invitations to special signing events			♫
20% off concert tickets			♫

- ✧Join before May 10 and receive a $10 discount on your membership fee!
- ✧There is a $4 delivery fee for every New Member's Pack.
- ✧At the end of your 1st year, you can either renew or upgrade at a 50% discount.

Whether you are a Pacer, a Speeder, or a Zoomer, you will love being a member of the **TQ** fan club. For more information, or to join, click *here*.

問 1 A New Member's Pack ☐3☐ .

① includes TQ's first album
② is delivered on May 10
③ requires a $10 delivery fee
④ takes about seven days to arrive

問 2 What will you get if you become a new Pacer member? ☐4☐

① Discount concert tickets and a calendar
② Regular emails and signing event invitations
③ Tour information and postcards every month
④ Video messages and access to online magazines

問 3 After being a fan club member for one year, you can ☐5☐ .

① become a Zoomer for a $50 fee
② get a New Member's Pack for $4
③ renew your membership at half price
④ upgrade your membership for free

240 英語（リーディング）　実戦問題

第2問　(配点 20)

A　As the student in charge of a UK school festival band competition, you are examining all of the scores and the comments from three judges to understand and explain the rankings.

Judges' final average scores				
Qualities Band names	Performance (5.0)	Singing (5.0)	Song originality (5.0)	Total (15.0)
Green Forest	3.9	4.6	5.0	13.5
Silent Hill	4.9	4.4	4.2	13.5
Mountain Pear	3.9	4.9	4.7	13.5
Thousand Ants	(did not perform)			

Judges' individual comments	
Mr Hobbs	Silent Hill are great performers and they really seemed connected with the audience. Mountain Pear's singing was great. I loved Green Forest's original song. It was amazing!
Ms Leigh	Silent Hill gave a great performance. It was incredible how the audience responded to their music. I really think that Silent Hill will become popular! Mountain Pear have great voices, but they were not exciting on stage. Green Forest performed a fantastic new song, but I think they need to practice more.
Ms Wells	Green Forest have a new song. I loved it! I think it could be a big hit!

Judges' shared evaluation (summarised by Mr Hobbs)
Each band's total score is the same, but each band is very different. Ms Leigh and I agreed that performance is the most important quality for a band. Ms Wells also agreed. Therefore, first place is easily determined.
To decide between second and third places, Ms Wells suggested that song originality should be more important than good singing. Ms Leigh and I agreed on this opinion.

問 1 Based on the judges' final average scores, which band sang the best? 6

① Green Forest
② Mountain Pear
③ Silent Hill
④ Thousand Ants

問 2 Which judge gave both positive and critical comments? 7

① Mr Hobbs
② Ms Leigh
③ Ms Wells
④ None of them

242　英語(リーディング)　実戦問題

問 3　One **fact** from the judges' individual comments is that ⬚8⬚ .

① all the judges praised Green Forest's song

② Green Forest need to practice more

③ Mountain Pear can sing very well

④ Silent Hill have a promising future

問 4　One **opinion** from the judges' comments and shared evaluation is that ⬚9⬚ .

① each evaluated band received the same total score

② Ms Wells' suggestion about originality was agreed on

③ Silent Hill really connected with the audience

④ the judges' comments determined the rankings

問 5　Which of the following is the final ranking based on the judges' shared evaluation? ⬚10⬚

	1st	2nd	3rd
①	Green Forest	Mountain Pear	Silent Hill
②	Green Forest	Silent Hill	Mountain Pear
③	Mountain Pear	Green Forest	Silent Hill
④	Mountain Pear	Silent Hill	Green Forest
⑤	Silent Hill	Green Forest	Mountain Pear
⑥	Silent Hill	Mountain Pear	Green Forest

B You've heard about a change in school policy at the school in the UK where you are now studying as an exchange student. You are reading the discussions about the policy in an online forum.

New School Policy ⟨Posted on 21 September 2020⟩

To: P. E. Berger

From: K. Roberts

Dear Dr Berger,

On behalf of all students, welcome to St Mark's School. We heard that you are the first Head Teacher with a business background, so we hope your experience will help our school.

I would like to express one concern about the change you are proposing to the after-school activity schedule. I realise that saving energy is important and from now it will be getting darker earlier. Is this why you have made the schedule an hour and a half shorter? Students at St Mark's School take both their studies and their after-school activities very seriously. A number of students have told me that they want to stay at school until 6.00 pm as they have always done. Therefore, I would like to ask you to think again about this sudden change in policy.

Regards,

Ken Roberts

Head Student

Re: New School Policy < Posted on 22 September 2020 >

To: K. Roberts

From: P. E. Berger

Dear Ken,

Many thanks for your kind post. You've expressed some important concerns, especially about the energy costs and student opinions on school activities.

The new policy has nothing to do with saving energy. The decision was made based on a 2019 police report. The report showed that our city has become less safe due to a 5% increase in serious crimes. I would like to protect our students, so I would like them to return home before it gets dark.

Yours,

Dr P. E. Berger

Head Teacher

問 1　Ken thinks the new policy 　11　.

   ① can make students study more

   ② may improve school safety

   ③ should be introduced immediately

   ④ will reduce after-school activity time

問 2　One **fact** stated in Ken's forum post is that 　12　.

   ① more discussion is needed about the policy

   ② the Head Teacher's experience is improving the school

   ③ the school should think about students' activities

   ④ there are students who do not welcome the new policy

問 3　Who thinks the aim of the policy is to save energy? 　13　

   ① Dr Berger

   ② Ken

   ③ The city

   ④ The police

246 英語(リーディング) 実戦問題

問 4 Dr Berger is basing his new policy on the **fact** that ⬚14⬚ .

① going home early is important

② safety in the city has decreased

③ the school has to save electricity

④ the students need protection

問 5 What would you research to help Ken oppose the new policy? ⬚15⬚

① The crime rate and its relation to the local area

② The energy budget and electricity costs of the school

③ The length of school activity time versus the budget

④ The study hours for students who do after-school activities

第3問 (配点 15)

A You are planning to stay at a hotel in the UK. You found useful information in the Q&A section of a travel advice website.

I'm considering staying at the Hollytree Hotel in Castleton in March 2021. Would you recommend this hotel, and is it easy to get there from Buxton Airport? (Liz)

Answer

Yes, I strongly recommend the Hollytree. I've stayed there twice. It's inexpensive, and the service is brilliant! There's also a wonderful free breakfast. (Click *here* for access information.)

Let me tell you my own experience of getting there.

On my first visit, I used the underground, which is cheap and convenient. Trains run every five minutes. From the airport, I took the Red Line to Mossfield. Transferring to the Orange Line for Victoria should normally take about seven minutes, but the directions weren't clear and I needed an extra five minutes. From Victoria, it was a ten-minute bus ride to the hotel.

The second time, I took the express bus to Victoria, so I didn't have to worry about transferring. At Victoria, I found a notice saying there would be roadworks until summer 2021. Now it takes three times as long as usual to get to the hotel by city bus, although buses run every ten minutes. It's possible to walk, but I took the bus as the weather was bad.

Enjoy your stay! (Alex)

Access to the Hollytree Hotel

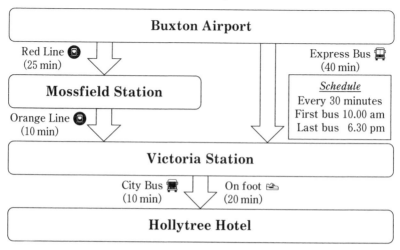

問 1　From Alex's answer, you learn that Alex ☐16☐ .

① appreciates the convenient location of the hotel
② got lost in Victoria Station on his first visit to Castleton
③ thinks that the hotel is good value for money
④ used the same route from the airport both times

問 2　You are departing on public transport from the airport at 2.00 pm on 15 March 2021. What is the fastest way to get to the hotel? ☐17☐

① By express bus and city bus
② By express bus and on foot
③ By underground and city bus
④ By underground and on foot

B Your classmate showed you the following message in your school's newsletter, written by an exchange student from the UK.

Volunteers Wanted!

Hello, everyone! I'm Sarah King, an exchange student from London. I'd like to share something important with you today.

You may have heard of the Sakura International Centre. It provides valuable opportunities for Japanese and foreign residents to get to know each other. Popular events such as cooking classes and karaoke contests are held every month. However, there is a serious problem. The building is getting old, and requires expensive repairs. To help raise funds to maintain the centre, many volunteers are needed.

I learnt about the problem a few months ago. While shopping in town, I saw some people taking part in a fund-raising campaign. I spoke to the leader of the campaign, Katy, who explained the situation. She thanked me when I donated some money. She told me that they had asked the town mayor for financial assistance, but their request had been rejected. They had no choice but to start fund-raising.

Last month, I attended a lecture on art at the centre. Again, I saw people trying to raise money, and I decided to help. They were happy when I joined them in asking passers-by for donations. We tried hard, but there were too few of us to collect much money. With a tearful face, Katy told me that they wouldn't be able to use the building much longer. I felt the need to do something more. Then, the idea came to me that other students might be willing to help. Katy was delighted to hear this.

Now, I'm asking you to join me in the fund-raising campaign to help the Sakura International Centre. Please email me today! As an exchange student, my time in Japan is limited, but I want to make the most of it. By working together, we can really make a difference.

Class 3 A
Sarah King (sarahk@sakura-h.ed.jp)

セーラ・キング

問 1 Put the following events (①~④) into the order in which they happened.

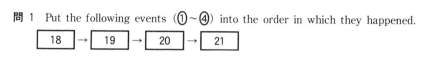

① Sarah attended a centre event.
② Sarah donated money to the centre.
③ Sarah made a suggestion to Katy.
④ The campaigners asked the mayor for help.

問 2 From Sarah's message, you learn that the Sakura International Centre 22 .

① gives financial aid to international residents
② offers opportunities to develop friendships
③ publishes newsletters for the community
④ sends exchange students to the UK

問 3 You have decided to help with the campaign after reading Sarah's message. What should you do first? 23

① Advertise the events at the centre.
② Contact Sarah for further information.
③ Organise volunteer activities at school.
④ Start a new fund-raising campaign.

問題 **251**

第4問 (配点 16)

Your English teacher, Emma, has asked you and your classmate, Natsuki, to help her plan the day's schedule for hosting students from your sister school. You're reading the email exchanges between Natsuki and Emma so that you can draft the schedule.

Hi Emma,

We have some ideas and questions about the schedule for the day out with our 12 guests next month. As you told us, the students from both schools are supposed to give presentations in our assembly hall from 10:00 a.m. So, I've been looking at the attached timetable. Will they arrive at Azuma Station at 9:39 a.m. and then take a taxi to the school?

We have also been discussing the afternoon activities. How about seeing something related to science? We have two ideas, but if you need a third, please let me know.

Have you heard about the special exhibition that is on at Westside Aquarium next month? It's about a new food supplement made from sea plankton. We think it would be a good choice. Since it's popular, the best time to visit will be when it is least busy. I'm attaching the graph I found on the aquarium's homepage.

Eastside Botanical Garden, together with our local university, has been developing an interesting way of producing electricity from plants. Luckily, the professor in charge will give a short talk about it on that day in the early afternoon! Why don't we go?

Everyone will want to get some souvenirs, won't they? I think West Mall, next to Hibari Station, would be best, but we don't want to carry them around with us all day.

Finally, every visitor to Azuma should see the town's symbol, the statue in Azuma Memorial Park next to our school, but we can't work out a good schedule. Also, could you tell us what the plan is for lunch?

Yours,
Natsuki

252 英語(リーディング) 実戦問題

Hi Natsuki,

Thank you for your email! You've been working hard. In answer to your question, they'll arrive at the station at 9:20 a.m. and then catch the school bus.

The two main afternoon locations, the aquarium and botanical garden, are good ideas because both schools place emphasis on science education, and the purpose of this program is to improve the scientific knowledge of the students. However, it would be wise to have a third suggestion just in case.

Let's get souvenirs at the end of the day. We can take the bus to the mall arriving there at 5:00 p.m. This will allow almost an hour for shopping and our guests can still be back at the hotel by 6:30 p.m. for dinner, as the hotel is only a few minutes' walk from Kaede Station.

About lunch, the school cafeteria will provide boxed lunches. We can eat under the statue you mentioned. If it rains, let's eat inside.

Thank you so much for your suggestions. Could you two make a draft for the schedule?

Best,
Emma

Attached timetable:

Train Timetable
Kaede — Hibari — Azuma

Stations	Train No.			
	108	109	110	111
Kaede	8:28	8:43	9:02	9:16
Hibari	8:50	9:05	9:24	9:38
Azuma	9:05	9:20	9:39	9:53

Stations	Train No.			
	238	239	240	241
Azuma	17:25	17:45	18:00	18:15
Hibari	17:40	18:00	18:15	18:30
Kaede	18:02	18:22	18:37	18:52

Attached graph:

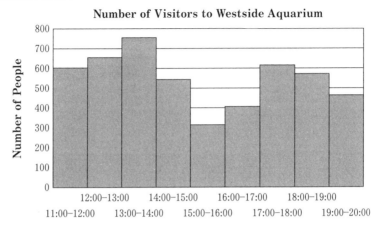

問 1　The guests from the sister school will arrive on the number ⟨24⟩ train and catch the number ⟨25⟩ train back to their hotel.

① 109　　　② 110　　　③ 111
④ 238　　　⑤ 239　　　⑥ 240

問 2　Which best completes the draft schedule? ⟨26⟩

A：The aquarium　　　B：The botanical garden
C：The mall　　　　　D：The school

254 英語(リーディング) 実戦問題

① D→A→B→C

② D→B→A→C

③ D→B→C→A

④ D→C→A→B

問 3　Unless it rains, the guests will eat lunch in the ⬚27⬚.

① botanical garden

② park next to the school

③ park next to the station

④ school garden

問 4　The guests will **not** get around ⬚28⬚ on that day.

① by bus

② by taxi

③ by train

④ on foot

問 5　As a third option, which would be the most suitable for your program? ⬚29⬚

① Hibari Amusement Park

② Hibari Art Museum

③ Hibari Castle

④ Hibari Space Center

第5問 (配点 15)

Using an international news report, you are going to take part in an English oral presentation contest. Read the following news story from France in preparation for your talk.

Five years ago, Mrs. Sabine Rouas lost her horse. She had spent 20 years with the horse before he died of old age. At that time, she felt that she could never own another horse. Out of loneliness, she spent hours watching cows on a nearby milk farm. Then, one day, she asked the farmer if she could help look after them.

The farmer agreed, and Sabine started work. She quickly developed a friendship with one of the cows. As the cow was pregnant, she spent more time with it than with the others. After the cow's baby was born, the baby started following Sabine around. Unfortunately, the farmer wasn't interested in keeping a bull—a male cow—on a milk farm. The farmer planned to sell the baby bull, which he called Three-oh-nine (309), to a meat market. Sabine decided she wasn't going to let that happen, so she asked the farmer if she could buy him and his mother. The farmer agreed, and she bought them. Sabine then started taking 309 for walks to town. About nine months later, when at last she had permission to move the animals, they moved to Sabine's farm.

Soon after, Sabine was offered a pony. At first, she wasn't sure if she wanted to have him, but the memory of her horse was no longer painful, so she accepted the pony and named him Leon. She then decided to return to her old hobby and started training him for show jumping. Three-oh-nine, who she had renamed Aston, spent most of his time with Leon, and the two became really close friends. However, Sabine had not expected Aston to pay close attention to her training routine with Leon, nor had she expected Aston to pick up some tricks. The young bull quickly mastered walking, galloping, stopping, going backwards, and turning around on command. He responded to Sabine's voice just like a horse. And despite weighing 1,300 kg, it took him just 18 months to learn how to leap over one-meter-high horse jumps with Sabine on his back. Aston might never have learned those things without having watched Leon. Moreover, Aston understood distance and could adjust his steps before a jump. He also noticed his faults and corrected them without any help from Sabine. That's something only the very best Olympic-standard horses can do.

Now Sabine and Aston go to weekend fairs and horse shows around Europe to show off his skills. Sabine says, "We get a good reaction. Mostly, people are really surprised, and at first, they can be a bit scared because he's big—much bigger than a horse. Most people don't like to get too close to bulls with horns. But once they see his real nature, and see him performing, they often say, 'Oh he's really quite beautiful.'"

"Look!" And Sabine shows a photo of Aston on her smartphone. She then continues, "When Aston was very young, I used to take him out for walks on a lead, like a dog, so that he would get used to humans. Maybe that's why he doesn't mind people. Because he is so calm, children, in particular, really like watching him and getting a chance to be close to him."

Over the last few years, news of the massive show-jumping bull has spread rapidly; now, Aston is a major attraction with a growing number of online followers. Aston and Sabine sometimes need to travel 200 or 300 kilometers away from home, which means they have to stay overnight. Aston has to sleep in a horse box, which isn't really big enough for him.

"He doesn't like it. I have to sleep with him in the box," says Sabine. "But you know, when he wakes up and changes position, he is very careful not to crush me. He really is very gentle. He sometimes gets lonely, and he doesn't like being away from Leon for too long; but other than that, he's very happy."

Your Presentation Slides

30

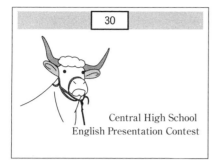

Central High School
English Presentation Contest

Who's Who?

Main figures

☐ , ☐ , ☐

Minor figures   } **31**

☐ , ☐

Pre-fame Storyline

Sabine's horse dies.
↓
32
↓
33
↓
34
↓
35
↓
Aston and Sabine start going to shows.

Aston's Abilities

Aston can:
- learn by simply watching Leon's training.
- walk, gallop, and stop when Sabine tells him to.
- understand distance and adjust his steps.
- **36** .
- **37** .

Aston Now

Aston today:
- is a show-jumping bull.
- travels to fairs and events with Sabine.
- **38** .

258 英語(リーディング) 実戦問題

問 1 Which is the best title for your presentation? ⬚30

① Animal-lover Saves the Life of a Pony

② Aston's Summer Show-jumping Tour

③ Meet Aston, the Bull who Behaves Like a Horse

④ The Relationship Between a Farmer and a Cow

問 2 Which is the best combination for the **Who's Who?** slide? ⬚31

	Main figures	Minor figures
①	309, Aston, the farmer	Sabine, the pony
②	Aston, Aston's mother, Sabine	309, the farmer
③	Aston, Leon, the farmer	Aston's mother, Sabine
④	Aston, Sabine, the pony	Aston's mother, the farmer

問 3 Choose the four events in the order they happened to complete the **Pre-fame Storyline** slide. ⬚32 ～ ⬚35

① Aston learns to jump.

② Sabine and Aston travel hundreds of kilometers together.

③ Sabine buys 309 and his mother.

④ Sabine goes to work on her neighbor's farm.

⑤ Sabine takes 309 for walks.

問 4 Choose the two best items for the **Aston's Abilities** slide. (The order does not matter.) 36 · 37

① correct his mistakes by himself

② jump side-by-side with the pony

③ jump with a rider on his back

④ pick up tricks faster than a horse

⑤ pose for photographs

問 5 Complete the **Aston Now** slide with the most appropriate item. 38

① has an increasing number of fans

② has made Sabine very wealthy

③ is so famous that he no longer frightens people

④ spends most nights of the year in a horse trailer

260　英語(リーディング)　実戦問題

第6問　(配点　24)

A You are working on a class project about safety in sports and found the following article. You are reading it and making a poster to present your findings to your classmates.

Making Ice Hockey Safer

Ice hockey is a team sport enjoyed by a wide variety of people around the world. The object of the sport is to move a hard rubber disk called a "puck" into the other team's net with a hockey stick. Two teams with six players on each team engage in this fast-paced sport on a hard and slippery ice rink. Players may reach a speed of 30 kilometers per hour sending the puck into the air. At this pace, both the players and the puck can be a cause of serious danger.

The speed of the sport and the slippery surface of the ice rink make it easy for players to fall down or bump into each other resulting in a variety of injuries. In an attempt to protect players, equipment such as helmets, gloves, and pads for the shoulders, elbows, and legs, has been introduced over the years. Despite these efforts, ice hockey has a high rate of concussions.

A concussion is an injury to the brain that affects the way it functions; it is caused by either direct or indirect impact to the head, face, neck, or elsewhere and can sometimes cause temporary loss of consciousness. In less serious cases, for a short time, players may be unable to walk straight or see clearly, or they may experience ringing in the ears. Some believe they just have a slight headache and do not realize they have injured their brains.

In addition to not realizing the seriousness of the injury, players tend to worry about what their coach will think. In the past, coaches preferred tough players who played in spite of the pain. In other words, while it would seem logical for an injured player to stop playing after getting hurt, many did not. Recently, however, it has been found that concussions can have serious effects that last a lifetime. People with a history of concussion may have trouble concentrating or sleeping. Moreover, they may suffer from psychological problems such as depression and mood changes. In some cases, players may develop smell and taste disorders.

The National Hockey League (NHL), consisting of teams in Canada and the United States, has been making stricter rules and guidelines to deal with concussions. For example, in 2001, the NHL introduced the wearing of visors—pieces of clear plastic attached to the helmet that protect the face. At first, it was optional and many players chose not to wear them. Since 2013, however, it has been required. In addition, in 2004, the NHL began to give more severe penalties, such as suspensions and fines, to players who hit another player in the head deliberately.

The NHL also introduced a concussion spotters system in 2015. In this system, NHL officials with access to live streaming and video replay watch for visible indications of concussion during each game. At first, two concussion spotters, who had no medical training, monitored the game in the arena. The following year, one to four concussion spotters with medical training were added. They monitored each game from the League's head office in New York. If a spotter thinks that a player has suffered a concussion, the player is removed from the game and is taken to a "quiet room" for an examination by a medical doctor. The player is not allowed to return to the game until the doctor gives permission.

The NHL has made much progress in making ice hockey a safer sport. As more is learned about the causes and effects of concussions, the NHL will surely take further measures to ensure player safety. Better safety might lead to an increase in the number of ice hockey players and fans.

Making Ice Hockey Safer

What is ice hockey?
- Players score by putting a "puck" in the other team's net
- Six players on each team
- Sport played on ice at a high speed

Main Problem: A High Rate of Concussions

Definition of a concussion
An injury to the brain that affects the way it functions

Effects

Short-term	Long-term
· Loss of consciousness	· Problems with concentration
· Difficulty walking straight	· 40
· 39	· Psychological problems
· Ringing in the ears	· Smell and taste disorders

Solutions

National Hockey League (NHL)
- Requires helmets with visors
- Gives severe penalties to dangerous players
- Has introduced concussion spotters to 41

Summary
Ice hockey players have a high risk of suffering from concussions. Therefore, the NHL has 42 .

問 1 Choose the best option for ┃ 39 ┃ on your poster.

① Aggressive behavior

② Difficulty thinking

③ Personality changes

④ Unclear vision

問 2 Choose the best option for ┃ 40 ┃ on your poster.

① Loss of eyesight

② Memory problems

③ Sleep disorders

④ Unsteady walking

問 3 Choose the best option for ┃ 41 ┃ on your poster.

① allow players to return to the game

② examine players who have a concussion

③ fine players who cause concussions

④ identify players showing signs of a concussion

問 4 Choose the best option for ┃ 42 ┃ on your poster.

① been expecting the players to become tougher

② been implementing new rules and guidelines

③ given medical training to coaches

④ made wearing of visors optional

264 英語（リーディング） 実戦問題

B You are studying nutrition in health class. You are going to read the following passage from a textbook to learn more about various sweeteners.

Cake, candy, soft drinks—most of us love sweet things. In fact, young people say "Sweet!" to mean something is "good" in English. When we think of sweetness, we imagine ordinary white sugar from sugar cane or sugar beet plants. Scientific discoveries, however, have changed the world of sweeteners. We can now extract sugars from many other plants. The most obvious example is corn. Corn is abundant, inexpensive, and easy to process. High fructose corn syrup (HFCS) is about 1.2 times sweeter than regular sugar, but quite high in calories. Taking science one step further, over the past 70 years scientists have developed a wide variety of artificial sweeteners.

A recent US National Health and Nutrition Examination Survey concluded that 14.6% of the average American's energy intake is from "added sugar," which refers to sugar that is not derived from whole foods. A banana, for example, is a whole food, while a cookie contains added sugar. More than half of added sugar calories are from sweetened drinks and desserts. Lots of added sugar can have negative effects on our bodies, including excessive weight gain and other health problems. For this reason, many choose low-calorie substitutes for drinks, snacks, and desserts.

Natural alternatives to white sugar include brown sugar, honey, and maple syrup, but they also tend to be high in calories. Consequently, alternative "low-calorie sweeteners" (LCSs), mostly artificial chemical combinations, have become popular. The most common LCSs today are aspartame, Ace-K, stevia, and sucralose. Not all LCSs are artificial—stevia comes from plant leaves.

Alternative sweeteners can be hard to use in cooking because some cannot be heated and most are far sweeter than white sugar. Aspartame and Ace-K are 200 times sweeter than sugar. Stevia is 300 times sweeter, and sucralose has twice the sweetness of stevia. Some new sweeteners are even more intense. A Japanese company recently developed "Advantame," which is 20,000 times sweeter than sugar. Only a tiny amount of this substance is required to sweeten something.

When choosing sweeteners, it is important to consider health issues. Making desserts with lots of white sugar, for example, results in high-calorie dishes that could lead to weight gain. There are those who prefer LCSs for this very reason. Apart from calories, however, some research links consuming artificial LCSs with various other health concerns. Some LCSs contain strong chemicals suspected of causing cancer, while others have been shown to affect memory and brain development, so they can be dangerous, especially for young children, pregnant women, and the elderly. There are a few relatively natural alternative sweeteners, like xylitol and sorbitol, which are low in calories. Unfortunately, these move through the body extremely slowly, so consuming large amounts can cause stomach trouble.

When people want something sweet, even with all the information, it is difficult for them to decide whether to stick to common higher calorie sweeteners like sugar or to use LCSs. Many varieties of gum and candy today contain one or more artificial sweeteners; nonetheless, some people who would not put artificial sweeteners in hot drinks may still buy such items. Individuals need to weigh the options and then choose the sweeteners that best suit their needs and circumstances.

266　英語（リーディング）　実戦問題

問 1　You learn that modern science has changed the world of sweeteners by [43].

① discovering new, sweeter white sugar types

② measuring the energy intake of Americans

③ providing a variety of new options

④ using many newly-developed plants from the environment

問 2　You are summarizing the information you have just studied.　How should the table be finished?　[44]

Sweetness	Sweetener
high	Advantame
	(A)
	(B)
	(C)
low	(D)

① (A) Stevia   (B) Sucralose
　 (C) Ace-K, Aspartame (D) HFCS

② (A) Stevia   (B) Sucralose
　 (C) HFCS   (D) Ace-K, Aspartame

③ (A) Sucralose   (B) Stevia
　 (C) Ace-K, Aspartame (D) HFCS

④ (A) Sucralose   (B) Stevia
　 (C) HFCS   (D) Ace-K, Aspartame

問 3 According to the article you read, which of the following are true? (Choose two options. The order does not matter.) 45 · 46

① Alternative sweeteners have been proven to cause weight gain.

② Americans get 14.6% of their energy from alternative sweeteners.

③ It is possible to get alternative sweeteners from plants.

④ Most artificial sweeteners are easy to cook with.

⑤ Sweeteners like xylitol and sorbitol are not digested quickly.

問 4 To describe the author's position, which of the following is most appropriate? 47

① The author argues against the use of artificial sweeteners in drinks and desserts.

② The author believes artificial sweeteners have successfully replaced traditional ones.

③ The author states that it is important to invent much sweeter products for future use.

④ The author suggests people focus on choosing sweeteners that make sense for them.

英語(リーディング)

問題番号(配点)	設問		解答番号	正解	配点	チェック
第1問 (10)	A	問1	1	①	2	
		問2	2	②	2	
	B	問1	3	④	2	
		問2	4	④	2	
		問3	5	③	2	
第2問 (20)	A	問1	6	②	2	
		問2	7	②	2	
		問3	8	①	2	
		問4	9	③	2	
		問5	10	⑤	2	
	B	問1	11	④	2	
		問2	12	④	2	
		問3	13	②	2	
		問4	14	②	2	
		問5	15	①	2	
第3問 (15)	A	問1	16	③	3	
		問2	17	②	3	
	B	問1	18	④	3*	
			19	②		
			20	①		
			21	③		
		問2	22	②	3	
		問3	23	②	3	

問題番号(配点)	設問		解答番号	正解	配点	チェック
第4問 (16)		問1	24	①	2	
			25	⑤	2	
		問2	26	②	3	
		問3	27	②	3	
		問4	28	②	3	
		問5	29	④	3	
第5問 (15)		問1	30	③	3	
		問2	31	④	3	
		問3	32	④	3*	
			33	③		
			34	⑤		
			35	①		
		問4	36–37	①–③	3*	
		問5	38	①	3	
第6問 (24)	A	問1	39	④	3	
		問2	40	③	3	
		問3	41	④	3	
		問4	42	②	3	
	B	問1	43	③	3	
		問2	44	③	3	
		問3	45–46	③–⑤	3*	
		問4	47	④	3	

(注)
1 ＊は，全部正解の場合のみ点を与える。
2 ―（ハイフン）でつながれた正解は，順序を問わない。

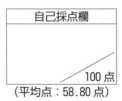

（平均点：58.80点）

第1問

A メッセージの読み取り

> 訳 《忘れもの》
>
> あなたの寮のルームメイトのジュリーが，あなたの携帯電話に依頼のメッセージを送ってきた。

助けて！！！
昨日の晩，歴史の宿題を USB メモリに保存したの。今日の午後，大学の図書館で印刷するつもりだったんだけど，USB を持ってくるのを忘れちゃった。今日の午後4時までに先生にコピーを提出する必要があるの。私の USB を図書館まで持ってきてくれる？　机の上の歴史の本の上にあると思うわ。本はいりません。USB だけね。♡

ごめん，ジュリー，見つからなかったわ。歴史の本はあったんだけれど，USB はなかった。机の下まで全部捜したのよ。手元にないのはまちがいない？　念のために，あなたのラップトップを持っていくわね。

あなたの言う通りだったわ！　持ってた。カバンの底にありました。ほっとしたわ！
ともかく，ありがとう。☺

語句・構文

▶ bring *A* with *B*（人）「*A* を *B*（人）が携えていく」　with + 人は「手元にある」ことを明示するもの。have it with you も同様。

▶ a copy「写し，コピー」　同時に「（印刷したものの）1部」の意でもある。

▶ just in case「念のため」

270 英語(リーディング) 実戦問題

問1　　1　　正解は①

「ジュリーの依頼は何だったか」

ジュリーの最初のメッセージ第5文（Can you bring …）に「私の USB を図書館まで持ってきてくれる？」とある。①**「彼女の USB を持ってくること」**が正解。

② 「彼女の歴史の宿題を提出すること」

③ 「彼女に USB を貸すこと」

④ 「彼女の歴史の宿題を印刷すること」

問2　　2　　正解は②

「ジュリーの2番目のメッセージにどのように返事をするか」

「あなた」のメッセージ第1文（Sorry Julie, …）に，頼まれた USB が見つからなかったことが述べられている。しかし，ジュリーの2番目のメッセージ第2文（I did have it.）で，ジュリーが持っていることがわかった。問題は解決したので，②**「それを聞いて本当によかった」**が適切。

① 「心配しないで。見つかるわ」

③ 「もう一回カバンの中を見て」

④ 「がっかりしているに違いないわ」

　第1問Aはメッセージから必要な情報を探し出す問題。ただし，問2では**推測**が求められる。なお，推測が求められる出題はセンター試験の英語（筆記）で，会話文の空所補充問題などでも出題されていた。会話の流れに気をつけて，どう応答するかを推測できるようにしよう。

B ウェブサイトの読み取り

訳 《ファンクラブの入会案内》
あなたの大好きなミュージシャンが日本でコンサートツアーを行うことになり，あなたはファンクラブに入ろうと考えている。あなたはファンクラブの公式サイトにアクセスする。

タイラー=クイック　ファンクラブ

タイラー=クイック（**TQ**）ファンクラブの会員だととても楽しいですよ！最新ニュースがいつもわかりますし，わくわくする多くのファンクラブ会員向けイベントに参加できます。新規会員は全員，新規会員パックがもらえます。それには会員証，無料のサイン入りポスター，**TQ** のサードアルバム「**スピーディングアップ**」が入っています。新規会員パックはご自宅に配達され，ファンクラブ入会後約1週間で届きます。

TQ は世界中で愛されています。どの国からでも加入でき，会員証は1年間有効です。**TQ** ファンクラブには，ペーサー会員，スピーダー会員，ズーマー会員の3種類があります。

以下の会員オプションから選んでください。

特　典　（♪）	ペーサー (20ドル)	スピーダー (40ドル)	ズーマー (60ドル)
定期メールとオンラインマガジンのパスワード	♪	♪	♪
コンサートツアー日程の先行情報	♪	♪	♪
毎週の TQ のビデオメッセージ	♪	♪	♪
毎月の絵ハガキ		♪	♪
TQ ファンクラブカレンダー		♪	♪
特別サイン会へのご招待			♪
コンサートチケットの20パーセント割引			♪

- 5月10日より前に入会して，会費の10ドル割引を受け取りましょう！
- 新規会員パックの郵送には1つ4ドルの送料がかかります。
- 入会後，最初の1年の終わりには，50パーセント割引で更新か格上げができます。

272 英語（リーディング）　実戦問題

> ペーサーでもスピーダーでもズーマーでも，**TQ** ファンクラブの会員であることが気に入るでしょう。さらなる情報，あるいは入会は<u>ここ</u>をクリック。

語句・構文

▶ keep up with ～「～に遅れずについていく」

▶ take part in ～「～に参加する」

問1 　3　 正解は④

「新規会員パックは＿＿＿＿」

ファンクラブ紹介の第1段最終文（The New Member's Pack will …）に「ファンクラブ入会後約1週間で届く」とある。④「**届くのに約7日かかる**」が正解。

① 「TQ のファーストアルバムが含まれている」

② 「5月10日に配達される」

③ 「10ドルの配送料がかかる」

問2 　4　 正解は④

「新しくペーサー会員になると何が得られるか」

特典（What you get）の表の項目1つ目に「オンラインマガジンのパスワード」とあり，これでオンラインマガジンが読めることがわかる。また，項目3つ目に「ビデオメッセージ」があるので，④「**ビデオメッセージとオンラインマガジンの利用**」が正解。

① 「割引のコンサートチケットとカレンダー」

② 「定期的なメールとサイン会への招待」

③ 「ツアー情報と毎月のハガキ」

問3 　5　 正解は③

「会員になって1年後，＿＿＿＿ことができる」

「注目！（Check it out!）」の項目の3つ目に「50パーセント割引で更新か格上げができる」とある。③「**半額で会員の立場を更新する**」が正解。

① 「手数料50ドルでズーマーになる」

② 「4ドルで新規会員パックを手に入れる」

④ 「無料で格上の会員になる」

> 　第1問Bは英文本文を読んで得られる情報と，表の情報を読み取り，複合的に考えて解答する問題。落ち着いて1つずつ情報を探して照らし合わせればよい。

第2問

A 情報の読み取り

[訳] 《学園祭バンドコンクールの審査》

ある英国の学園祭バンドコンクールを運営する学生として，あなたはランク付けを理解し説明するために，3人の審査員のつけた点数とコメントをすべて検討しているところである。

審査員たちの最終的な平均スコア				
クオリティー / バンド名	演奏 (5.0点)	歌唱 (5.0点)	曲の独創性 (5.0点)	合計 (15.0点)
グリーンフォレスト	3.9	4.6	5.0	13.5
サイレントヒル	4.9	4.4	4.2	13.5
マウンテンペア	3.9	4.9	4.7	13.5
サウザンドアンツ	(演奏せず)			

審査員たちの個別のコメント	
ホッブズさん	サイレントヒルは優れた演奏者たちで，本当に聴衆とつながっているように思えました。マウンテンペアの歌唱はとてもよかったです。グリーンフォレストのオリジナルの曲はとても気に入りました。素晴らしかったです！
リーさん	サイレントヒルは素晴らしい演奏をしました。聴衆が彼らの音楽に応える様子は驚くべきものでした。サイレントヒルは今後人気が出るだろうと本当に思います！　マウンテンペアは声がよかったですが，ステージ上では刺激的ではありませんでした。グリーンフォレストは素晴らしい新曲を演奏しましたが，もっと練習が必要だと思います。
ウェルズさん	グリーンフォレストには新曲があります。とても気に入りました！　大ヒットする可能性があると思います！

274　英語(リーディング)　実戦問題

審査員たちの共有された評価（ホッブズさんによって要約されたもの）

　それぞれのバンドの合計点は同じですが，各々は非常に異なっています。リーさんと私は，バンドにとっては演奏が最も重要なクオリティーだということで意見が一致しました。ウェルズさんも賛成でした。したがって，1位は簡単に決まります。

　2位と3位を決めるために，ウェルズさんは曲の独創性が歌唱のうまさよりも重要ではないかと提案しました。リーさんと私はこの意見に同意しました。

語句・構文

▶ incredible「信じられない（ほど素晴らしい)」
▶ first place「1位」（the がつかないことがよくある）

問1　　6　　正解は②

「審査員たちの最終的な平均スコア（Judges' final average scores）に基づくと，最も歌が上手だったバンドはどれか」

「審査員たちの最終的な平均スコア」の「歌唱」の欄を見ると，グリーンフォレストは4.6点，サイレントヒルは4.4点，マウンテンペアは4.9点で，サウザンドアンツは演奏をしていない。②「**マウンテンペア**」が正解。

①「グリーンフォレスト」　③「サイレントヒル」　④「サウザンドアンツ」

問2　　7　　正解は②

「肯定的なコメントも批判的なコメントもしているのはどの審査員か」

リーさんのコメントの最後の2文（Mountain Pear have … to practice more.）に「マウンテンペアは声がよかったが，ステージ上では刺激的ではなかった。グリーンフォレストは素晴らしい新曲を演奏したが，もっと練習が必要だと思う」とある。よって②「**リーさん**」が正解。

①「ホッブズさん」　③「ウェルズさん」　④「誰でもない」

問3　　8　　正解は①

「審査員たちの個別のコメントから読み取れる一つの**事実**は　　　ことである」

ホッブズさんのコメント第3文（I loved …）に「グリーンフォレストのオリジナルの曲はとても気に入った」，リーさんのコメント最終文（Green Forest …）に「グリーンフォレストは素晴らしい新曲を演奏した」，ウェルズさんのコメント第1・2文（Green Forest … loved it!）に「グリーンフォレストには新曲がある。とても気に入った」とある。①「**審査員全員が，グリーンフォレストの曲をほめた**」が正解。他の選択肢は，各審査員の個人的な意見。

解答解説　**275**

　② 「グリーンフォレストはもっと練習する必要がある」

　③ 「マウンテンペアは非常にうまく歌える」

　④ 「サイレントヒルは将来有望である」

問4　　9　　正解は③

「審査員たちのコメントと共有された評価から読み取れる一つの**意見は**　　**こと**である」

ホッブズさんのコメント第1文（Silent Hill are …）に「サイレントヒルは優れた演奏者たちで，本当に聴衆とつながっているように思えた」とある。これはホッブズさん個人が受けた印象であり，③「**サイレントヒルは聴衆と本当につながっていた**」が正解。他の選択肢は意見とは言えない。

　① 「評価を受けた個々のバンドは同じ合計点をもらった」

　② 「独創性に関するウェルズさんの提案は，同意をもらった」

　④ 「審査員たちのコメントが順位を決定した」

問5　　10　　正解は⑤

「審査員たちの共有された評価に基づく最終的な順位は次のどれか」

「審査員たちの共有された評価」第1段第2文～最終文（Ms Leigh and I … is easily determined.）に「リーさんと私は，バンドにとっては演奏が最も重要なクオリティーだということで意見が一致し，ウェルズさんも賛成した」とある。平均スコアの表で，「演奏」の得点が4.9で最も高いのはサイレントヒル。したがって1位はサイレントヒルである。「共有された評価」第2段では「ウェルズさんは曲の独創性が歌唱のうまさよりも重要ではないかと提案し，リーさんと私はこの意見に同意した」とある。「平均スコア」の表の「曲の独創性」で，グリーンフォレストは5.0点，マウンテンペアは4.7点なので，2位がグリーンフォレスト，3位がマウンテンペアとなる。⑤が正解。

	1位	2位	3位
①	「グリーンフォレスト	マウンテンペア	サイレントヒル」
②	「グリーンフォレスト	サイレントヒル	マウンテンペア」
③	「マウンテンペア	グリーンフォレスト	サイレントヒル」
④	「マウンテンペア	サイレントヒル	グリーンフォレスト」
⑤	「サイレントヒル	グリーンフォレスト	マウンテンペア」
⑥	「サイレントヒル	マウンテンペア	グリーンフォレスト」

276 英語（リーディング）　実戦問題

B　オンライン記事の読み取り

訳 《放課後の活動時間短縮についてのオンライン公開討論》

　あなたは，現在交換留学生として勉強している英国の学校で，学校の方針の変更について聞いた。その方針に関する議論をオンライン公開討論で読んでいるところである。

　　　　　　　　　　　　　　　　　　　　　　　　　　　　　　　　－　□　×

学校の新しい方針＜2020年9月21日掲示＞

P.E. バージャーへ

K. ロバーツより

バージャー先生へ

［第1段］　全生徒を代表して，セントマークス校へようこそ。私たちは，先生が実業のご経験のある初めての校長だとお聞きしました。そのご経験が私たちの学校の助けになることを望んでいます。

［第2段］　先生が放課後の活動の時間についてご提案されている変更について，一つの懸念を表明したく思います。エネルギーの節約は大切であり，これから暗くなるのが早くなることはわかっています。先生が時間を1時間半短くすることにしたのはこれが理由でしょうか？　セントマークス校の生徒は勉強も放課後の活動も非常に真剣に考えています。多くの生徒が，これまでずっとそうだったように，午後6時まで学校にいたいと私に言ってきました。それで，先生には，この突然の方針変更について，再考をお願いしたいと思います。

敬具

ケン＝ロバーツ

生徒代表

解答解説　**277**

Re：学校の新しい方針＜2020年9月22日掲示＞
K. ロバーツへ
P.E. バージャーより

ケンへ
[**第3段**]　心のこもった投稿を本当にありがとう。重要な懸念，とりわけエネルギー経費のこと，学校での活動に関する生徒たちの意見について，表明してくれましたね。
[**第4段**]　新しい方針は，エネルギー節約とは無関係です。この決定は，2019年の警察の報告書に基づいてなされました。その報告書は，重大な犯罪が5パーセント増加したために，私たちの市が以前ほど安全ではなくなったことを示していました。私はこの学校の生徒たちを守りたいと思っています。それで，生徒には暗くなる前に帰宅してほしいのです。

草々
P.E. バージャー博士
校長

> **語句・構文**

[第1段]　▶ on behalf of ～「～を代表して」

[第2段]　▶ take *A* seriously「*A* を真剣に考える，受け止める」

　　　　　▶ a number of ～「（数）多くの～」

[第4段]　▶ have nothing to do with ～「～とは何の関係もない，無関係である」

　　　　　▶ due to ～「～のせいで，～が原因で」

問1　11　正解は④

「ケンは新しい方針が□□□と考えている」

第2段第3文（Is this why …）に「先生が時間を1時間半短くすることにしたのはこれが理由でしょうか」とある。④「放課後の活動の時間を減らす」が正解。

① 「生徒たちをもっと勉強させる可能性がある」

② 「学校の安全を向上させるかもしれない」

③ 「ただちに導入されるべきだ」

278 英語(リーディング)　実戦問題

問2　　12　　正解は④

「ケンの討論への投稿で述べられている一つの**事実**は□□□ということである」

第2段第5文（A number of students …）に「多くの生徒が，これまでずっとそうだったように，午後6時まで学校にいたいと私に言ってきた」とある。④**「新しい方針を歓迎しない生徒がいる」**が正解。①は「必要だ」，③は「べきだ」から，事実ではなく意見であることは明らか。②は第1段最終文後半（so we hope …）に「先生のご経験が私たちの学校の助けになることを望んでいる」とあるが，これはケンの希望であり，「改善しつつある」かどうか判断できないので，事実とは言えない。

①「その方針についてはもっと議論が必要だ」

②「校長の経験が学校を改善しつつある」

③「学校は生徒たちの活動について考えるべきだ」

問3　　13　　正解は②

「方針の目的がエネルギーを節約することだと考えているのは誰か」

第2段第2・3文（I realise that … a half shorter?）でケンは「エネルギーの節約は大切であり，これから暗くなるのが早くなることはわかっている。先生が時間を1時間半短くすることにしたのはこれが理由か」と述べている。一方，第4段第1文（The new policy …）で，バージャー博士は「新しい方針は，エネルギー節約とは無関係だ」と述べている。よって，②**「ケン」**が正解。

①「バージャー博士」

③「市」

④「警察」

問4　　14　　正解は②

「バージャー博士は，彼の新しい方針の根拠を□□□という**事実**に置いている」

第4段最終2文（The report showed … it gets dark.）に「重大な犯罪が5パーセント増加したために，私たちの市が以前ほど安全ではなくなった…生徒には暗くなる前に帰宅してほしい」とある。②**「市の安全が低下した」**が正解。①は同じ箇所から読み取れる内容であるものの，彼の意見であり事実とは言えない。

①「早く帰宅することが重要だ」

③「学校は電気を節約しなくてはならない」

④「生徒は保護を必要としている」

問5 　15　　正解は①

「ケンが新しい方針に反対する手助けになるように，あなたは何を調べるか」

問4で検討したように，新しい方針は市の安全が低下したことを理由にしている。この根拠が崩れるなら，新しい方針を覆すことができる。①「犯罪率とそれの地元地域との関連」が正解。

②「学校のエネルギー予算と電気の経費」

③「学校の活動時間の長さ対予算」

④「放課後の活動をしている生徒の勉強時間」

　第2問Aは表と英文本文の情報を組み合わせて解答する問題。問3と問4で「事実と意見」を区別する問題が出題されている。問3では，審査員自身の「意見」と，審査員がほめ言葉を口にしたという「事実」とを区別しなくてはならない。

　たとえば誰かが「この花は美しい」と言った場合，「この花は美しい」というのはその人の「意見」だが，その人が「この花は美しい」と言ったこと自体は「事実」である。よって，特定の表現が含まれているから「意見」（または「事実」）というように安易に決めてはならず，本文の情報と常に対応させて判断しなければならない。

　第2問Bはオンラインフォーラム上の2人のやり取りを読んで解答する問題。それぞれの**主張**と**根拠**に注意しながら読む必要がある。ここでも問2・問4で「事実と意見」の区別が問われている。問2がやや難しいが，第2問Aと同様に，本文の情報と照合しながら，選択肢が単に「意見」を表しているのか，ある意見を述べている人がいるという「事実」を述べているのかを区別すること。

280　英語(リーディング)　実戦問題

第3問

A　ウェブサイトの読み取り

> 訳 《英国のホテルの検討》
>
> 　あなたは英国のあるホテルに泊まろうと計画している。旅の助言サイトの Q&A
> コーナーで有益な情報を見つけた。
>
> ---
>
> 私は 2021 年 3 月に，キャッスルトンのホーリーツリーホテルに泊まろうと考えて
> います。このホテルを推薦しますか？　また，バクストン空港からそこへ行くのは
> 簡単でしょうか？　　　　　　　　　　　　　　　　　　　　　　　　　（リズ）
>
> ---
>
> 回答
>
> はい，ホーリーツリーを強くお勧めします。僕はそこに二度泊まったことがありま
> す。料金は高くありませんし，サービスは素晴らしいです！　おいしい無料の朝食
> もついています。（アクセス情報はここをクリック。）
>
> ホテルまで行ったときの私自身の経験をお話しさせてください。
>
> 最初の訪問のときには，地下鉄を使いました。料金が安くて便利です。電車は 5 分
> おきに運行しています。空港からレッド線でモスフィールド駅まで行きました。ビ
> クトリア駅に行くのにオレンジ線に乗り換えるのは通常 7 分ほどかかるはずですが，
> 道順がよくわからなくて，僕は 5 分余分にかかってしまいました。ビクトリア駅か
> らは，ホテルまでバスで 10 分でした。
>
> 二度目は，ビクトリア駅まで急行バスに乗ったので，乗り換えの心配はありません
> でした。ビクトリア駅で，2021 年の夏まで，道路補修工事があるという掲示を見
> つけました。今は，市バスでホテルまで行くのには，通常の 3 倍の時間がかかりま
> す。もっとも，バスは 10 分おきに出ています。歩くこともできますが，天気が悪
> かったので，僕はバスに乗りました。
>
> 滞在を楽しんでください！　　　　　　　　　　　　　　　　　　（アレックス）

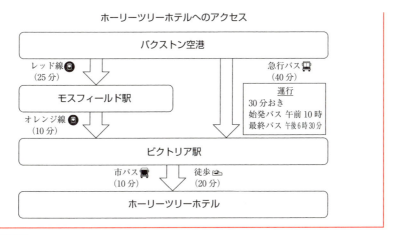

語句・構文

[質問] ▶ be considering *doing*「～しようかと考えている」
[回答] ▶ inexpensive「（質・値打ちの割りに）安い」
　　　 ▶ transfer to ～「～に乗り換える」
　　　 ▶ a ten-minute bus ride「バスで10分（の距離）」「数詞＋ハイフン＋単数名詞」で形容詞的に他の名詞を修飾する。*ex.* a five-year-old child「5歳の子ども」　なお，●-year-old これだけで「●歳の人」の意の名詞でも使える。「5歳児たち」は five-year-olds となる。
　　　 ▶ it takes＋時間＋to *do*「～するのに…かかる」

問1　　16　　正解は③

「アレックスの回答から，アレックスが　　　　ことがわかる」
アレックスの回答第1段第3・4文（It's inexpensive, … free breakfast.）に「料金は高くなく，サービスは素晴らしい。おいしい無料の朝食もついている」とある。
③「そのホテルはお金を払うだけの値打ちがあると考えている」が正解。
①「ホテルの便利な立地を評価している」
②「キャッスルトンへの最初の訪問のときに，ビクトリア駅で道に迷った」
④「2回とも空港から同じルートを使った」

282 英語(リーディング) 実戦問題

問2 ☐17☐ 正解は②

「あなたは 2021 年 3 月 15 日午後 2 時に，空港から公共交通機関で出発しようとしている。ホテルに到着するのに最も早い方法は何か」

アレックスの回答第 4 段第 2・3 文（At Victoria, … every ten minutes.）に「2021年の夏まで，道路補修工事があり…市バスでホテルまで行くのには，通常の 3 倍の時間がかかる」とある。よって「ホーリーツリーホテルへのアクセス」の図に「市バスは 10 分」とあるが，これが 30 分になる。

① 「急行バスと市バス」は 40 分 + 30 分 = 70 分。

② 「急行バスと徒歩」は 40 分 + 20 分 = 60 分。

③ 「地下鉄と市バス」は 25 分 + 10 分 + 30 分 = 65 分に加え，アレックスの回答第3 段第 4 文（Transferring to …）に「オレンジ線に乗り換えるのは通常 7 分ほどかかる」とあるので，全体で 72 分。

④ 「地下鉄と徒歩」は 25 分 + 7 分 + 10 分 + 20 分 = 62 分。

最も早いのは②。

　第 3 問 A は英文本文と空港からホテルへの経路を示した図を照合しながら解答する問題。問 2 では簡単な計算が求められているため，数値に注意し，計算を間違えないようにしよう。

解答解説　283

B　ニュースレターの読み取り

訳　《ボランティアの募集》

　　あなたのクラスメートが，学校のニュースレターに掲載されている，英国からの交換留学生が書いた次のようなメッセージを見せてくれた。

ボランティア募集中！

[第1段]　みなさん，こんにちは。私はロンドンから来た交換留学生のセーラ゠キングです。今日はみなさんに，大事なことをお伝えしたいと思います。

[第2段]　サクラ国際センターのことは聞いたことがあるかもしれません。センターは，日本人住民，外国人居住者が互いに知り合う貴重な機会を提供しています。料理教室やカラオケコンテストといった人気のあるイベントが毎月開催されています。しかし，重大な問題があります。建物が老朽化しており，高額の改修が必要になっているのです。センター維持の資金を募る手助けをするために，多くのボランティアが必要です。

[第3段]　私はこの問題について，数カ月前に知りました。町で買い物をしているとき，何人かの人たちが募金運動に参加しているのを見たのです。募金運動のリーダーのケイティに声をかけると，彼女は状況を説明してくれました。私がいくらか寄付すると彼女はありがとうと言ってくれました。彼女は，町長に財政的援助を求めたけれど，彼女らの要求は却下されたと言いました。募金運動を始めるしかなかったということです。

[第4段]　先月，私はセンターで行われた芸術に関する講義に参加しました。そのときもまた，人々が寄付を募っているのを見かけ，手伝うことにしました。通りかかる人たちに寄付をお願いするのに私も加わったとき，彼らは喜んでくれました。私たちは一生懸命取り組みましたが，多くのお金を集めるのには，私たちの人数は少なすぎました。涙ぐんだ表情で，ケイティは私に，もうそれほど長くあの建物を使うことはできないだろうと言いました。私はもっと何かする必要があると感じました。そのとき，他の生徒たちも進んで手助けしてくれるかもしれないという考えが浮かんだのです。ケイティはこれを聞いて喜びました。

[第5段]　さあ，みなさん，サクラ国際センターを救う募金運動を私と一緒にしてください。いますぐ私にメールをください！　交換留学生なので，日本で過ごせる時間は限られていますが，私はそれを最大限に使いたいと思っています。一緒に頑張ることで，本当に変えることができます。

　3年A組
　Sarah King（sarahk@sakura-h.ed.jp）

セーラ・キング

284 英語(リーディング) 実戦問題

語句・構文

[第2段] ▶ may have *done*「〜した（ことがある）かもしれない」
　　　　▶ raise funds「資金を調達する」
[第3段] ▶ ask *A* for *B*「*A* に *B* を求める，*B* をくださいと *A* に言う」
　　　　▶ have no choice but to *do*「〜するほか仕方がない」
[第4段] ▶ passer-by「通行人」　複数形が passers-by となることに注意。
　　　　▶ the idea comes to *A* that …「…という考えが *A*（人）に思い浮かぶ」
　　　　　that 節は the idea の内容を表す同格節。
[第5段] ▶ today「今すぐ」
　　　　▶ make the most of 〜「〜を最大限に利用する」
　　　　▶ make a difference「違いを生む」　重要な・よい変化をもたらすことを
　　　　　表す。

問1　18　19　20　21　正解は④，②，①，③

「次の出来事（①〜④）を起きた順序に並べよ」

セーラが経験した出来事を語っているのは，第3・4段。第3段第5文（She told me …）に「彼ら（ケイティをリーダーとした，募金活動をしている人たち）は，町長に財政的援助を求めた」とあり，これが募金活動より前のことであることは過去完了で述べられていることからわかる。④「運動をしている人たちは町長に援助を求めた」が最初。セーラがケイティからこの話を聞いたときに寄付をしていることが第3段第4文（She thanked me …）に述べられており，②「セーラはセンターにお金を寄付した」が続く。②は第3段第1文の a few months ago より，数カ月前のことである。第4段第1文（Last month, …）に「先月，私はセンターで行われた芸術に関する講義に参加した」とあり，①「セーラは，センターのイベントに参加した」が3番目。そこでまた募金活動をしている人たちを見かけ，ケイティと話をしている。第4段最終2文（Then, the idea … hear this.）に「そのとき，他の生徒たちも進んで手助けしてくれるかもしれないという考えが浮かんだ。ケイティはこれを聞いて喜んだ」とある。③「セーラはケイティにある提案をした」がこれにあたる。よって，④→②→①→③の順になる。

問2　22　正解は②

「セーラのメッセージから，サクラ国際センターが□□□ことがわかる」

第2段第2文（It provides valuable …）に「センターは，日本人住民，外国人居住者が互いに知り合う貴重な機会を提供している」とある。②「友情を育てる機会を提供している」が正解。

① 「外国人居住者に財政援助をしている」

③ 「地域社会のためのニュースレターを発行している」

④ 「英国に交換留学生を送っている」

問3　　23　　正解は②

「あなたはセーラのメッセージを読んで募金活動の手伝いをしようと決めた。まず何をすべきか」

セーラは，第5段第1文（Now, I'm asking …）で「さあ，みなさん，サクラ国際センターを救う募金運動を私と一緒にしてください」と参加を呼びかけたあと，続く第2文で「いますぐ私にメールをください！」としている。② 「**さらなる情報を得るためにセーラに連絡をとる**」が正解。

① 「センターでのイベントを宣伝する」

③ 「学校でボランティア活動を組織する」

④ 「新たな募金活動を開始する」

　　第3問Bはボランティアを募集するニュースレターを読んで解答する問題。第3問Aの問題と異なり，与えられている情報は英文本文だけであるが，**出来事を時系列で並べ替える**問題（問1）や，本文の内容から**推測する**問題（問3）が出されている。過去の出来事は，通例，時系列で述べられるが，She told me that they had asked the town mayor for financial assistance, but their request had been rejected. では過去完了形が用いられていることから，ここは時系列が逆転し，募金活動が行われるより前のことが述べられていることに気をつけねばならない。

286 英語（リーディング） 実戦問題

第4問

メールの読み取り

> 訳 《姉妹校からの生徒をもてなすスケジュール案についてのやり取り》
>
> あなたの英語の先生のエマが，姉妹校からの生徒をもてなす1日のスケジュールの計画を立てる手伝いを，あなたとあなたのクラスメートのナツキに依頼してきた。あなたは，スケジュール案が書けるように，ナツキとエマのメールのやり取りを読んでいる。
>
> ─────────────────────────
>
> エマ先生へ
>
> ［第1段］ 来月の12人のゲストと出かける日のスケジュールについて，いくつか考えと質問があります。お話しくださったとおり，どちらの学校の生徒も，午前10時から私たちの学校の会館でプレゼンテーションを行うことになっています。それで，添付の時刻表を見ていました。彼らはアズマ駅に午前9時39分に到着し，学校までタクシーで来るのですか？
>
> ［第2段］ これまで午後の活動についても話し合ってきました。何か科学に関係するものを見るのはどうでしょうか？ 2つの考えがありますが，もしもう1つ必要なら，知らせてください。
>
> ［第3段］ 来月ウエストサイド水族館で開かれる特別展についてはお聞きでしょうか？ それは海洋性プランクトンから作られる新しい補助食品に関するものです。よい選択だと思います。人気のある施設ですので，訪問に最適な時間は，いちばん混んでいない時間帯でしょう。水族館のホームページで見つけたグラフを添付します。
>
> ［第4段］ イーストサイド植物園は，地元の大学とともに，植物から電気を作る興味深い方法を開発しています。都合のよいことに，担当している教授がそのことについて予定の日の午後早い時間にちょっとした講演をすることになっています！出かけてはどうでしょうか？
>
> ［第5段］ みんな何かお土産を買いたいと思うのではないでしょうか？ ヒバリ駅の隣にあるウエストモールが最適だと思いますが，お土産を一日中持って歩くのもどうかと思います。
>
> ［第6段］ 最後に，アズマに訪れる人はみんな，町のシンボル，つまり私たちの学校の隣にあるアズマ記念公園の銅像を見たほうがよいと思いますが，よいスケジュールを思いつきません。また，昼食の計画がどうなっているか教えていただけますか？

敬具

ナツキより

ナツキへ

[第7段]　メールありがとう！　一生懸命考えてくれましたね。質問にお答えすれば，彼らは午前9時20分に駅に到着し，それからスクールバスに乗ります。

[第8段]　午後の主な2つの場所，水族館と植物園はよい考えですね。両校とも，科学教育を重視していますし，このプログラムの目的は，生徒の科学知識を向上させることですからね。ですが，念のため，3番目の案を考えておくのが賢明でしょう。

[第9段]　お土産は一日の最後にしましょう。午後5時にモールに着くバスに乗れます。これで買い物に1時間近くとれて，それでもゲストは夕食をとるのに午後6時半までにはホテルに戻れます。ホテルはカエデ駅から歩いて数分しかかかりませんから。

[第10段]　昼食については，学食がお弁当を用意してくれます。あなたが言っていた銅像の下で食事ができますね。もし雨が降ったら，屋内で食べましょう。

[第11段]　提案をどうもありがとう。あなたたち2人でスケジュール案を作成してくださいますか？

よろしくお願いします。

エマより

添付の時刻表：

列車の時刻表
カエデ ― ヒバリ ― アズマ

駅	列車番号			
	108	109	110	111
カエデ	8:28	8:43	9:02	9:16
ヒバリ	8:50	9:05	9:24	9:38
アズマ	9:05	9:20	9:39	9:53

駅	列車番号			
	238	239	240	241
アズマ	17:25	17:45	18:00	18:15
ヒバリ	17:40	18:00	18:15	18:30
カエデ	18:02	18:22	18:37	18:52

添付のグラフ：

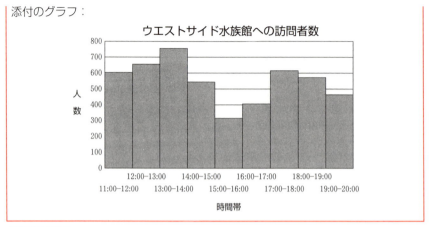

語句・構文

[第1段] ▶ be supposed to *do*「〜することになっている」
　　　　 ▶ attached「添付された」
[第2段] ▶ How about *doing*?「〜するのはどうですか？」
[第4段] ▶ in charge「担当している」
[第5段] ▶ carry *A* around「*A* を持ち歩く」
[第6段] ▶ work out 〜「（計画など）を練って作る，解決する」
[第7段] ▶ in answer to 〜「〜に答えて，反応して」
[第8段] ▶ place emphasis on 〜「〜を重視する，強調する」
[第10段] ▶ boxed lunch「弁当」
[第11段] ▶ make a draft「草稿を作る」

問1　24　正解は①　　25　正解は⑤

「姉妹校からのゲストは 24 番列車で到着し， 25 番列車に乗ってホテルに戻る」

第7段第3文（In answer to …）で「彼らは午前9時20分に駅に到着する」と答えている。2つの時刻表のうち，上の表で9時20分にアズマ駅に到着するのは109番。 24 は①が正解。

第9段第2文（We can take …）と続く第3文（This will allow …）前半に「午後5時にモールに着くバス…で買い物に1時間近くとれる」とある。第5段第2文（I think West Mall, …）に「ヒバリ駅の隣にあるウエストモール」とあること，第9段第3文後半（our guest can …）に「ホテルはカエデ駅から歩いて数分しかかからないので，夕食をとるのに午後6時半までにはホテルに戻れる」とあることから，下の時刻表を検討すると，ヒバリ駅を18時に出てカエデ駅に18時22分に

到着する239番が当てはまる。25 は⑤が正解。

問2 26 正解は②

「スケジュール案を完成するのに最適なものはどれか」
A：水族館　　B：植物園　　C：モール　　D：学校

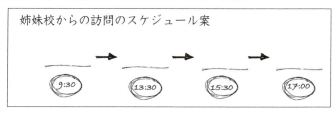

選択肢はすべて最初がD「学校」なので，2番目以降を検討する。第9段第1・2文（Let's get souvenirs … at 5:00 p.m.）に「お土産は一日の最後に。午後5時にモールに着くバスに乗れる」とある。スケジュールの最後17：00のところにはC「モール」が当てはまる。第3段にはウエストサイド水族館のことが述べられており，同段第4文（Since it's popular, …）に「訪問に最適な時間は，いちばん混んでいない時間帯だ」とある。「ウエストサイド水族館への訪問者数」のグラフを見ると，最も訪問者数が少ないのは15～16時だとわかる。3番目の15：30にA「水族館」が当てはまる。これで②が正しいとわかるが，念のためにスケジュールの2番目にB「植物園」があてはまるか検討すると，植物園のことが述べられている第4段第2文（Luckily, the professor …）に「担当している教授が…予定の日の午後早い時間にちょっとした講演をする」とあり，13：30という時刻と合う。よって正解は②。

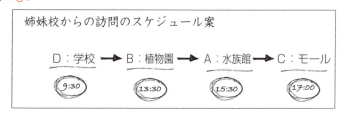

問3 27 正解は②

「雨が降らないかぎり，ゲストは□□□で昼食をとる」
第10段第2文（We can eat …）に「あなたが言っていた銅像の下で食事ができる」とある。この銅像は，第6段第1文（Finally, every visitor …）の「私たちの学校の隣にあるアズマ記念公園の銅像」のこと。②「学校の隣の公園」が正解。
①「植物園」

290 英語（リーディング）　実戦問題

③「駅の隣の公園」
④「校庭」

問4　28　正解は②

「ゲストは当日，□□□移動は**しない**」

第7段第3文（In answer to …）に「彼らは午前9時20分に駅に到着し，それか
らスクールバスに乗る」とあり，電車とバスを利用することがわかる。第9段第3
文（This will allow …）最終部分に「ホテルはカエデ駅から歩いて数分しかかか
らない」とあり，徒歩移動もあることになる。②「**タクシーで**」が正解。

①「バスで」
③「電車で」
④「徒歩で」

問5　29　正解は④

「3つ目の選択肢として，予定にはどれが最適か」

第8段第1文（The two main afternoon …）に「両校とも，科学教育を重視して
おり，このプログラムの目的は，生徒の科学知識を向上させることだ」とある。科
学教育，科学知識に関係するものとしては④「**ヒバリ宇宙センター**」が適切。

①「ヒバリ遊園地」
②「ヒバリ美術館」
③「ヒバリ城」

　第4問は姉妹校からの生徒をもてなすスケジュール案についてのメールで，2
人のメールの文面と列車の時刻表，水族館の混雑度を示すグラフという4つの情
報を複合的に考慮しなければならないため，英文を読みながら必要な情報を時刻
表やグラフで確認する，という作業が必要になる。

　共通テストの1つの特徴として，このように複数の情報を複合させて情報を把
握する問題が多いため，こうした問題形式に慣れる必要がある。

　また，問5では一種の「スキーマ」（＝背景知識，1つの単語から広がる語彙
のネットワーク）が問われている。正解のHibari Space Center「ヒバリ宇宙
センター」という表現は本文に登場していないが，「遊園地」「美術館」「城」「宇
宙センター」の中で「科学」と最もかかわりが深いものはどれかが問われており，
日ごろ，語彙を習得する際には，関連する表現を意識しながら学習する必要があ
る。

POINT

第5問

伝記的な文章の読み取り

訳 《馬のようにふるまう雄牛アストンの紹介》

国際ニュースレポートを使って，あなたは英語の口頭プレゼンテーション・コンテストに参加しようとしている。あなたの講演の準備に，次のフランスからのニュース記事を読みなさい。

[第1段] 5年前，サビーヌ＝ルアス夫人は自分の馬を失った。馬が老齢で死ぬまで，彼女は20年その馬とともに過ごした。当時，彼女は二度と馬は飼えないと感じていた。寂しさから，彼女は近くの乳牛農場で何時間も牛を見て過ごした。そしてある日，彼女は農場主に牛の世話をする手助けをさせてもらえるかどうか尋ねた。

[第2段] 農場主は同意し，サビーヌは仕事を始めた。彼女はすぐに牛たちのうちの1頭と仲よくなった。その牛は妊娠していたので，彼女は他の牛よりも多くの時間をその牛と過ごした。牛の赤ちゃんが生まれたあと，その赤ちゃんはサビーヌのあとをついて回るようになった。残念ながら，農場主はブル，つまり雄牛を乳牛農場で飼っておくことには興味がなかった。農場主はスリーオーナイン（309）と名付けた赤ん坊の雄牛を食肉市場に売ろうと計画した。サビーヌはそんなことをさせてはおかないと決心し，農場主にその子牛と母牛を買い取れるか尋ねた。農場主は同意し，彼女は牛たちを買った。そしてサビーヌは309を町まで散歩に連れて行き始めた。およそ9カ月後，ついにその牛たちを移動させる許可をもらって，彼らはサビーヌの農場に引っ越した。

[第3段] その後まもなく，サビーヌはポニーをもらった。初めは飼いたいかどうかよくわからなかったが，彼女の馬の思い出はもうつらいものではなくなっていたので，彼女はポニーをもらい受け，レオンと名付けた。そして彼女は昔の趣味を再開することにし，ポニーに障害飛越競技の訓練をし始めた。スリーオーナインは，彼女がアストンという名前につけなおしていたのだが，ほとんどの時間をレオンと過ごし，2頭は本当に仲のよい友達になった。しかし，サビーヌは，アストンが彼女のレオンとのいつものトレーニングにしっかり注意を払うとは思っていなかったし，アストンが技を覚えるとも思っていなかった。その若い雄牛は，命令に応じて，常歩，襲歩，静止，退歩，旋回することをすぐに覚えた。彼は，サビーヌの声に馬とまったく同じように反応したのだ。そして，体重が1300キロあるにもかかわらず，サビーヌを背中に乗せたまま1メートルの高さの馬用のジャンプ柵を飛び越える方法を身につけるのに18カ月しかかからなかった。レオンを見ていなければ，

アストンがこのようなことを身につけることは決してなかったかもしれない。さらに，アストンは距離を理解して，ジャンプの前に足運びを調整できた。またサビーヌからの何の手助けもなしに，自分の欠点に気づき，それを修正した。それは，まさに第一級のオリンピック水準の馬にしかできないことである。

[第4段]　現在，サビーヌとアストンは彼の技を見せるために，ヨーロッパ中の週末の定期市や馬のショーに出かけている。サビーヌは「私たちはとてもよい反応をもらっています。たいていは，人々はとても驚いて，彼が大きいので，馬よりもずっと大きいですからね，初めはちょっと怖がることもあります。ほとんどの人は角のある雄牛のそばに近づきすぎるのは好みません。でも，一度彼の本当の性格がわかって，彼が演技しているのを見ると，『ああ，彼は本当にとてもすてきですね』と言ってくれることが多いんです」と言う。

[第5段]　「見てください！」　そしてサビーヌは彼女のスマートフォンにあるアストンの写真を見せる。それからこう続ける。「アストンがとても幼かったころ，彼が人間に慣れるように，私は彼を犬のようにリードにつないで散歩に連れて行ったものです。たぶん，だから彼は人を気にしないのでしょうね。彼はとてもおとなしいですから，子どもたちは特に，彼を見たり，彼のそばによる機会をもらったりするのが本当に好きです」

[第6段]　過去数年にわたって，障害飛越競技をする巨大な牛のニュースが急速に広まり，今ではアストンはオンラインのフォロワーの数が増している大きな呼び物になっている。アストンとサビーヌは，家から200キロ，300キロ離れたところまで出かける必要があることもあり，それは外泊しなくてはならないということだ。アストンは馬匹運搬車で眠らなくてはならないが，それは実際彼には十分大きくはない。

[第7段]　「彼はそれが好きではありません。私は彼と一緒に運搬車で寝ないといけないんです」と，サビーヌは言う。「でも，実は，彼が目を覚まして体の位置を変えるとき，私を押しつぶさないようにとても慎重なんです。彼は本当にとても優しいんです。彼は寂しがることがあって，あまり長いことレオンと離れているのが好きではありません。でもそれ以外はとても幸せですよ」

プレゼンテーション用スライド

| 30 |

セントラル高校
英語プレゼンテーション・コンテスト

誰が誰？

主な登場人物

| | . | | . | |

その他の登場人物

| | . | |

| 31 |

有名になる前の話の筋

サビーヌの馬が死ぬ。

| 32 |
| 33 |
| 34 |
| 35 |

アストンとサビーヌがショーに出かけ始める。

アストンの能力

アストンはできる：
・レオンの訓練を見ているだけで学習する。
・サビーヌが指示すると常歩，襲歩，静止をする。
・距離を理解し，自分の一歩の距離を調整する。
・| 36 |
・| 37 |

アストンの今

アストンはこんにち：
・障害飛越競技をする雄牛である。
・サビーヌと一緒に定期市やイベントに出かける。
・| 38 |

語句・構文

［第1段］▶ out of loneliness「寂しさから」 out of ~ は原因を表す。
［第3段］▶ at first「初め（のうち）は」
▶ expect A to do「A が当然～するものと思う」
▶ 否定文, nor …「～ない，また…もない」 nor のあとは疑問文の語順。
▶ pick up ~「(言語，技など)を見聞きして覚える」
▶ on command「命令に応じて」
［第4段］▶ once S V「いったん S が V すると」
［第5段］▶ … so that S will V「S が V するように…」 目的を表す構文。

294 英語（リーディング）　実戦問題

問1　[30]　正解は③

「あなたのプレゼンテーションに最も適したタイトルはどれか」

第2段以降，サビーヌと牛のアストンの出会いから，その後の彼らの様子が述べられている。③「馬のようにふるまう雄牛アストンの紹介」が適切。

① 「動物愛護者がポニーの命を救う」

② 「アストンの夏の障害飛越競技ツアー」

④ 「ある農場主と1頭の牛の関係」

問2　[31]　正解は④

「誰が誰？のスライドに最適な組み合わせはどれか」

全体的にサビーヌと牛のアストンのことが中心に述べられており，「主な登場人物」にこれらが含まれている②と④を検討する。②の「その他の登場人物」は「309と農場主」となっているが，第3段第4文（Three-oh-nine, …）に「スリーオーナインは，彼女がアストンという名前につけなおしていた」とあり，主な登場人物とその他の登場人物でアストンが重複しており，除外できる。④の「その他の登場人物」は「アストンの母親，農場主」だが，第2段第2・3文（She quickly developed … with the others.）に「彼女はすぐに牛たちのうちの1頭と仲よくなった。その牛は妊娠していた」とあり，この牛がアストンの母牛である。また，サビーヌがその母牛と出会い，アストンを飼うきっかけを作ってくれたのが農場主であることから，彼らはその他の登場人物としてふさわしいと言える。④「主要人物：アストン，サビーヌ，ポニー／その他：アストンの母親，農場主」が正解。

① 「主要人物：309，アストン，農場主／その他：サビーヌ，ポニー」

② 「主要人物：アストン，アストンの母親，サビーヌ／その他：309，農場主」

③ 「主要人物：アストン，レオン，農場主／その他：アストンの母親，サビーヌ」

問3　[32]　[33]　[34]　[35]　正解は④，③，⑤，①

「有名になる前の話の筋のスライドを完成するのに，起こった順序で出来事を4つ選べ」

「有名になる前の話の筋」の最初の「サビーヌの馬が死ぬ」は，第1段第1文に述べられている。同段最終文（Then, one day, she …）に「彼女は農場主に牛の世話をする手助けをさせてもらえるかどうか尋ねた」とあり，第2段第1文でこれが了承されて農場で働き始めたことが述べられている。[32]には④「サビーヌは近所の農場に働きに行く」が適切。その後，第2段第6〜8文（The farmer planned … she bought them.）で，農場主が309と名付けた雄の子牛を売ろうとしていたのをサビーヌが母牛とともに買い受けたことが述べられている。[33]には③「サビーヌは309とその母牛を買う」が当てはまる。第2段第9文（Sabine

解答解説　**295**

then started …）に「サビーヌは 309（＝アストン）を町まで散歩に連れて行き始めた」とあり，34 には⑤「サビーヌは 309 を散歩に連れて行く」が適切。この後，サビーヌはポニーも飼い始め，その訓練を見ていたアストンが真似をし始めたことが述べられている。第 3 段第 8 文（And despite weighing …）に「（アストンは）サビーヌを背中に乗せてジャンプ柵を飛び越える方法を身につけた」ことが述べられている。35 には①「アストンがジャンプできるようになる」が当てはまる。②「サビーヌとアストンは一緒に何百キロも旅をする」については，このスライドの最後にある「アストンとサビーヌがショーに出かけ始める」よりも後の出来事なので，除外される。

問 4　36　37　正解は①，③（順不同）

「アストンの能力のスライドに最適な項目を 2 つ選べ（順序は問わない）」

問 3 で見たように，第 3 段第 8 文（And despite weighing …）に「（アストンは）サビーヌを背中に乗せたまま 1 メートルの高さの馬用のジャンプ柵を飛び越える方法を身につけた」とある。③「騎手を背中に乗せてジャンプする」が正解の一つ。第 3 段最後から 2 文目（He also noticed …）には「サビーヌからの何の手助けもなしに，自分の欠点に気づき，それを修正した」とあり，①「自分の間違いを自分で正す」がこれに当たる。正解は①と③。

②「ポニーと並んでジャンプする」

④「馬よりも早く技を覚える」

⑤「写真用にポーズをとる」

問 5　38　正解は①

「アストンの今のスライドを最も適切な項目で完成せよ」

第 6 段第 1 文後半（now, Aston is a …）に「今ではアストンはオンラインのフォロワーの数が増している」とある。①「ファンの数が増えている」が適切。

②「サビーヌを大金持ちにした」

③「とても有名なので，もう人々を怖がらせることはない」

④「1 年のほとんどの夜を馬用のトレーラーで過ごしている」

　プレテストと同様に，実在する人物について書かれた評伝・伝記を読んで解答する問題。内容そのものは平易だが，解答形式が「プレゼンテーション用スライド上の空所を埋める」かたちになっているため，やや煩雑ではある。また，問 2 のように情報を「分ける」問題は共通テストの特徴的な問題の 1 つであり，第 6 問 A でも出題されている。情報整理の観点からも英文を読む練習をしておこう。

296 英語（リーディング）　実戦問題

第6問

A　説明的な文章の読み取り・ポスターの完成

訳　《アイスホッケーの安全性の確保》
　あなたはスポーツの安全性に関する授業の学習課題の作業をしており，次の記事を見つけた。それを読んで，自分が気づいたことをクラスメートに発表するためにポスターを作成している。

アイスホッケーをもっと安全に

［第1段］　アイスホッケーは，世界中のさまざまな層の人たちが楽しんでいるチームスポーツである。このスポーツの目標は，ホッケーのスティックで「パック」と呼ばれる固いゴムの円盤を動かして，相手チームのネットに入れることである。それぞれ6人の選手の2チームが固くて滑りやすい氷のリンク上で，このペースの速いスポーツに携わる。選手は，パックを空中に打ちながら，時速30キロの速度に達することもある。このような速さなので，選手もパックも，重大な危険の原因になりうる。

［第2段］　このスポーツのスピードと氷のリンクの滑りやすい表面のせいで，選手は転んだりぶつかり合ったりしやすく，それがさまざまなけがにつながる。選手を守ろうとして，ヘルメット，グローブ，肩・ひじ・脚用のパッドといった装備が長年にわたって導入されてきた。こうした努力にもかかわらず，アイスホッケーでは，脳しんとうが起こる率が高い。

［第3段］　脳しんとうは，脳の機能の仕方に影響を及ぼす脳の損傷である。それは，頭部，顔面，首，その他の場所に直接・間接に衝撃が加わることで起こり，時には一時的に意識を失うこともある。それほど深刻ではない場合では，しばらく選手がまっすぐ歩けない，はっきりものが見えないといったことがあったり，耳鳴りがしたりすることもある。少し頭痛がするだけだと思い，脳に損傷を負っていることに気づかない人もいる。

［第4段］　損傷の深刻さに気づかないことに加えて，選手たちはコーチがどう思うかを気にする傾向もある。過去においては，コーチたちは，痛みがあるにもかかわらずプレーするタフな選手のほうを好んだ。言い換えると，ケガをした選手は，ケガをしたあとにはプレーをやめるのが理にかなっているのに，多くの選手がそうしなかったということだ。しかし，最近では，脳しんとうが生涯続く重大な影響を及ぼすこともあるとわかってきた。脳しんとうの病歴がある人は，集中したり，眠ったりするのに苦労するかもしれない。さらに，そうした人は，鬱や気分の変化とい

った心理学的な問題に苦しむことがあるかもしれない。場合によっては，選手たちは嗅覚や味覚の障害を発症することもある。

[第5段] カナダと合衆国のチームで構成されている北米ホッケーリーグ（NHL）は，脳しんとうに対処するために，より厳格なルールとガイドラインを作ってきた。たとえば，2001年に，NHLはヘルメットに取りつける，顔面を保護するための透明なプラスチックであるバイザーの着用を導入した。初めは，それは選択できるもので，多くの選手は着用しないことを選んだ。しかし，2013年以降は，それは必須になった。加えて2004年，NHLは，意図的に別の選手の頭部を打った選手に，出場停止や罰金といった，より厳しい罰を与え始めた。

[第6段] NHLはまた，2015年に脳しんとう監視員システムを導入した。このシステムでは，ライブ・ストリーミングとビデオ再生にアクセスできるNHLの審判が，各試合の間，目で確認できる脳しんとうの徴候に目を光らせている。初めは，医療訓練を受けていない2人の脳しんとう監視員が競技場でゲームをチェックしていた。翌年には，医療訓練を受けた監視員が1～4人加えられた。彼らは，ニューヨークにあるリーグ本部から，各試合をチェックした。ある選手が脳しんとうを起こしていると監視員が思ったら，その選手は試合から外されて，医師による検査を受けるために「安静室」に連れて行かれる。医師から許可が出るまで，その選手は試合に戻ることは許されない。

[第7段] NHLは，アイスホッケーをより安全なスポーツにするという点で大きく進歩した。脳しんとうの原因と影響についてより多くのことがわかるにつれ，NHLは選手の安全を確保するために，きっとさらなる対策を取るだろう。安全性が高まれば，アイスホッケーの選手とファンの数が増えることにつながるかもしれない。

アイスホッケーをもっと安全に

アイスホッケーとは？
- 選手は相手チームのネットに「パック」を入れることで得点
- 各チームは選手6人
- 氷上で行われるハイスピードのスポーツ

主な問題：高い脳しんとうの発生率

脳しんとうの定義
脳の機能の仕方に影響を及ぼす脳の損傷

影響

短期	長期
・意識の喪失	・集中力に関する問題
・まっすぐ歩くのが困難	・ 40
・ 39	・心理学上の問題
・耳鳴り	・嗅覚・味覚障害

解決策

北米ホッケーリーグ（NHL）
- バイザー付きヘルメットを必須とする
- 危険な選手に厳しい罰を与える
- 41 ために，脳しんとう監視員を導入した

まとめ
アイスホッケーの選手は，脳しんとうを起こす危険性が高い。
したがって，NHLは 42 。

語句・構文

［第2段］▶ make it easy for A to do「Aが～しやすくする」 itは形式目的語。
　　　　　　　for A は不定詞の意味上の主語である。
　　　　　▶ result in ～「～という結果になる」
　　　　　▶ in an attempt to do「～しようとして」
［第3段］▶ ringing in the ear(s)「耳鳴り」
［第4段］▶ have trouble doing「～するのに苦労する」

問1 39 正解は④

「ポスターの 39 に最適な選択肢を選べ」

空所は「短期的な影響」の一つ。第3段第1文（A concussion is …）最終部分に「一時的に意識を失うこともある」，続く第2文（In less serious cases, …）に「ま

っすぐ歩けない，はっきりものが見えないといったことがあったり，耳鳴りがしたりすることもある」とある。すでに挙がっている項目を除くと，④「**はっきりしない視覚**」が正解。

① 「攻撃的なふるまい」　② 「思考困難」　③ 「性格の変化」

問2 　40　　正解は③

「ポスターの　40　に最適な選択肢を選べ」

空所は「長期的な影響」の一つ。第4段第5文～最終文（People with a history … and taste disorders.）に「脳しんとうの病歴がある人は，集中したり，眠ったりするのに苦労する…鬱や気分の変化といった心理学的な問題に苦しむ…嗅覚や味覚の障害を発症することもある」とある。すでに挙がっている項目を除くと，③「**睡眠障害**」が正解。④は短期的な影響で，すでに述べられている。

① 「失明」　② 「記憶障害」　④ 「歩行時のふらつき」

問3 　41　　正解は④

「ポスターの　41　に最適な選択肢を選べ」

空所があるのは「NHL がとっている解決策」の一つで，「　　　ために，脳しんとう監視員を導入した」となっている。第6段第2文（In this system, …）に「このシステムでは…NHL の審判が，各試合の間，目で確認できる脳しんとうの徴候に目を光らせている」，同段第6文（If a spotter thinks …）に「ある選手が脳しんとうを起こしていると監視員が思ったら，その選手は試合から外されて」とある。④「**脳しんとうの徴候を示している選手を特定する**」が正解。

① 「選手が試合に戻るのを許可する」
② 「脳しんとうを起こしている選手を診察する」
③ 「脳しんとうの原因となる選手に罰金を科す」

問4 　42　　正解は②

「ポスターの　42　に最適な選択肢を選べ」

空所があるのは「まとめ」の項目で，「アイスホッケーの選手は，脳しんとうを起こす危険性が高い。したがって，NHL は　　　」となっている。第5段第1文（The National Hockey League …）に「北米ホッケーリーグ（NHL）は，脳しんとうに対処するために，より厳格なルールとガイドラインを作ってきた」とある。②「**新しいルールやガイドラインを実施してきた**」が正解。implement「～を実行する」

① 「選手がもっとタフになってくれることを期待してきた」
③ 「コーチに医療訓練をした」
④ 「バイザーの着用を選択制にした」

300 英語(リーディング) 実戦問題

B 説明的な文章の読み取り

訳 《さまざまな甘味料》

　あなたは保健の授業で栄養学を勉強している。さまざまな甘味料についてもっと知るために，教科書の次の文章を読もうとしている。

［第1段］　ケーキ，キャンディ，ソフトドリンク——私たちのほとんどは甘いものが好きである。実際，若い人たちは英語で何かが「よい」ことを意味するのに「スイート！」と言う。甘さのことを考えるとき，私たちは，植物のサトウキビやサトウダイコンから作られる普通の白砂糖を思い浮かべる。しかし，さまざまな科学的な発見が甘味料の世界を変えた。現在では，他の多くの植物から砂糖を抽出できる。最も明白な例はトウモロコシである。トウモロコシは量が多く，安価で，加工しやすい。高フルクトース・コーンシロップ（HFCS，ブドウ糖果糖液糖／異性化糖）は，通常の砂糖よりおよそ 1.2 倍甘いが，カロリーがかなり高い。科学をもう一歩進めて，過去 70 年の間に，科学者たちはさまざまな人工甘味料を開発してきた。

［第2段］　最近の米国国民健康栄養調査は，平均的アメリカ人のエネルギー摂取の 14.6 パーセントは，「添加された糖分」によるものだという結論を出したが，これは，自然食品から得られたのではない糖分のことを指している。たとえば，バナナは自然食品だが，一方クッキーは添加糖分を含んでいる。添加糖分のカロリーの半分以上は，甘みを加えた飲み物やデザートに由来する。大量の添加糖分は，過剰な体重増加や他の健康問題をはじめ，私たちの体に悪影響を及ぼす可能性がある。こうした理由で，多くの人が，飲み物，軽食，デザートに低カロリーの代用品を選ぶ。

［第3段］　白砂糖に代わる自然のものとしては，赤砂糖，ハチミツ，メープルシロップなどがあるが，これらもカロリーは高い傾向がある。結果として，代替の「低カロリー甘味料」（LCSs）が人気になっているが，これらはたいてい人工的に化学合成したものである。今日最もよく見られる LCSs は，アスパルテーム，エース K，ステビア，スクラロースである。LCSs のすべてが人工的なものであるわけではない。ステビアは植物の葉から作られる。

［第4段］　代替甘味料には，加熱できないものがあり，ほとんどは白砂糖よりはるかに甘いため，料理には使いにくいこともある。アスパルテームとエース K は，砂糖の 200 倍甘い。ステビアは 300 倍甘く，スクラロースはステビアの 2 倍の甘さを持つ。新しい甘味料の中には，もっと強烈に甘いものもある。ある日本の企業は最近「アドバンテーム」を開発したが，これは砂糖の 2 万倍甘い。何かを甘くするのには，この物質のほんのわずかな量しかいらない。

［第5段］　甘味料を選ぶときには，健康問題を考慮することが重要である。たとえ

解答解説　301

ば，白砂糖をたくさん使ってデザートを作ると，体重増加につながる可能性のある高カロリーの料理になる。まさにこの理由でLCSsの方を好む人たちもいる。しかし，カロリーは別にして，人工的なLCSsを摂取することと，他のさまざまな健康問題とを結びつける研究もある。LCSsの中には，がんを引き起こす疑いのある強い化学物質を含むものや，記憶力や脳の発達に影響を及ぼすことが明らかになっているものもあるので，それらは，とりわけ幼い子ども，妊娠中の女性，高齢者には危険な可能性がある。キシリトールやソルビトールといった，比較的自然に近い代替甘味料もいくつかあり，これらはカロリーが低い。残念ながら，これらは体内をきわめてゆっくり通過するので，大量に摂取するとお腹の調子を悪くすることがある。

［第6段］　こうした情報をすべて知っていても，何か甘いものが欲しいとき，砂糖のようなカロリーの高い通常の甘味料にこだわるか，LCSsを使うか，決めるのは難しい。現在のさまざまな種類のガムやキャンディは一つか複数の人工甘味料を含んでいる。それでも，温かい飲み物に人工甘味料を入れないように心がけている人でも，そうした品物を買うかもしれない。人はそれぞれ，選択できるものを比較検討し，自分が必要とすることや状況に最適の甘味料を選ぶ必要がある。

語句・構文

［第2段］　▶ whole food(s)「自然食品，無添加食品」
［第5段］　▶ apart from ～「～を除いて，～を別にして」
　　　　　　▶ suspected of ～「～が疑われる，～の疑いがある」
［第6段］　▶ whether to do「～すべきかどうか」

問1　　43　　正解は③

「現代科学は　　　　によって甘味料の世界を変えたことがわかる」

第1段第4・5文（Scientific discoveries, … many other plants.）に「さまざまな科学的な発見が甘味料の世界を変えた。現在では，他の多くの植物から砂糖を抽出できる」とある。また，同段最終文（Taking science one …）から，科学者たちがさまざまな人工甘味料を開発してきたことがわかる。よって，③「多様な新しい選択肢を提供すること」が正解。

① 「もっと甘い新しい種類の白砂糖を発見すること」
② 「アメリカ人のエネルギー摂取を測定すること」
④ 「自然環境から新しく開発された多くの植物を使うこと」

302　英語（リーディング）　実戦問題

問2　44　正解は③

「あなたは学んだばかりの情報をまとめている。どのように表を仕上げられるか」

甘さ	甘味料
高い	アドバンテーム
	(A)
	(B)
	(C)
低い	(D)

表は甘味料を甘さの強い順に並べたものである。第1段第8文（High fructose corn syrup …）に「高フルクトース・コーンシロップ（HFCS）は，通常の砂糖よりおよそ1.2倍甘い」，第4段第2・3文（Aspartame and Ace-K … of stevia.）に「アスパルテームとエースKは，砂糖の200倍甘い。ステビアは300倍甘く，スクラロースはステビアの2倍の甘さを持つ」とある。甘い順に並べるとスクラロース＞ステビア＞エースK，アスパルテーム＞HFCSとなる。③「(A)スクラロース　(B)ステビア　(C)エースK，アスパルテーム　(D) HFCS」が正解。

問3　45　46　正解は③，⑤（順不同）

「あなたが読んだ記事によると，次のどれが正しいか（選択肢を2つ選べ。順序は問わない）」

第3段最終文（Not all LCSs …）に，「すべてのLCSs（低カロリー甘味料）が人工的に作られているわけではない。ステビアは植物の葉から作られている」とある。よって③「植物から代替甘味料を抽出することができる」が正解。

なお，第4段第1文（Alternative sweeteners can …）および第3文（Stevia is 300 times …）から，前段でLCSsとして挙げられていた物質が，alternative sweetenersと言い換えられていることがわかる。

第5段最終2文（There are a … cause stomach trouble.）に「これら（キシリトールやソルビトールのような比較的自然な代替甘味料）は体内をきわめてゆっくりと通過するので，大量に摂取するとお腹の調子を悪くすることがある」とあり，これに当たるのが⑤「キシリトールやソルビトールのような甘味料は，すぐに消化されない」である。③と⑤が正解。②は，第2段第1文（A recent US …）より代替甘味料（alternative sweeteners）ではなく「添加糖分（added sugar）」なので，誤り。

① 「代替甘味料は，体重増加を引き起こすことが証明されている」

② 「アメリカ人はエネルギーの14.6パーセントを代替甘味料から得ている」

④ 「ほとんどの人工甘味料は，料理に使いやすい」

解答解説　303

問 4　　47　　正解は④

「著者の立場を説明するのに，次のどれが最も適切か」

第 6 段最終文（Individuals need to …）に「人はそれぞれ，選択できるものを比較検討し，自分が必要とすることや状況に最適の甘味料を選ぶ必要がある」とある。

④「著者は，人々が自分にとって理にかなっている甘味料を選ぶことに注意を注ぐことを提案している」が正解。

①「著者は，飲み物やデザートに人工甘味料を使うことに反対する主張をしている」

②「著者は，人工甘味料が従来の甘味料にうまく取って代わったと考えている」

③「著者は，将来の使用のために，もっとずっと甘い製品を発明することが重要だと述べている」

※編集部注　なお，本出題については，日本食品添加物協会が見解を発表している（同協会のウェブサイト「協会はこう考えます」にアップされている）。　　　　　　　　　　（2021 年 3 月現在）

　　第 6 問 A はアイスホッケーにおける安全性の確保について書かれた英文を読み，ポスターを作成するという設定の問題で，本文の情報をまとめたり分けたりすることが求められている。concussion「脳しんとう」という単語は受験単語を超えるもので，覚えておく必要はないが，前後関係からこれが何かの身体的不調を表していると推測できることが望ましい。

　　第 6 問 B はさまざまな種類の甘味料について書かれた説明文を読み，解答する問題。ここでも問 2 で読み取った情報を整理し並べ替える問題が出題されており，数値に注意して読み，解答する必要がある。

問われる力

問題番号	(A)	(B)	(C)	(D)	(E)	(F)	※
第1問A 1	○						
第1問A 2	○			○			
第1問B 3	○						
第1問B 4	○	○					
第1問B 5	○						
第2問A 6	○						
第2問A 7	○						
第2問A 8	○	○			○		
第2問A 9	○				○		
第2問A 10	○						△
第2問B 11	○	○					
第2問B 12	○			○			
第2問B 13	○						
第2問B 14	○	○		○			
第2問B 15	○				○		
第3問A 16	○						
第3問A 17	○	○	○				
第3問B 18							
第3問B 19	○			○			○
第3問B 20							
第3問B 21							
第3問B 22	○						
第3問B 23	○			○			
第4問 24	○			○			
第4問 25	○			○			
第4問 26	○			○			○
第4問 27	○			○			
第4問 28	○			○			
第4問 29	○		○	○			

問題番号	(A)	(B)	(C)	(D)	(E)	(F)	※
第5問 30	○	○					
第5問 31	○			○			
第5問 32							
第5問 33	○			○			○
第5問 34							
第5問 35							
第5問 36	○			○			
第5問 37	○			○			
第5問 38							
第6問A 39	○						
第6問A 40	○			○			
第6問A 41	○			○			
第6問A 42	○	○					
第6問B 43	○	○					
第6問B 44				○			△
第6問B 45	○		○				
第6問B 46	○		○				
第6問B 47	○	○					

〈1〉情報を選び出す
　(A)必要な情報を選び出し，客観的に理解する力
〈2〉つながりを理解する
　(B)情報をまとめたり具体化して理解する力
　(C)物事の因果関係（原因と結果など）を理解する力
　(D)複数の情報を関連づけて比較・整理する力
〈3〉推測する／事実と意見を区別する
　(E)与えられた情報から推測する力
　(F)事実と意見を区別する力
※時系列問題
　△＝（時系列ではないが）配列する問題